爆款短视频

周维 —— 著

中信出版集团 | 北京

图书在版编目（CIP）数据

爆款短视频 / 周维著. -- 北京：中信出版社，2020.11
ISBN 978-7-5217-2343-4

Ⅰ.①爆… Ⅱ.①周… Ⅲ.①网络营销 Ⅳ.
①F713.365.2

中国版本图书馆CIP数据核字（2020）第199000号

爆款短视频

著　　者：周维
出版发行：中信出版集团股份有限公司
　　　　　（北京市朝阳区惠新东街甲4号富盛大厦2座　邮编　100029）
承　印　者：中国电影出版社印刷厂

开　　本：787mm×1092mm　1/16　　印　张：18　　字　数：230千字
版　　次：2020年11月第1版　　　　　印　次：2020年11月第1次印刷
书　　号：ISBN 978-7-5217-2343-4
定　　价：69.00元

版权所有·侵权必究
如有印刷、装订问题，本公司负责调换。
服务热线：400-600-8099
投稿邮箱：author@citicpub.com

目录

序言 / V

01 短视频是注意力经济的开始

爆款短视频的底层逻辑是一场注意力争夺战 / 003
热门短视频受欢迎的四大底层逻辑 / 010
快手、抖音、B 站受欢迎短视频的共性 / 019

02 找寻适合的短视频平台

快手、抖音、B 站平台运营定位 / 031
个人、商家短视频创业从 0 到 1 的三种不同切入法 / 040
各平台商业变现的不同优势（直播带货、品牌曝光、流量变现） / 050
三大平台创作内容的"避坑指南" / 066

03 短视频 IP 自我定位

精益创业法搞定短视频冷启动，从 0 到 1　/ 079
SWOT 法找到短视频自我定位　/ 087
效用函数法完成阶段性目标　/ 095
站在巨人肩膀上创新：二次创新实验法　/ 103

04 教你学习爆款短视频内容创作法

选题：短视频九大正确选题法　/ 113
素材：短视频素材来源优劣分析法　/ 120
创作：短视频创作选题 5+3+5 思考路径　/ 129
标题：8 个微创新标题公式，对号入座　/ 137
封面：优质视频封面选择的 8 个技巧　/ 145
模式："拉片法"——从爆款短视频中找到背后运营的秘密　/ 152

05 用互联网运营思路打造爆款短视频 IP

提升时长：四大步骤提升用户留存率　/ 161
点赞认同：5 种方法提高用户点赞量　/ 168
多频互动："上瘾机制"建立有效用户信任通道，增加信任　/ 177
发酵分享：5 个技巧激发用户转发、分享　/ 185
经验之谈：短视频 IP 不同阶段核心主打任务及避免掉入的深坑　/ 193
团队组建：搭建高效短视频团队的三大技巧　/ 200

06 短视频变现模式

用户类别："短视频+"背后的4种商业模式 /211
个人定位：短视频多元化变现的三大原则 /219
内容消费：不同内容主打的变现模式（搞笑、美食、旅游、情感、美妆、穿搭） /225

07 零基础短视频剪辑指南

图文转视频：视频化语言剪辑创作的三个公式 /235
Vlog、搞笑、美食：快影、剪映实操五大技巧 /241
效果反馈法：让自己轻松成为剪辑达人 /253
注意事宜：PGC短视频最容易犯的5个错误及改进方法 /259

08 5G时代的短视频

5G时代，短视频带来的三大趋势与机遇 /267
"短视频+"带来的行业升级 /274

序言

从最早踏入短视频领域开始,我频频接触内容创作者。我最大的感触是他们的创作风格是盲人摸象式的,他们没有成体系的方法论,只是凭感觉或随大溜艰难摸索,不管处在哪个创作阶段,迷茫都是最大的绊脚石,具体表现在以下两个方面。

首先,短视频创作者没有成熟的短视频运营方法作为创作依据。很多短视频创作者不清楚如何开始创作,也不懂得创作背后的底层逻辑与方法,更从来没有系统、整体地思考自我定位与规划,而是掉入随大溜、人云亦云的创作陷阱,付出大量的时间成本,依然苦苦摸索,甚至原地打转。

其次,短视频创作者没有清晰的创作规划。很多短视频创作者不仅受困于眼下的创作之苦,还不清楚自己到底哪里出了问题,即使知道,也不清楚应从哪个方面着手改善。听惯了那么多"坚持就是胜利"之类的鸡汤鼓励,到头来依然不清楚怎么做。

很多时候,我们看到的爆款短视频往往呈现的是一瞬间的成功,很少有人会告诉你通过不断尝试总结的创作方法,并告诉你如何少走弯路。

其实，很多人看到的只是碎片化的信息，而没有找到适合自己的运营体系，也不清楚每个阶段的重点任务，更没有可以拿来参考、实践、上手的方法。这让很多内容创作者不知道如何起步，不清楚自己到底适合在哪个平台创作，最终导致在创作之路上步履维艰。

本书是我在短视频领域多年从业经验的总结，通过相关案例，第一次系统梳理了适合短视频创作者的实用方法论。希望这本书可以加深读者对短视频的认知，以及对于平台、自我创作的思考，最终实现自我价值。

本书的目标读者主要有以下三类。

一是刚进入短视频领域的"小白"创作者。通过阅读本书，这类读者除了可以找到适合自己的创作方法，还可以规避创作弯路。在我看来，在自我学习之路上，不仅要学习正确的方法，还要关注那些失败的案例。

二是已经开始短视频创作的从业者。相信每个创作者都有一个共同感受，即自己最初认识的短视频平台会慢慢发生变化，如何在动态的发展过程中结合自己的规划稳步前进非常重要。本书全新的视角可以助力创作者在创作之路上乘风破浪，高歌猛进。

三是对短视频领域感兴趣的朋友。这类读者通过阅读本书可以细致了解短视频背后的运营体系，以及对于爆款内容的深度探索，可以边学习、边实践、边总结，提升自我学习能力，掌握短视频运营方法。

本书分为8章。

第1章主要讲述如今热门的短视频平台快手、抖音及B站发展的底层逻辑，同时介绍了短视频的本质，以及这些短视频平台上的爆款短视频的共性。

第2章主要讲述站在平台定位的角度，指导创作者快速从0到1找到自己的切入点，还分析了容易陷入的创作误区。

第3章主要以短视频创作方法论为主，围绕精益创业法、SWOT法、效用函数法以及二次创新实验法，让创作者直接对号入座，明确创作短视频的自我定位。

第 4 章介绍短视频的选题、素材、标题、封面，并分析如何站在运营角度学习爆款短视频的创作手法，通过公式、思考路径为创作者指明清晰的创作逻辑。

第 5 章主要讲述短视频的运营方法论，从平台角度入手，从提升时长、点赞认同、多频互动、发酵分享、组建高效团队等方面切入，结合案例与方法论，让创作者可以拿来即用。

第 6 章主要讲述短视频变现，从平台角度、个人定位与创作内容入手，让创作者找到适合自身的变现模式。

第 7 章主要讲述如何快速通过学习剪辑软件创作用户喜爱的短视频内容。既介绍了图文转视频的剪辑方法，也介绍了不同形态内容的创作技巧，还介绍了效果反馈法等能力提升之道。

第 8 章主要展望在 5G（第五代移动通信技术）时代短视频应何去何从，重点阐述了 5G 下的短视频的趋势与机遇，以及行业升级带给我们的思考。希望通过对未来的展望，让短视频创作者看清未来。

一个短视频创作者，不仅要创作优质的内容，还要懂得利用相关短视频平台满足用户的需求。学会正确思考与行动的方法，不仅是短视频创作者解决问题的保障，还是一种必不可少的技能。

01
短视频是注意力经济的开始

爆款短视频的底层逻辑是一场注意力争夺战

1 美分的"注意力"将读者变成产品

1833年，美国纽约只有30万人，当地一份报纸的定价是6美分，大多数人都买不起。有一个名叫本杰明·戴的年轻人决定创办一份属于自己的报纸——《纽约太阳报》。但是这份报纸不卖6美分，只卖1美分。同行竞争者给予本杰明嘲笑和不屑，他们认为，如果报纸只卖1美分，连印刷成本都不够，估计报社还没开张就关门大吉了。本杰明·戴在创办报纸时就想好了赢利模式：依靠低价将发行量推上去，然后利用广告赚钱。

其实，当时的广告与信息区别不大，广告也是对读者有用的信息，并没有完全商业化。本杰明·戴利用自己的报纸先是免费给商家做广告，等到商家尝到甜头之后，再谈收钱的事。一年后，《纽约太阳报》成了纽约市发行量最大的报纸，之前的报纸都是赚读者的钱，而他则将自己的读者变成产品，将商家当成顾客。其实，他做的生意就是注意力，吸引读者的注意力，接着将其卖给商家。

20世纪50年代初，电视机在美国家庭的普及率只有9%，1956年达到72%。早期的电视广告都是简单粗暴地告诉观众商品的好处，之后出现了可以帮助观众解决问题的套路，比如巧克力广告会说"只溶于口，不溶于手"。之后，电视广告开始主抓观众的潜意识，比如某款产品之前的广告受众主要是女性观众，广告商拍摄了一则西部牛仔的广告后，它就变成男子气概的象征。

你会发现，越来越精明的广告商会把商品当成一个代表人类潜在欲望的符号，赋予各类商品不同的内涵，以吸引大众的注意力。当电视节目的影响力越来越大时，它们就不再只让一个广告商赞助一个节目，而是在一个节目里插播很多广告，这种模式一直沿用至今。为了吸引观众的注意力，各种真人秀、探险、答题节目应运而生，因为拥有了观众的注意力，就拥有了巨大的商机。

电视在发展过程中，出现了遥控器。广告商为了争夺观众手中的遥控器，需要将每个广告都制作得非常精彩、吸引人，要不然就无法留住观众。之后，PC（个人计算机）互联网时代来了。网站依靠吸引人的新闻、图片、文字吸引用户点击观看，并产生流量用来变现。

个人在PC时代发声从而产生影响力的开始，是博客的出现。每个人都可以在互联网上用文字表达观点，吸引自己的目标用户群体，让自己产生影响力，通过流量的方式获得收入。等移动互联网到来时，可以随心所欲发布自己观点的推特、微博诞生了，降低了个人准入的门槛，越来越多的人可以通过发布简单内容来获得关注，实现变现。如今，短视频时代已经成为记录这个时代的标配，而且是进入5G人工智能时代的开始。

从报纸的诞生，到如今短视频的如火如荼，背后就是一场争夺注意力的升级战。不同介质的平台以拥有用户注意力作为能量，获取商业生态上的巨大成功，从过去到现在，这个模式从来都没有改变，改变的是：因为技术的快速发展，之前仅有少数人能吸引用户，现在人人都可以利用短视频，让自己被很多人看到、关注，并产生吸引力，继而让更多的人受益，平台也成了最大的赢家。

"注意力经济"一词是由一名叫桑盖特的心理学家提出来的。准确地说，它的含义是："人类能够把注意力集中在信息上的能力有限，即注意力有限，而世界上的信息无限。这形成一种类似经济学的有限资源与无限欲望的对价关系，甚至比实际货币的影响更宏大，关系到该企业或个人的收益，所以被称为注意力经济。"延伸来说，注意力经济就是注意力资源的生产、加工、分配、交换和消费的人类活动方式。

诺贝尔经济学奖得主赫伯特·西蒙曾说："随着信息的不断增长，有价值的东西不再是信息，而是注意力。"这一点在短视频平台上被诠释得淋漓尽致。

技术革新的背后，算法推荐成为短视频平台、IP 争夺用户注意力的核心

PC 时代，一个 KOL（关键意见领袖）的诞生往往受到他人的限制，因为内容推荐的背后是人的喜好，而非用户的主动选择。可以说，那是一个只有少数人才可以成为互联网精英的时代。普通大众更多的时候是仰望星空，却无法通过个人的喜好、优势成就自己。

即使短视频诞生之初的 2011 年和 2012 年，也只是一种单纯展示内容的工具，受困于智能手机的普及程度、网络资费的高低以及数字支付的便捷等问题。这让短视频行业沉寂了许久，一直到云计算带来的大数据的精准推荐，终于帮助短视频进入千家万户，成为这个时代争夺注意力的新的媒介形式。

算法推荐的诞生，摆脱了少数人主观的喜好，将用户生产的内容精准匹配给每一个对应的用户群体，让用户找到喜爱的内容后留下自己的注意力，把更多的时间留在相关内容上。

另外，算法推荐让短视频创作者以同理心的模式考虑用户对于内容的喜好，持续生产，增加信任，彼此之间最初只是创作与观看的关系，通过内容连接在一起，继而为直播带货、商品售卖、付费培训等打下坚实基础。

算法推荐的背后无时无刻不在围绕抓住用户注意力而迭代升级，同时，它也塑造了这个时代最具特色的信任经济——大 V、KOL 不再是高高在上的权威，而是值得信任的好朋友、好伙伴。它也摆脱了传统媒体以用户数量为单位进行变现的模式，而是彼此只要存在信任就会有商业模式的诞生。

对每个普通人而言，这是最好的时代。

我们摆脱了传统时代少数精英的成长模式，进入一个人人可以通过短视频改变命运的模式，不需要取悦所有人，只要忠于自己，善于展示。哪怕你的爱好微乎其微，在短视频时代也可以得到超乎寻常的关注。

我看到了生活在偏远山区的年轻人利用短视频改变人生的案例，也看到了大城市生活迷茫的中年人重拾生活信心的勇气。算法推荐会让你勇敢做自己，并帮助你找到志同道合的人，在自己的小圈子内繁衍生存。

短视频商业模式的新特点：广告即内容，内容即广告

其实，互联网的核心资源就是拥有注意力，与传统媒体不同的是，它不再是以数量多少作为衡量标准，而是看拥有的用户数量可以产生多大的影响力。

短视频平台的巨大变现能力都是在拥有用户注意力的前提下产生的，直播带货、电商小店、付费咨询、广告展现等形式都是如此。唯一不同的是，每个短视频平台的核心业务的侧重点不一样，都有各自主打的业务板块。这时，我们会发现短视频商业模式有一个新特点：广告即内容，内容即广告。

以往广告与内容泾渭分明，一目了然，但是为了争夺用户的注意力，短视频的内容打破了这一界限。它既可以是给用户提供价值的知识点，也可以是帮助用户解决痛点的意见，还可以是场景化单个产品的优势之处。用户更多关注的是你能带给他什么，而不会一刀切，认为广告就是广告，内容就是内容。这无疑降低了创作者商业变现的门槛。以往你必须在特定的渠道、平台做展示，并不是所有人都具有这样的资本与实力，这对于渺小的个人来说可望而不可即。但是，短视频给了你充分展示自我的平台，只要你乐于展示真实、精彩、有趣、有价值的一面，就能很快吸引相应的人群。

用户的注意力不单单放在一个内容上,而是"你"所有的内容。你的所有展示构成了用户认知的需求。有些人身处偏远山区,但是因为自身生活的独特性,对一些人而言就构成了"生存信息差",毕竟他们对于陌生领域充满好奇。当创作者展示当地独特的商品时,对于用户而言,会将内容放到认知中的好奇领域,而不是广告购买层面。此时的注意力,并不只是吸引眼球,而是培育人与人之间的信任。

如果说网络支付时代,支付宝的诞生让人与人之间产生了信任,让交易变得简单,那么短视频时代则是把内容作为连接器,让人与人之间有了信任,各种商业变现也就变得越来越简单。

快手、抖音、B 站的壮大改写了个人逆袭的方式

很多人都知道,快手平台侧重社区打造,着力通过短视频内容构建人与人的社交关系;抖音则是通过精彩内容的汇聚,让每个人的创作能够成为热点;B 站则是围绕某个垂类进行深度创作的短视频平台。三个平台看似不一样,但只是内容的长短、场景化不同而已,未来终究少不了一场短兵相接的拼杀。其实,这三个平台快速发展的背后都是利用各自的核心优势紧紧抓住了用户的注意力,继而围绕主打业务模式的不同,实现了各自的快速成长。

快手的侧重点是给那些进入平台的用户匹配对应的人群,不会因为先来后到,或者粉丝多少刻意对待,每个人来到这个平台,在获取用户注意力方面都是平等的,是在同一条起跑线上,你只需要围绕服务的目标人群深耕内容,就能快速变现。

抖音侧重的不是人,而是内容。它给予每个内容同等的曝光机会,只要你懂得内容创作,就可以得到算法推荐的青睐,就能让越来越多的人喜欢你的内容,快速实现变成大 V 的愿望。

B 站在太多人眼里是二次元的天下,其实现在已经成为深度短视频社

区的天下，它完美地将一些文字领域的创作者转变成短视频创作达人，成为各个行业的短视频知识方案的提供者。

如今，用户注意力争夺战愈演愈烈，短视频已经成为各个平台的标配，而且还面临激烈的拼杀。

我们很难说哪一种方式是正确的或错误的，对普通用户而言，重要的是如何搭上各个平台发展优势的快车，让自己快速实现逆袭。在这个争夺注意力的时代，用户选择平台时并非像传统互联网时代要随大溜，而是必须根据自己的特点做出选择。

很多时候，我发现有些创作者并非不懂创作方法，毕竟短视频的出现降低了创作门槛，而是自己从来不知道自己的优势、劣势以及真正的兴趣，只是单纯将短视频当作展示平台。这就大错特错了。这是一个欢迎个性化的时代，越是中规中矩的简单应付，越无法让算法清晰认识你，也就无法将你推荐给匹配的用户，更谈不上有喜欢你的用户与你建立信任了。

那些在短视频时代获得成功的人，都有自己的特点，然后选择适合自己的平台，于是走上了成功之路。

李佳琦在没有成名之前做了很多年的柜台销售，所以他做短视频的切入点是推销口红，而且选择的平台是一、二线城市女性用户偏多的淘宝。李子柒本身就是一个从小肯吃苦、自立的女孩，自己拥有一片世外桃源般的天地，她选择做短视频的切入点就是自己对于美好生活的向往，并选择了可以放 PGC（专业生产内容）短视频的平台。可以这么说，这是一个自己先想好做什么，然后再选平台的时代，这个顺序注定了你是乘风而上，还是会走一段弯路。

在这场争夺注意力的大战中，个人创作者面对的不仅仅是一次打造 IP 的过程，更是一次自我学习成长之旅。

```
                                        ┌─ 1美分的"注意力",──── 从报纸的诞生,到如今短视频的如火如荼,
                                        │  将读者变成商品      背后就是一场争夺注意力的升级战
                                        │
                                        │                      算法推荐的背后无时无刻
                                        ├─ 技术革新的背后,算法推荐成为短── 不在围绕抓住用户注意力
                                        │  视频平台、IP争夺用户注意力的核心    而迭代升级
   爆款短视频是 ────────────────────────┤
   一场注意力争夺战                      │                      短视频时代则把内容作为连接器,
                                        ├─ 短视频商业模式的新特点:── 让人与人之间有了信任,各种商业
                                        │  广告即内容,内容即广告    变现也就变得越来越简单
                                        │
                                        └─ 快手、抖音、B站的壮大── 结合自身特点,选对平台,
                                           改写了个人逆袭的方式    走上成功之路
```

热门短视频受欢迎的四大底层逻辑

当我们刷到精彩的短视频时,很容易沉浸其中,忘记时间,内心也随着内容的千变万化而起伏不定,或悲或喜,或怒或痛,不知不觉,时光飞逝而过。可以说,受欢迎的热门视频并非只是简单生活的临摹,其背后有一套专属的底层逻辑,它或明或暗击中了我们内心最柔软的地方,或是深谙平台的算法推荐机制,又或是掌握了内容稀缺价值法的创作原则,又或是懂得内容的改良创新。

这些底层逻辑构成了热门视频内容受欢迎的基本规律,也是我们全面掌握短视频创作的密钥,更是短视频创作的具体规则。严格来说,这四大底层逻辑分别是马斯洛需求层次理论、编程思维、稀缺价值法及改良创新法。

马斯洛需求层次理论

美国心理学家亚伯拉罕·马斯洛在 1943 年发表的《人类动机的理论》中首创需求层次理论,这是一种研究人的需求结构的理论,如今被应用于各个领域。

广义来说,马斯洛需求层次理论大方向分为人的功能需求与情感需求;具体来讲,可以分为 5 个层次:生理需求、安全需求、感情需求、尊重需求和自我实现需求。这 5 种需求恰恰是热门短视频内容受欢迎的底层逻辑之一,每一层需求都诠释了某一类热门短视频火爆的真正原因。

1. 生理需求

这层需求指的是人为了维持自身生存需要的基本要求,包括衣食住行等方面的需求,这些需求是每个人赖以生存的根本,如果不能满足这些需求，人就无法生存。这些最基本的需求是每个人生存的必需品，缺一不可。因为有它们的存在，其他需求才会成为新的激励元素。

短视频是我们现实生活的投射。生理需求表现在短视频创作上可以有美食、美女帅哥、美妆、穿搭、旅行、家居等品类，每一部分都对应着生理需求中的基本需求，也构成了短视频平台上受欢迎的热门内容背后的底层逻辑。

在抖音上，创作者"老邹叔"给小孙子制作黄瓜果冻，得到了近176万人点赞、4万人评论、7.6万人分享。名为"家常美食教程——白糖"创作者的"麻辣卤味"内容得到了173万人点赞、近4万人评论、18万人分享转发。以能吃著称的创作者"浪胃仙"吃小笼包的视频内容得到了218万人点赞、3.5万人评论、近4 000人分享。

同样，在快手平台上，创作者"村里一枝雪妹妹"制作的"河鲜全家桶"视频内容达到5 173万次播放、近180万人点赞、4.6万人分享转发。在B站上，创作者"绵羊料理"吃羊腿的视频内容，播放量达到501万次，近60万人点赞，5 330人评论。

可以说，围绕美食的内容创作在各个平台都颇受用户喜爱，这背后符合马斯洛需求层次理论中的生理需求，是每个人都离不开的生活需求。同理，短视频中的美女、帅哥与生理需求中的"性"对应，而美妆、穿搭、旅行、家居则是与衣、住、行完全匹配。

生理需求是每个人都绕不开的生活基础，也是我们在创作短视频时的重要参考之一。

2. 安全需求

这层需求是指人类为了保障自身安全，摆脱各类危险、威胁而产生的需求，可以分为保障生命安全与财产安全两部分。安全需求在短视频领域对应的往往是围绕健康、安全的知识普及与财产相关的内容，比如母婴知识、育儿百科、医学健康常识、养生知识普及，以及跟财富、财产相关的专业内容。正因为每个人自身都有不可或缺的安全需求，才使健康、财富安全领域的内容受到欢迎。

在短视频领域，这两大领域往往从我们在现实生活中面临的具体困境入手，做垂直化运营深耕，为用户呈现相关领域的热门内容。

3. 感情需求

感情需求也可以理解为社交需求，可以从对内、对外两方面理解。对内是指归属的需求，是说我们渴望归属某一个群体，比如家庭、团队等，在这个集体中感受到关心与照顾。对外是指我们与其他人交往时产生的各种感情，比如肯定、感动等。

哲学家梁漱溟说过，每个人的一生都要处理好三层关系。第一，自己与外界的关系。第二，自己与他人的关系。第三，自己与自己的关系。

准确来说，感情需求就是站在自我角度看待自己与他人的关系、自己与世界的关系及自己内心的所思所想。通过这些感情需求，我们得以真正看到真善美、假恶丑，以此带来心灵上的慰藉。

在抖音上，创作者"河北日报"发布了一条讲述父母为孩子做康复训练的视频，视频中一人跪在地上挪动儿子的双脚一步步向前走，一人弓着腰搀扶着已经成年的儿子，让人看了潸然泪下。这则短视频内容，仅仅两天时间，点赞量已达到700万。其实，类似的内容比比皆是，不仅在抖音上，在快手与B站上也有很多以感情需求为底层逻辑的热门内容。

这些内容大多以感情为前提，有的以搞笑为主，有的记录感动瞬间，也有的记录自己与情侣、爱人之间的情感。

另外，感情需求是很多热门短视频受到欢迎的必备元素，它可以拿感情中最柔软的一面让我们产生共鸣，也可以拿人性中丑恶的一面让我们愤怒。这就是感情需求在短视频创作中不可忽视的力量。

4. 尊重需求

尊重需求是我们在社会中的自我定位，以及他人对于我们能力的肯定与认可。尊重需求可以分为两方面，一方面是内部尊重，另一方面是外部尊重。内部尊重是指自己在不同场景中有充足的自信，我们可以将其理解为自尊。外部尊重即我们在现实世界中渴望得到尊重、认可，拥有一定的地位，并且得到信任。

这层需求可以让我们活出自信，找到生命的意义，让自己投入值得追求的事业。尊重需求在短视频领域集中表现为才艺展现、知识传递、经历分享等，通过内容的塑造，让用户喜欢自己、认可自己、信赖自己，从中找到尊重，找到自己的位置。

其实，在短视频创作领域，不仅展示个人优势可以找到尊重，通过展示自己由坏到好、由幼稚到成熟，以及自己克服困难、解决问题的过程，也能够找到被尊重的感觉。

5. 自我实现需求

一个人最高层次的追求就是自我实现需求。它是指一个人为了实现自己的理想、梦想、抱负付出的最大努力，在追求过程中，让自己活成自己希望的样子，成为最好的自己。自我实现需求是指一个人努力摆脱现状，渴求拥有更美好生活的本能，也是实现自我价值的一种方式。

在短视频领域，自我实现需求往往对应三类内容：无人能及的高超才艺，努力奋斗成功后的分享，不断挑战自己的真实记录。

无人能及的高超才艺，不是简单的才艺展示，而是一次次突破自己的能力极限，让人钦佩。努力奋斗成功后的分享，往往是成功后的感悟、所想以及展示。不断挑战自己的真实记录，则是通过一次次完成高难度的动作、艰苦的锻炼，实现最初的承诺，比如健身、减肥等。自我实现需求就是不断挑战自我，让人可望而不可即，最终让观众钦佩与喜爱。

除了马斯洛需求层次理论，我们再一起看一下热门短视频受欢迎的另一个底层逻辑——编程思维。

编程思维

"编程"一词是编定程序的中文简称,就是让计算机代为解决某个问题,对某个计算体系规定特定的计算方式,使计算体系按照该计算方式运行,最终得到相应结果的过程。

"编程思维"源于哈佛大学教育研究者贾森·汤与苹果公司教育副总裁约翰·库奇的著作《学习的升级》,其核心思想是每个人在学习之路上都会面临一次学习升级,而未来掌握编程思维是一个人必备的生存技能。

换句话说,你要用计算机的方式观察和思考世界,在遇到各种问题时可以用计算机听得懂的指令让它帮助自己。这个通过指令告诉计算机如何工作的过程,就是编程思维。其实,如今在短视频创作领域,编程思维是热门视频内容受欢迎的底层逻辑。

我们都知道,如今我们在手机上浏览信息或观看短视频,往往并非人工推荐,而是计算机通过大数据分析产生的算法推荐,让你看到自己喜欢的内容,屏蔽没有兴趣的内容。所以,对短视频创作者而言,要让自己的作品得到更多人的喜爱与欢迎,其实背后就是要用编程思维了解算法推荐的原理,分发给更多的目标用户群体,从而实现成为热门内容的梦想。

在短视频创作中,编程思维就是要懂得平台的"分发机制"和"识别流程",站在机器的角度创作内容,理解机器的工作流程,这是热门视频受欢迎的底层逻辑。

分发机制指的是不同平台对于内容推荐的一套算法模式。前文我们说过,短视频的本质是一场注意力经济,那么算法就是将用户的注意力分配给创作者,只不过每一个平台分配注意力的机制不一样。

在抖音上,机器会将新内容推荐给一小部分用户。如果反馈良好,则会加速把内容加入更大的流量池,吸引更多的注意力。换句话说,只要能够达到机器衡量的各种指标(完播率、点赞量、评论量等),就可以让作品成为热门内容。

在快手上，机器给予推荐的方式则是依据用户喜好、社交属性给予均等推荐，不会像抖音上的热门内容一直滚动下去，而是给予每个人一样的曝光量，吸引更多的目标受众。

可以说，抖音更侧重"内容"，快手更倾向"人"；抖音看重的是观看的用户，快手侧重的是普通创作者。

B 站的分发机制则更多依据用户兴趣、粉丝关系、互动频度区分对待，让用户在平台上可以找到自己感兴趣的 UP 主[①]和圈子，找到志同道合的朋友。

创作之前，只有懂得各个平台的分发机制，才能根据自身定位找到适合发展的平台。同时，也可以了解机器的推荐原理，明确创作方向，让自己少走一些弯路。

在编程思维中，我们还需要明白，热门视频内容之所以受欢迎，是因为它们掌握了"识别流程"。识别流程就是让机器快速识别你的指令，可以第一时间将内容匹配给精准的用户群体，然后通过一层层曝光，让视频内容与用户之间形成畅通的沟通机制。

站在用户的角度说，识别流程就是通过内容标签的选择找到喜爱的创作者与内容，通过自己对作品的评论、分享、点赞与停留的时长等行为，让机器推荐更多自己喜爱的内容。站在创作者的角度来说，就是我们在发布内容时要选对分类标签、文字标题中的关键词、话题标题、视频封面等，就是为了让机器快速识别内容并匹配给喜爱这些内容的用户。其实，受欢迎的短视频内容都懂得站在机器的角度理解推荐机制和用户。

---

① UP 主，即在视频网站、论坛等上传视频文件和音频文件的人。——编者注

稀缺价值法

哈佛商学院教授迈克尔·波特在其著作《竞争优势》中，提出了一个词——价值链分析。价值链分析就是从整体价值中分拆每个环节的价值，找到突破点，形成独特的竞争力。其实，热门短视频受欢迎不是偶然的，也不是独立的个体事件，而是依据价值链分析找到了 UP 主与内容的竞争力，成为用户心目中不可或缺的选择，这就是稀缺价值法。

所有内容的核心本质是提供价值。

稀缺价值法分为三点：第一，你所在内容领域的核心价值是什么；第二，你可以提供哪个环节的价值输出；第三，做好价值输出，需要你具备什么能力。

例如，李子柒创作的短视频不仅在国内受到众多人的喜爱，在国外同样有很多粉丝。其作品中唯美的田园风光与可口的美食，看了都是一种心灵治愈。她在自己所属的内容领域中提供的价值是返璞归真的生活方式，以创作各种美食为主要切入点，营造平凡生活中拥有幸福的人生哲学。李子柒在美食领域，在"美"的环节提供自己的价值输出。不仅镜头语言优美，而且每一帧都精雕细刻，在自己的衣着上也力求以美动人，而在制作美食时也是让人看了垂涎欲滴……

我们在赞美一道美食时会用"色香味俱全"来形容，李子柒就是在"色"上提供自己的核心价值，这一点就是她独特的竞争力。

最后，李子柒要做到这些价值输出，需要拥有过硬的视频制作能力、制作美食（手工品）的操作能力，而且必须精益求精。

改良创新法

当我们在一个行业里想要创造一个新品牌时，最好的方式是在利用差异化策略的基础上，重新打造一个新品类。比如，在手机领域可以细分拍照手机、游戏手机、老年人手机等，利用不同的场景化需求以及不同用户的需要在原有手机领域打造一个专属品牌，放大某个特点，以此吸引消费者。其实，那些受欢迎的短视频的底层逻辑也是重新打造一个"新品类"，这个方法被称为改良创新法。

所谓改良创新法，就是在原有内容领域找到在某个短视频平台、专属内容领域已经被验证的、数据反馈优质、用户喜好的成熟内容，然后在这个基础上进行创新升级，加入一些自己的专属元素。这个方法，也被称作微创新，可以用公式表述为：

被验证的用户喜好的内容＋场景化需求（不同受众需求）＋自身优势

在抖音上，同样是美食领域，创作者"阿雅小厨"主打的一条给孩子做早餐的短视频内容，收获了145万人点赞，4万多人评论，近10万人转发。创作者"潘姥姥"亲手制作的水果奶茶内容，也得到了139万人点赞，近两万人评论，6 000多人转发。两者的做法，就是面对受众群体细分创作内容。

在快手上，创作者"浪胃仙"在餐馆吃饭的视频播放量达到近3 000万次。在B站上，创作者"二喵的饭"旅行美食探店的视频在短时间内得到了近20万人点赞、近3 000条评论。

只有通过改良创新，才能在差异化的基础上成功找到适合自己的创作之路。

在各个短视频平台上，真正想打造持续受欢迎的短视频内容，必须懂得它们背后运作的底层逻辑，也就是明白平台运营的规则，才能找到创作的捷径，规避错误的认知。这是一个人自我学习的晋级之路，更是创作优质短视频之路上不可或缺的一环。

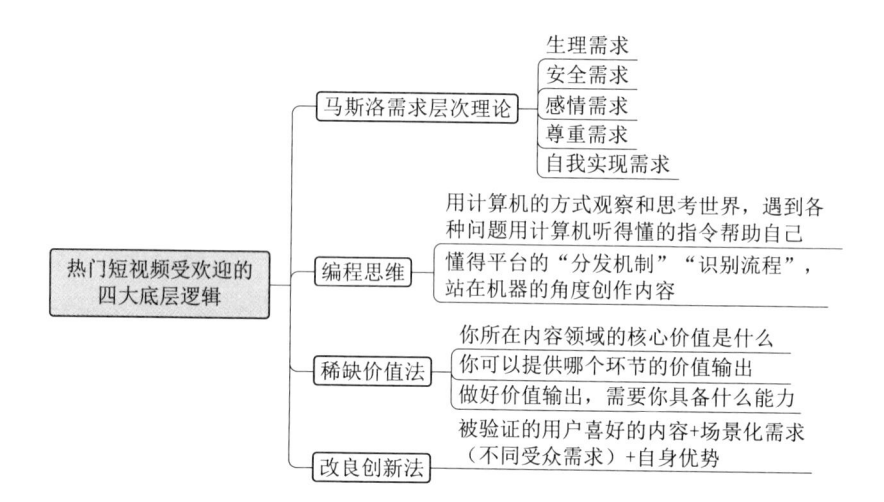

热门短视频受欢迎的四大底层逻辑

- **马斯洛需求层次理论**
  - 生理需求
  - 安全需求
  - 感情需求
  - 尊重需求
  - 自我实现需求

- **编程思维**
  - 用计算机的方式观察和思考世界，遇到各种问题用计算机听得懂的指令帮助自己
  - 懂得平台的"分发机制""识别流程"，站在机器的角度创作内容

- **稀缺价值法**
  - 你所在内容领域的核心价值是什么
  - 你可以提供哪个环节的价值输出
  - 做好价值输出，需要你具备什么能力

- **改良创新法**
  - 被验证的用户喜好的内容+场景化需求（不同受众需求）+自身优势

快手、抖音、B 站受欢迎短视频的共性

当我们在谈短视频创作时，不能忽视一个重要因素——共性。当我们以共性的角度看待短视频创作时，更容易看懂其背后的运作规律，更容易找到受欢迎短视频的创作捷径，懂得其创作之法。具体而言，快手、抖音、B 站三家平台的共通之处有以下 4 点。

依靠算法推荐，构建自身生态圈

快手官方著作《被看见的力量》提及，"在视频的分发上，我们不希望头部的视频内容占据太多的曝光度，我们用经济学上的基尼系数控制平台上用户之间的'贫富差距'"。这一点，可以理解为"算法之上的普惠价值观"。

准确来说，快手的算法往往会根据视频内容的标题、封面、各种标签（描述、话题、活动等）打上"内容标签"，接着再根据用户在平台上的各种行为产生"用户标签"，然后再进行算法匹配，让每个内容找到匹配的用户，让用户找到感兴趣的内容。

快手注重社区化打造，希望通过展示每一个用户的生活，寻找彼此的兴趣、信任以及陪伴，以短视频为信息载体，让彼此以互动的方式缔结紧密的关系。所以，在快手上让更多的人看到内容不是目的，通过内容建立亲密关系才是目的。快手不会只向你推荐你感兴趣的内容，在让你走出"信息茧房"的同时，可以通过多样化的内容结交更多志同道合的朋友。

在这样的算法基础上，快手就可以围绕以"人"为需求的知识、电商、游戏、穿搭、美妆等各个垂直行业的精耕细作与生态搭建，让人与人之间的关系通过内容这一载体变得更加有黏性、有温度、有信任。

站在快手算法推荐的角度谈创作，我们一定要让自己成为一个"真实"的人。所谓真实，就是将用户当作生活中的朋友，向他们讲述自己的生活，传递可以帮助对方的价值，从而成为对方最值得信赖的人。

我在快手上见过农民大叔在田间地头唱歌，也见过生活在小城市的青年讲述自己的养鸡技巧。虽然他们不够专业，但却是自己粉丝最信任的朋友。

抖音的算法推荐与快手完全不一样。抖音的算法推荐不会只侧重大V、明星，更加看重内容的优劣与受欢迎程度。它是典型的赛马机制，对于所有创作者的内容会给予初始基础流量的加持。视频内容在完成转发、评论、点赞、关注等数据指标后，会进入下一轮更大的流量池。如果各项数据依然出色，内容会再次滚动到更大的流量池，以此类推。于是，受欢迎的内容更受欢迎，最终登顶成为爆款。

可以说，抖音的推荐机制就是站在内容分发的角度，以用户对一则视频内容的表现（点赞量、评论量、转发量、播放量）判断是否要将其推入更大的流量池。对创作者而言，在抖音上创作内容，更要关注内容数据的优劣，有针对性地提升算法衡量的各项数据指标，进而让自己的作品向爆款方向进发。

抖音的算法推荐模式，注定是以内容为推荐前提，给予每个创作者公平竞争的机会，只要作品足够优质、受欢迎，就可以成为爆款。

我们接着再来看看B站的算法推荐，以及背后的生态圈。如果说快手的算法推荐以人为主导，抖音的算法推荐以内容为主导，那么B站则以标签为主导，打通平台内内容与用户的沟通机制。在PC端的B站上，首页推荐上分布了动画、音乐、舞蹈、知识、生活等众多一级导航区。如果点开其中一个Tag（分类）栏，下面还会细分更多垂直类的标签。

在手机端的B站上也是同样的逻辑。点开首页上的"影视"Tag栏，下面还会细分纪录片、电影、电视剧、综艺等。如果点开电视剧一栏，还会细分为主题片单、热门榜单、俱乐部、找电视剧。当我们接着再次点开"找电视剧"一栏时，就是更加细致的分类，如国别、时间、类别、付费、免费等。

B 站通过细分标签的方式让创作者的内容精准触达每一个用户，这可以理解为静态数据。动态数据则是视频内容的权重，比如收藏、弹幕、评论、播放、点赞和分享。

用户则是在一次次的标签选择中，让机器更加了解自己，向自己推荐感兴趣的内容与创作者。

受众差异化需求

短视频的出现降低了创作门槛，让更多的人可以通过创作内容实现自我价值，成就个人梦想。降低创作门槛并不意味着内容质量的下降，反而让更多创作者更加垂直化、精细化耕耘，不会因为目标群体小众而没人关注，反而因为受众精准而成为粉丝信赖的大咖。

纵观快手、抖音及 B 站上播放量高、点赞数量多、转发分享广的短视频，它们的背后都一个共性，即受众差异化需求。请注意，这里提到的"受众差异化需求"其实来自两个方面。

第一，平台用户需求的差异化。短视频平台在从 0 到 1 时往往会先以一个人群的需求作为切入点，然后渐渐向外拓展形成规模效应，将一类用户拓展为全领域的人群。QuestMobile 于 2019 年发布的《下沉市场报告》提到快手与抖音的下沉用户重合度增加到 251%。同样，超过五成的 B 站用户也在刷抖音。而且，这个趋势越来越明显。换句话说，如今早就不是一个平台的受众用户只是三、四线城市居多，另一个平台的用户只是一、二线城市居多，还有一个平台只针对小众的兴趣用户。如今，三家平台的耕作重点已经转变为如何满足差异化需求，而不是单纯对一类用户垂直深耕。正因为如此，平台用户需求的差异化成了打造爆款和受欢迎内容的关键所在。

在抖音上，我们可以围绕用户的某一个需求点进行内容上的精耕细作。在快手上，我们可以通过围绕某类人群最垂直化的需求，给予最直接的解决方案或直截了当的信息。在 B 站上，我们可以结合当下年轻人最感兴趣的人与事，以有趣的方式传递价值。

其实，平台用户需求的差异化跟平台自身的定位有密不可分的关系。虽然各个平台用户有重合，但是在用户的心智中对于平台的定位有很大区别。

第二，创作者的自我定位差异化。所谓差异化不是别人创作美食类内容，你就必须创作旅游类内容或拍 Vlog[①] 才正确。真正的答案是，大家在大的内容品类里有自我定位的差异区分，占领的是用户不同的心智，减少用户选择其他创作者的成本。比如，张三创作的是美食教程内容，李四同样也是从事短视频创作，但是他创作的美食内容主打的是儿童美食教程，王五创作的则是与身体调养有关的健康餐，还有人可以创作美食探店，也有人可以创作尝试类的吃播视频内容……

每位创作者的自我定位差异化会让自己成为用户心中认定的"个人品牌"，以此避免选择相同内容的创作者。所以，那些在各个平台上受欢迎的短视频背后的本质是自我定位的差异化，是在大的内容品类中进行细分得出的结果，不是让自己刻意从事太过小众的内容创作，而是在大的内容领域找到自我差异的定位。

短视频的创作与创业如出一辙，要先找到一部分用户的垂直需求，并精耕细作，等到站稳脚跟后再继续深挖垂直用户的需求。当用户已经与我们形成信任与依赖关系时，才可以尝试向其他领域迈进。

[①] Vlog，即微录，是博客的一种类型，全称是 Video Blog 或 Video Log，意思是视频记录、视频博客、视频网络日志，源于 Blog 的变体，强调时效性。Vlog 作者以影像代替文字或照片，写个人网志，上传与网友分享。——编者注

稳妥才是短视频创作不能缺少的一环。

四有原则：有价值，有意义，有趣味，有共鸣

短视频作为记录与分享当下的信息载体，其最大的特点就是要在短时间内抓住用户的注意力。内容的优劣则直接成为是否受欢迎的重要条件。总的来说，在各个短视频平台上受欢迎的视频内容遵循了四有原则：有价值，有意义，有趣味，有共鸣。

有价值，说的是创作者可以给用户提供具体的解决方案、场景化的问题解答、某个领域里的知识传递等。2019年，据36氪发布的《2019短视频平台用户调研报告》，超过六成的受访者认为短视频平台已经成为自己利用碎片化时间学习的工具，可以帮助自己了解专业知识，为职业发展提供更广阔的视野。

当我们选择了"有价值"领域的知识创作与输出时，一定要把握三点：要具象，有结论，可执行。

要具象，是说我们创作的内容一定不能空洞、抽象，没有切中用户内心的痛点，没有找到用户想要解决问题的核心，而是要就用户生活、工作中遇到的具体问题进行有针对性的解释或给出答案。比如，在抖音上，一些用户会创作金融领域相关内容，围绕用户对支票与汇票容易混淆这一问题，创作了"老婆，支票与汇票有什么区别"的内容，以询问老婆的方式作为视频开始。老婆说："假如我欠你50万元，支票就是我在银行里有100万元，我给你开一张条儿（支票），你直接就能去银行取出50万元。汇票就是我暂时还不上钱，但是为了让你放心，我就拉着其他企业或者银行给你承诺，到了一定期限后可以直接找银行兑现。如果是银行签发的汇票，在到达约定的时间之前可以卖给银行，拿回本金和一部分利息，这个过程也叫作贴现。"简单的生活场景，加上有针对性、有趣的解答，瞬间帮助用户解开心中谜团。

有结论，是说当我们创作知识类内容时，要用结论式观点去描述，而不能用商量、疑问式表达，这会影响用户的信任，也让你与专业、权威的形象相去甚远。比如 B 站创作者"半佛仙人"创作的有趣知识视频内容，往往都是先亮出自己的观点，然后通过各种有趣的例子证明观点的正确性，让人信服。结论式观点的表达，可以是先摆出问题，然后给予说明，证明自己的观点；也可以是先亮出观点，接着通过案例去证明，最后得出结论。

总之，尽量减少用户的思考时间，要让他们顺着你的逻辑相信你传递的观点。

可执行，就是我们创作的内容不单单提供有价值的思想、知识，还要让用户可以直接拿来应用到实际工作、生活中，而不是听的时候感觉是正确的，过一会儿完全想不起刚才看了什么、听了什么。在如今的短视频知识领域，因为很多人都是利用碎片化时间学习，要让用户感觉到真正有价值，视频内容必须可以拿来改变现状、解决问题或提升认知。

有意义，是指你创作的短视频内容能满足用户某一方面的需求，如视觉上的享受、旅行中的见闻、捧腹大笑的内容、实用性极强的各种教程等。每个用户观看短视频的目的不同，有的人喜欢幽默搞笑，有的人喜欢美食制作，也有的人喜欢专业知识。当我们以有意义的角度创作内容时，一定要满足用户某一方面的需求，而不能简单自我展示。哪怕记录自己生活的 Vlog，也不是简单的生活流水账，每一次都有重点输出，让用户在自己的内容中得到启迪、共鸣、见识等。

有趣味，不是单指短视频中搞笑领域的内容，而是指垂直细分之下的各种爱好、兴趣，以共性的角度满足大多数人的真实需求，还原不被认知的事物背后的美。比如，有一个 90 后小姑娘喜欢收藏各种昆虫标本，与其他人收藏不一样的地方是，她利用生活中各种常见的材料制作栩栩如生的昆虫标本，然后再把一些齿轮、弹簧、金属等加入其中，顿时让这些昆虫标本有了二次元的感觉。这个视频内容之所以受欢迎，是因为满足了一部分用户对于昆虫的喜爱，还有对二次元的热爱，在创作者的内容中，也力求极致揭示小昆虫身体结构中不易被发现的秘密。

如今是一个多元化的时代，无论多么小众的爱好，都有巨大的市场，当然也会有更多人喜爱。我们唯一需要做的是找到有趣味的一面，呈现事物不易被发现的美。

这里需要提醒两点：第一，创作有趣味的短视频内容没必要单纯做特别小众的领域，越是大众喜爱的，越受欢迎，重点是你从哪个角度切入，告诉用户没有注意、不知道的内容；第二，有趣味的创作内容大多都是以组合的方式呈现的，比如上面提到的"生物＋二次元＋昆虫"知识，也有"历史＋搞笑＋美食"等。组合不是为了哗众取宠，而是站在自己擅长的领域，以趣味的方式传递价值。

有共鸣，是指创作的内容表达的思想引发相同的精神感受，包括善良、激动、痛苦、喜悦、感动，也包括感同身受的经历等。一个放学的孩子在回家的路上，看到马路一角有很多积水，他蹲下来将附着在井盖上的污物一个个清除后，没一会儿积水便消失得无影无踪。这是一个创作者发布的内容，他在标题中写道："天生的善良。"这条内容不到一天的时间就得到了400多人点赞。大家对于孩子的善良有感动，也有褒奖。

有女性创作者发布自己拍摄的Vlog内容，记录自己离异后一个人和孩子生活的内容，当自己遇到困难后抒发内心的感受时，禁不住痛哭流涕，诉说一路的不易。这段内容也得到了很多网友的点赞、评论与转发，因为有很多人对创作者的经历感同身受，对于她的诉说产生了共鸣。

传播数据指标高

"老铁们，双击屏幕点点红心……""感谢大家的观看，记得转发分享给你身边的朋友。""视频的最后，大家不要忘记一键三连哦。"对于这样的话术，人们并不陌生。第一个来自快手短视频，"点红心"意味着点赞；"一键三连"指的是在 B 站长按点赞键可以同时对作品点赞、投币、收藏。

其实，这些行为的背后都是创作者为了提高自己作品的传播数据指标，进而让自己的作品得到机器更多流量的推广，有机会成为爆款内容。

传播数据指标，细分之下各个平台或许略有不同，比如播放量、评论量、点赞量、转发量、收藏量等。这些指标的数据越高，后台的机器越认为作品受到大家的喜爱，越会推荐给更多的人。

当然，当机器衡量这些数据指标时并非每一个权重都一样，而是有大小之分。之所以有这样的区别，背后跟平台的定位有密不可分的关系。就如我们前面讲到的平台主打社区，那么互动数据就是首先被看重的指标。如果平台主打内容分发，那么播放量、转发量就是平台看重的。如果平台侧重的是让用户发现自己感兴趣的内容，那么用户自身的收藏、点赞行为就是机器更加看重的指标。

当我们创作短视频时，要站在机器的角度理解推荐的原理。这是之前谈到的编程思维，也是可以让短视频内容成为爆款的数据依据。

数据依据就是将运营的思维贯彻到创作的每一个环节。比如，当你创作文字标题时，就要多用机器可以识别的关键词，还要使用偏差认知等方式吸引用户。当你描述作品信息时，不能轻描淡写一句话概括，而要以热点标签、话题内容等形式让机器推荐给更多匹配的用户⋯⋯

总之，传播数据指标的背后是编程化思维的诠释与执行，也是我们在创作时衡量各个环节的关键数据，真正帮助我们看清存在的问题，找到解决方案。如此，才可以避免创作时遇到难题摸不着头脑，单纯陷入坏情绪的困境。只有看到可依据的数据指标，才会让我们看清平台，看清用户，也看清自己的定位。

快手、抖音、B站受欢迎短视频的共性

- **受众差异化需求**
  - 依靠算法推荐，构建自身生态圈
  - 平台用户需求的差异化
  - 创作者的自我定位差异化

- **四有原则：有价值，有意义，有趣味，有共鸣**
  - 有价值：创作者给用户提供具体的解决方案、场景化的问题解答、某个领域里的知识传递等
  - 有意义：短视频内容可以带给用户某方面的满足，如视觉享受、旅行见闻、实用教程等
  - 有趣味：垂直细分下的各种爱好、兴趣，以共性角度满足大多数人的真实需求
  - 有共鸣：内容表达的思想引发相同的感受，包括善良、激动、痛苦、喜悦、感动等

- **传播数据指标高**
  - 各个平台围绕播放量、评论量、点赞量、转发量、收藏量等指标进行内容推荐

02
找寻适合的
短视频平台

快手、抖音、B 站平台运营定位

1972 年，美国知名营销专家艾·里斯与杰克·特劳特提出了"定位理论"，这被评为"有史以来对美国营销影响最大的理念"。该理论认为，一家企业必须在潜在顾客心智中创建一个定位才会成功。这个定位不仅仅考虑了企业自身的优势和弱点，也考虑了竞争对手的优势和弱点。总而言之，定位就是在潜在用户的心智中占领一个有价值的位置。

可以说，每一个短视频平台在用户心中都有独一无二的定位。正因为有独一无二的位置，才让整个平台有了不可替代的价值优势。很多时候，对创作者而言，了解平台要比了解自己更重要一些。

首先，我们从事短视频创作时，都是先基于一个平台或多个平台试水创作。在每个平台得到的反馈也不会一样，基本上有的数据表现良好，有的数据表现较差，毕竟平台的推荐机制不同。最好的方式是先针对数据表现好的平台稳扎稳打，等到各项数据稳定了，自己的创作模式得到用户认可后，再有针对性地主攻下一个平台。

其次，如今各个平台的运营规则早就告别了以人工为主导、机器审核为辅助的年代，而是以机器推荐为主导、人工审核为辅助。只有当创作者更容易理解平台的运营规则时，才能让我们在一个平台上创作时少走弯路，更快找到适合自己的创作模式。

还有，每一个创作者的创作之路都是从 0 到 1 不断迭代、升级的过程，要依靠各个平台的各项数据（播放量、点赞量、粉丝量等）判断改善视频内容的参考依据。这时，懂得平台的运营定位恰恰能让你更容易、更轻松地掌握改进方法，而不是陷入个人自我想象，这是一种闭门造车的创作思路，只会加剧与创作的初心背道而驰。

说到快手、抖音、B 站三个平台的运营定位，我们可以从产品属性、用户构成、提供服务三个方面深入了解。

快手

1. 产品属性

快手表面看是一家短视频互联网公司，其实是一家以人工智能技术驱动的技术型互联网公司，它通过互联网技术以去中心化的方式将短视频内容分发给用户，让每个创作者可以得到同样的注意力，让人与人之间通过内容缔结紧密关系。

这是典型的社区定位模式，强调用户与用户之间的关系互动，让每个人都可以以短视频为信息载体展现自己的价值。所以，它才会注重普通人的记录与分享，而非只将平台资源倾斜给少数大 V、网红，产品属性的定位决定了这一切。

快手 App（应用程序）界面设置简单，Tag 栏上只有关注、发现、同城三个标签，很多媒体都认为这是快手不打扰用户、减少用户干扰的产品思路。的确如此，但是快手之所以不愿更多干扰用户的选择，是因为希望通过让用户降低选择的代价，换取用户和已关注的创作者及身边的人多一些互动。这一点也与其自身产品的社区定位不谋而合。

但产品的属性从来都不是一劳永逸永不变动的，而会随着平台不同的发展阶段做加法、减法。如今的快手 App 左边的侧栏中加入了一些新功能以及发现新内容的渠道，在右边搜索边框则加入了"热榜"、猜你认识的人及发现的标签，都是为了更好地让用户找到自己感兴趣的创作者。

2. 用户构成

提起快手 App，很多人马上想到的是一个关键词——老铁。"老铁"一词源于东北方言中的"铁哥们儿"，这个称呼用来形容两个人的关系非常好。之后在网络上快速传播，而真正风靡网络则是在快手 App 上开始的。

当我们提起这个词时，很多人都觉得快手的主要用户是国内的三、四线城市甚至之后地域的用户。其实，快手早期的主要用户就是这些用户，但是随着平台的逐渐壮大，用户的组成也不再是单一的一类用户，而是各个地域、年龄段的用户比比皆是，这是平台壮大的必然。

当我们谈一个平台的用户构成时，不能简单以地域、年龄来区分，而应看重一个词——阶层。阶层的划分自古有之，王公贵族、士农工商等。准确来说，阶层就是按照一定等级标准划分的不同社会集团。在同一个阶层内部，成员之间的态度、行为和价值观具有相似性，而不同阶层成员之间则具有明显的差异性。阶层还可以分为上上、上下、中上、中下、下上、下下6个层次，我们经常提及的工薪阶层、中产阶层都源于此。阶层的形成是职业、教育、财富等综合作用形成的结果，它会随着人的行为发生变化，个人可以升至较高阶层或降至较低阶层。

快手的"普惠价值观"给了很多阶层流动的机会。原本一些普通阶层注定不会吸引太多的注意力，而快手的出现则打破了这个僵局，让普通阶层有了改变自己命运的机会。

原本只是在大山深处务农的农民如今可以向大家推荐稀有的山货，在大城市里辛苦打工的小伙子可以记录自己最真实的生活，而在大学校园教书的老师也可以在平台上传播自己领域的知识。

所以，快手用户的构成用阶层定义更加准确，而非单纯的一线城市与三线城市的区别，毕竟拿地域区分用户的标准早已过时，而且并不准确。对于一个日渐壮大的平台而言，目标不是单纯一个群体，而是所有人都把它当作生活的"基础设施"，像水和电一样成为日常的必需品，这才是目标。

3. 提供服务

表面来看，快手提供的服务就是让用户在平台上生产UGC（用户原创内容）视频内容，平台提供算法推荐及运营服务。其实，快手真正提供的服务是用互联网技术驱动平台，通过把短视频信息载体作为社交的切入口，构建属于自己生态的社交圈。

可以说，短视频只是快手切入社交领域的楔子，它通过短视频将每个人的多种需求紧紧绑在一起。同时，也会通过短视频的方式盘活线上、线下，比如快手在线下开设 KTV 欢唱店，用户不仅可以体验线下欢唱的酣畅淋漓，也可以将体验过程以短视频内容的形式记录到平台上。所以，快手提供的服务不单单是一个短视频内容的分发平台，而是通过技术成为人与人之间紧密联系的纽带，围绕每个人多元化的需求提供多样化的服务内容。

而且，快手提供的也是去中心化的服务标准，并非围绕精英给予集中服务，比如，虽然快手上的创作者"手工耿"在传统观念里创作的都是"无用事物"，创作者"本亮大叔"的歌唱距离专业创作者也相去甚远，但是他们如今依然可以得到很多人的关注。这就是因为快手会关注每个人的注意力，看似走得慢，却是自身定位决定的。

抖音

1. 产品属性

抖音 App 上线之初，定义为音乐创意类短视频平台，用各种音乐搭配短视频内容成为风靡一时的娱乐方式。之后，抖音以中心化强运营，加上主攻一、二线城市年轻人群体，以精选内容为突破口，成为大众喜爱的短视频平台。

抖音的页面设置与快手、B 站完全不同，快手是列表式设计，B 站是陈列馆式，这些都是主动式获取内容的方式，只有抖音打开就是全屏自动播放，这是典型的被动式触发，根本不给用户思考时间，瞬间就沉浸在一个个精彩的短视频中，从而拉长了用户的停留时间。

虽然抖音上也有社交功能的设置，也会根据用户的行为推荐熟悉的人，但还是以内容为先，通过一个个受欢迎的短视频内容让用户深陷其中，以一个个强运营的话题、活动让用户参与其中，形成轰动效应。

而且，对观看用户而言，抖音是根据算法推荐，即越喜欢看哪类内容，越会推荐哪类内容，强调的也是以内容吸引、留住用户，而且经过"选择"的内容都得到了更多用户的验证。在产品沉浸式设计的背后，是用户用较少的学习成本时间，获得娱乐上最大的满足。

抖音的产品属性，注定需要培育一批又一批的优质创作者，以各种各样精品的内容吸引更多用户。而且，抖音在内容上倾斜的基因，注定了它不仅仅在意一分钟以内的短视频，还会有长达几分钟的长视频，并成为主打，而背后真正的意义是用视频的形式替代文字内容的传播。

2. 用户构成

抖音App最初的用户以一、二线城市的青年居多，但是随着平台逐渐壮大，抖音的用户群体早已从一、二线城市下沉到四、五线城市，除了年轻人，还有一些中老年用户。这与快手App的发展策略如出一辙。一个平台在诞生之初总是会先满足一部分人的需求，以此作为创业切入点，之后随着规模的壮大肯定要占领更多的用户群体，这是发展的必然，同样也是平台壮大的结果。

所以，当我们谈抖音的用户构成时，应该清楚一件事，即如今它与快手的用户已经高度重合，甚至已经不能还像成立之初可以用"南抖音、北快手"将两者泾渭分明区分开。在用户高度重合的背后，是两家公司竞争的加剧，也是短视频平台深耕垂直用户的开始。

我们在谈快手用户的构成时提到了"阶层"一词，这在抖音上同样适用，抖音上的用户群体更大的特点是两个字——娱乐。因为抖音的产品设计，让用户在较低学习成本基础之上快速沉浸其中，随着一个个得到验证、自己喜欢的内容消耗更多的碎片化时间。而且，抖音以内容推荐为主，以较低的创作门槛、容易参与的各种话题让用户陷入一种集体狂欢的氛围。

根据巨量数据统计分析，2019年抖音用户偏好的视频类型内容是演绎、生活、美食，而情感、文化、影视类视频增长较快。比如，我查看了一个星期内抖音最受欢迎的短视频内容排行榜，发现前20名的短视频，大多是各个媒体发送的热点新闻或当下关注热点，或跟生活息息相关的新闻及美食教程。同样，在这个时间段内快手上最受欢迎的短视频类型则是用户记录自己生活精彩瞬间，或者分享当下感动的事件，最后才是媒体账号刊发的热点新闻。

所以，抖音像是一个"资讯分发的视频版"，满足了这些用户对于资讯、信息的获取需求，而其他内容的呈现则是电视节目栏目化思维，以精品的细分内容满足不同用户的需求。

抖音用户的群体单从年龄、地域上看不出有多大差别，但是从内容的偏好以及消费内容的习惯上或许可以窥斑见豹，看出端倪。

3. 提供服务

准确来说，抖音是提供精确的内容分发，让每一个创作者生产的优质内容被更多的用户看到。

围绕准确的内容分发，抖音提供的服务不仅是技术上的支持，还有更多功能上的设置，以及信息视频化的打造。在这里，不仅是一个获取资讯的视频内容平台，也是获取百科式内容的信息平台，将来更会成为围绕影视的长视频观看的视频平台。

可以说，抖音的服务是围绕内容做优化升级，正因为有了这样的差异化服务，才让它与其他平台有所区别。当我们尝试理解抖音提供的服务时，可以将其理解为信息载体不同的分发模式，之前有PC时代的门户网站、博客，之后有移动时代的微博，最近有视频化的抖音。它们的共同之处在于用中心化的方式分发更多用户喜爱的内容，最早以人工为主导，如今以机器分发为重点、人工审核为辅助。所以，抖音的未来是以短视频作为切入点，成为大众离不开的获取信息的窗口，接着再以视频化的各种精品内容成为影响大众认知这个世界的重要选择。

B 站

1. 产品属性

B 站的全称是哔哩哔哩，官方介绍是"中国年轻世代高度聚集的文化社区和视频平台"。B 站源于垂直细分下的二次元领域，渐渐发展成为多领域的短视频与长视频综合平台。其实，B 站的兴起不是单靠做二次元内容，而是靠从二次元社区逐渐向更泛化的兴趣视频平台转变实现的。

如果我们单看 PC 端 B 站，其实跟现在很多视频网站的分布十分相似，哪怕是手机端的 B 站也是选择了陈列馆式分布，与如今快手列表式、抖音的全屏展示完全不一样，不是为了让用户减少思考的时间，或是只推荐给用户喜好的某一类内容，而是让用户自己选择感兴趣的视频内容。

这种产品设计与之前视频网站的人工推荐不同，它以用户自主选择感兴趣的内容为先，通过用户对作品的点赞、转发、评论、弹幕等综合计算给予推荐，而不是单纯以播放量、点击量或观看时长来衡量。

B 站的产品设计一端看重的是用户的自主选择，一端对应的是通过用户的行为判定优劣内容，然后将两者匹配到一起。

另外，B 站为了与其他视频网站区分，强调自己的认同感，曾经宣布在视频内容中绝对不插广告，这是典型的祭品效应，即通过自我牺牲利益让自己与用户形成信任感，也成为整个社区的黏合剂。

注册 B 站可以成为注册用户，但是要成为正式会员需要通过答题考试。这就是故意设置障碍引起兴趣，让用户自然追求某个目标，实现之后获得的就是身份认同感。B 站除了注册用户，还有会员用户和大会员。大会员处于最核心的位置，他们是平台最忠实的用户，其他的会员、注册用户像一个同心圆的外延圈，吸引更多有兴趣的人加入。同时，产品的这种过滤机制也屏蔽了很多跟平台不匹配的用户，留下的都是平台的忠实用户。

如果让我说 B 站产品最大的特点，我觉得可以用"归属感"三个字概括。它让每个人可以找到自己的兴趣所在，它让每个创作者绽放自身的才华，每个人在这里都能找到真正志同道合的挚友。

2. 用户构成

B 站 CEO（首席执行官）陈睿曾在公开场合称，B 站的用户群体来自 Z 世代，主要以 90 后、00 后为主，他们有三个共同点：文化自信、道德自律和知识素养。

正是因为有如此的用户群体，让 B 站与其他视频网站产生巨大差异。B 站吸引他们的是高质量的 UP 主创作的视频与良好互动的社区氛围，而视频网站只是因为某部剧人们才去充值或登录观看，属于随用随走的范畴。

如果我们用一个词形容 B 站用户，那就是兴趣。这里的兴趣与在快手上看到的各种各样的普通人不一样，也与在抖音上看到的各种精彩内容不一样，在 B 站上的兴趣是指可以找到与自己志同道合的人，并且以相同的兴趣爱好交织在一起，以视频的信息载体加深彼此的关系。

最初，B 站上用户的兴趣来自二次元，如今则是向着多元化方向发展，让更多的人在这里寻找到自己的兴趣，找到志趣相投的朋友，大家围绕兴趣可以各抒己见，以知识作为彼此连接的工具。

可以说，B 站上的用户群体的兴趣源于可以看到更多优质的长短视频内容，大家在这里可以围绕兴趣进行内容上的讨论，而不是没有任何根据地泄私愤、乱吐槽，这一点与其他短视频平台上的内容完全不一样。

如今，B 站上的用户群体不仅仅是 90 后、00 后，还一直在"破圈"的路上，引入了很多知名的媒体，也有一些知识界的大 V 如罗翔通过讲法律来吸引更多不同年龄层的用户，真正成为一个以兴趣、爱好结交朋友的视频社区。

3. 提供服务

从表面看，B 站是一家视频内容提供平台，上面有各种长短视频，围绕用户的兴趣提供技术支持与运营服务。但是，B 站更多的服务是不想打扰用户，将自己变成一个服务者，让用户在自主选择下找到喜爱的视频内容，找到喜爱的 UP 主，找到一群有相同兴趣的爱好者。

对视频内容而言，B 站想依靠更多不同的品类内容吸引不同阶层的用户，让短视频 + 长视频成为创作者传递价值的通用形式，通过一批批优质的创作者带动更多的创作者以视频内容的形式表达自己。

一些媒体说 B 站是中国的 YouTube，其实此言尚早。不同的生长环境决定了不会有一样的事物出现。B 站最大的优势是拥有中国最年轻的用户群体，且忠实程度是其他平台不能比拟的。B 站提供的服务就是通过产品上的一些过滤机制屏蔽不属于平台的用户，通过资深会员、大会员的设置留住核心用户，因为 B 站承诺不做视频贴片广告，这注定与 YouTube 的广告模式不一样，它需要摸索一套适合自己的生态商业打法，而自己的服务的两端，一端是忠实用户，一端是优质内容。

所以，B 站的破圈一方面是为了拓展更广领域的用户群体，另一方面是为了寻找更适合自身的商业生态。其中必定与抖音、快手有更多的交集，最明显的表现就是三家平台早都已经由从 0 到 1 的生长阶段进入拥有更广领域的用户的成长期，而此时的垂直、深耕都是发力重点，知识化已经成为三家都看好的重点耕耘领域。

对于 B 站而言，降低创作门槛，提高创作者的福利，产生更多的优质 UGC 会是未来服务的重点，也是不断破圈背后的真正用意。

个人、商家短视频创业从 0 到 1 的三种不同切入法

硅谷知名的创业者彼得·蒂尔在其著作《从 0 到 1》中说，传统企业的商业模式是从 1 到 N 的复制过程，也就是在原来基础之上复制之前得到验证的经验，通过竞争快速扩大自己的市场影响力。而在互联网时代，成功的企业是从无到有、从 0 到 1 创造市场的过程。创业如此，进入新领域或从事新项目也是如此，准确找到切入点或是迈出正确的第一步，对于事业的成功具有举足轻重的作用。

俗话说，万事开头难。难在不是不敢前行，而是踌躇犹豫，反复掂量哪一步才是正确的前行，哪一步才不会让自己走弯路。对于未知的恐惧会让一个人左顾右盼，不敢前行。

想要消除内心的惶恐，就要找到可以上手操作的切入点，找到可参考衡量的目标，然后将目标分解成多个可执行的细节，也就是找到适合自己开始的方向。

无论是在哪个平台上进行短视频创作，都要找到适合自己的切入点，也就是找到正确的创作方向，让自己少走弯路，找到适合自身的创作之路。

人群细分切入法

人群细分切入法就是以自己创作内容的目标受众作为切入的参考依据，在这个基础之上进行有针对性的精耕细作，并且围绕目标用户的需求进行有针对性的完善与更新。当我们采取了人群细分切入法作为创作开始时，对于人群的界定要有两个维度的把握。

第一，目标人群不是自身凭空想象出来的，而是真实存在且有具象、有实际需求的人群。比如，有的创作者认为自己可以从寂寞、孤独的人群

开始，为他们提供一些有价值的知识输出，帮助他们解决存在的各种心理问题。但是，什么样的人群可以被归纳为寂寞、孤独一类？这样的需求表现出来的具体特征是什么？他们这样的表现是短暂的，还是一直存在，最直接的实际需求是什么？

其实，寂寞也好，孤独也罢，仅仅是一个人的一种短暂情感状态，不会一直持续下去，也没有办法很具象、量化地表达这些需求。最重要的是，它关注的不是群体的特征，而只是一个人瞬间的状态。

比如我们细分人群，切入的是中老年群体，接着再寻找这个群体存在哪些真实的需求，工作、婚姻、养家、个人爱好等。然后我们继续细分他们的真实需求，从养家切入，发现他们有一个特别明显的需求是希望孩子健康成长，但是受困于知识储备问题，对于孩子日常如何合理饮食不清楚。

别急，看到目标人群有这个需求之后，继续细分下去。假设在如何让孩子健康饮食问题上，早餐是平时困扰大家的一个最大难题，于是，讲授中老年群体做孩子喜爱的早餐的切入点便应运而生。

当然，这个切入点还可以继续细分，比如根据孩子的年龄创作早餐视频，针对身体虚弱的孩子制作美食教程等，都会成为这个群体特别喜爱的优质视频内容。所以，人群细分法的第一个创作路径是：先找到真实目标人群，挖掘他们多样化的需求，然后根据自身优势，将目标人群的需求与创作内容保持一致，最后将需求再次细分到更加具象的问题上。

如此，围绕我们目标人群存在的真实需求就能清晰可见，而且随着我们细分的一步步深入，就能找到适合自己、适合受众的具体切入点。

因为在短视频的创作中，越是能发现目标受众的具象需求越容易得到对方的喜爱，越可以减少创作弯路，让自己快速找到正确的切入点，马上就能拿来用，减少内心的纠结与惶恐。

这个方法对于个人与商家最大的区别在于：个人创作者要以自己的个

人优势作为前提细分人群，而商家则应以产品面对的人群如切瓜般步步细分。个人可以给目标用户提供场景化的价值输出，而商家则是以解决具体用户面临的问题作为开始。比如，有的创作者主打旅行短视频拍摄，面对的人群是普通的上班族。通过人群细分切入法，他发现了上班族时间不自由、没有太多旅游费用可支配等问题，因此他创作的短视频内容就是少花钱、所用时间不多的旅行攻略。可以说，以目标人群场景化的需求作为切入点，非常受欢迎。

有位做孕妇女装的商家，根据人群细分切入法，层层细分之后发现自己的商品可以解决孕妇在安全、喂宝宝等场景下的实际问题，而且都是非常具体、垂直与迫在眉睫的需求重点，于是围绕需求创作的短视频内容一下子抓住了目标用户的痛点，收获了一批忠实粉丝。

第二，细分在平台上得到验证的垂直人群。当我们选择细分人群作为切入点时，还可以依据在平台上得到验证的垂直人群进行创作。在平台上得到验证的垂直人群，是说每个平台自身定位不同，当我们细分人群时可以站在平台拥有的人群基础上细分，而且这些人群在平台上已经得到验证，有自己实际的需求，围绕他们对于内容实际的需求进行细分。比如，在快手平台上，深受用户喜爱的作品内容多为创作者真实的生活记录、分享，这就是得到验证的目标人群，围绕他们真正的需求进行切瓜式细分，就能找到创作捷径。

在抖音平台上，用户喜爱的是精彩的优质内容，只要选择一个创作品类，将内容打造成过硬的传播作品，就容易得到用户的喜爱。同样，在B站上围绕更年轻的用户进行有趣、知识化的内容创作，就会找到在平台上被验证过的用户群体。

不过，我们需要注意一点：当我们以各个不同属性的平台上固有的用户群体进行细分时，要找到他们差异化的内容需求。

差异化的内容需求是指各个平台上围绕不同用户主打的内容形态不一

样，要针对平台的区别创作不一样的视频内容。比如，在快手上主推的是真实生活的分享与记录，面对的是普通大众；在抖音上需要以栏目化思维创作内容，以展现自己与其他人不一样的一面；B 站要以有趣、知识化的形态展现自己的特长、才华，这样更容易赢得用户喜爱。

其实，在用户的心理账户中已经将不同平台区分开，当我们要在各个平台上开始创作时，要记住遵循平台的定位及用户的固有认知，然后细分内容，找到切入点。

价值提供法

所谓价值提供法，就是当我们创作短视频时要以给予的心态帮助用户，以解决问题、减少选择和具有改变的力量为重点，切入适合自身的细分内容领域。

1. 解决问题，帮助用户找到答案

我们这里提到的解决问题，是指对在某个具体场景下出现的具体问题，给予精确回答，帮助用户解决疑问，给予可执行、可操作的具体方案。当我们以解决问题作为创作的切入点时，一定要从用户具象的、场景化的需求出发，直截了当地给出解决方案，让用户可以拿来即用。一个好问题胜过一个好答案。

当我们选择具体的问题作为切入点时，问题本身要有针对性与迫切性，问题本身对于用户而言不能可有可无或是无足轻重，或是问题仅仅是自己想象的假问题，这些都需要我们尽量避免。

2. 减少用户的选择成本

我们都知道，无论是短视频，还是长视频，都是为了争夺用户的注意力，而创作内容最好的切入点就是减少用户的选择成本。这里面包括思考、时间等，越能帮助用户减少成本就越能赢得用户的喜爱。

这个维度不仅仅属于一类内容，而是很多类内容，只要帮助用户减少

寻找答案的思考成本以及时间成本，这样的内容就是用户喜欢的，并且是创作内容特别好的切入点。具体来说，这样的内容包括直接给出答案的知识类内容，或者是针对用户在各个方面有实际需求的内容，或者是直接帮助用户总结答案的各种内容。比如，在一个短视频平台上，有一位创作者从事财经内容创作，他做的内容不是直接讲述宽泛的财经知识，而是直接将晦涩难懂的财经知识以拟人化的方式，通俗易懂地说出来，最后直接总结告诉用户，带给用户启发。

也有人创作记录个人生活类的短视频，但不是简单的流水账，而是围绕生活的点滴得出的感悟，短短的一些内容却赢得了很多粉丝。

这就是直接给出答案的知识类内容，不用用户思考，直接给出答案，节省用户的时间就是最大化帮助用户。

帮助用户快速总结一些有实际需求的内容就是为他们节省时间成本。比如，很多读书类的短视频内容，或是围绕一些纷繁复杂的热点事件进行解读，快速给出答案，这也是非常受欢迎的。

3. 改变的力量

在价值提供法中，有一项内容是"改变的力量"。改变的力量，就是用户看了视频之后可以感知到之后的变化，就是在内容中给出超出用户想象的变化，这是一种前后的对比差距，更是一种直截了当的内容输出。

短视频因为时间较短，需要快速抓住用户的注意力，而内容中呈现的改变可以快速抓住用户的目光，让其在满怀期待中得出超乎想象的答案。请注意，一定是超乎想象，而不是大失所望。那么，什么样的改变会超乎想象？什么样的改变会大失所望？

在我看来，超乎想象就是内容的前后改变相差较大，或是给出的答案让人意想不到，前后的对比让用户获得了新的认知。比如，在短视频平台上，有一些美妆用户就是直接采用这种方法。为了展现自身高超的美妆能力，往往一边脸是素颜，另一边脸则用手挡住，故意营造神秘感。随着背景音乐的高潮迭起，另一边脸终于揭开神秘面纱，原来另一边的装束模仿了当前最红的一名女艺人。前后的对比，让人意想不到。

也有一些创作者在记录自身生活拍摄 Vlog 时，采用前后对比的方式，通过自身的变化，赢得用户的信赖。还有一些体育爱好者的健身视频内容也采用对比的方式，呈现不一样的健身效果，让用户觉得值得追随。

大失所望就是前后的对比并不明显，甚至让人一头雾水，没有达到先抑后扬的效果。比如，有些创作者去野外拍摄垂钓的内容，前面铺垫了太多让用户期待的内容，但是最后往往匆匆结尾或是没有任何成果。这样的内容只会让用户大失所望，通过差评、减少此类内容推送的方式给予屏蔽。

请记住，改变是一种力量，一定要把前后的对比呈现出来，而且前后对比是"不平等"的，一定要让后者大于前者。

场景分析法

场景分析法是指以用户在现实生活中的使用频率和深度为参考，将用户场景分为高频场景、低频场景、重度场景和轻度场景，分别作为切入点进行创作的方式。

1. 高频场景

高频场景是指一个人每天都离不开的生活场景，是每天都会面对的生活场景，如吃饭、跑步、看电视、学习、工作、玩游戏、社交等。高频场景面对的用户群体比较大，也是每个人都不可避免的必需场景。

当我们以高频场景作为创作短视频内容的切入点时，要找到其中用户高频的生活场景，然后通过专业的内容输出，在用户心中占领有价值的心理定位。比如，手机早已不是简单的通信工具，而是每个人都离不开的智能工具，是我们连接他人，连接世界的窗口。那么，手机的使用就是一个高频场景，针对用户使用手机的场景，衍生出了手机技能操作、手机壁纸的创作、手机短视频剪辑教程、手机拍照技巧、手机测评等。

每一个场景的切入都是在用户高频的场景下,细分用户需求的垂直领域。

找到适合自身的用户高频场景 + 细分垂直领域的价值输出

在短视频平台上,"老爸评测"的创作者以大众日常使用的高频用品作为切入点,对外标榜客观、中立的态度,检测用户希望检测的各种商品,然后得出推荐的结论。其实,这就是以大众高频的生活场景作为切入点,在用户心中找到自己的价值——以评测商品的方式输出自身的价值。

对个人与商家而言,想采用高频场景作为创作内容的切入点,一定要记住两个区别。

第一,当个人创作者以用户高频场景作为内容创作切入点时,除了可以有价值输出,还可以帮助用户解决问题,提供情绪的力量(快乐、启迪)。当进一步细分垂直领域时,记得要结合自身的特长、优势,不要盲目随大溜,结合自身实际特点非常重要。当商家创作者以用户高频场景作为切入点时,要以自己提供的产品、服务先锁定目标人群,然后寻找这些目标人群的高频场景,前期以传递价值为主,以能给用户带来什么改变、解决什么问题为前提,不能只做单纯的产品展示。

第二,当个人创作者以用户高频场景作为内容创作切入点时,要记得前期多找一些高频用户的精准需求,然后围绕这些需求创作内容,看看各项数据的反馈,根据播放量、评论量、点赞量等指标集中做这些内容,在获取更大的流量时,可以帮助自己快速崛起,然后再慢慢拓展其他内容类型。

对商家创作者而言,前期可以多收集一些顾客共同感兴趣、迫切想知道答案的内容,进行有针对性的创作。或者,可以创作之前针对用户高频场景下的需求内容,在创作平台上搜索已有内容,选择各项数据指标(播放量、点赞量、评论量等）较好的内容，进行不一样的角度、观点或解决方法的二次创作，这更容易得到用户的青睐。

2. 低频场景

低频场景是指我们平时应用的场景虽然少于高频场景，但却是一些不可或缺的生活需要、兴趣爱好等，如买车、买房、旅行、自身兴趣爱好等。这样的场景对于每个人而言虽然不是高频的，但却是自己奋斗的目标、执着的追求。

当我们谈到低频场景时，要分清楚"必要的低频场景"与"小众的低频场景"。必要的低频场景是指很多人虽然并不会经常消费，但是自己的一生往往绕不开的必要场景，比如买车、买房、育儿、养老等。这是一项长期投入，而且需要投入更多的精力和时间用心去对待。小众的低频场景则是围绕一些人的兴趣爱好、某类人所处的年龄段遇到的问题等，进行有针对性的内容创作。比如，围绕人到中年的职场能力提升、人到晚年的健康保养、二次元的有关知识输出等。

当我们以这两个场景作为切入点时，个人创作者要具备一定的专业技能或是相关背景，这样切入后更能获得用户的信赖。对于商家创作者而言，为了拉近与用户的亲近感，可以设置拟人化的品牌形象，以传递某类群体的实际需求为主。

3. 重度场景

重度场景是通过细分人群的垂直需求，找到对方的高频场景，然后结合自身的实际需求找到创作的切入口。比如，对于上班族而言，提升自身技能、升职加薪是高频场景，一些上班族因为职业的不同，围绕每个工种的知识学习也是离不开的场景，以及每个人每天都要使用的电脑、手机以及其他电子设备等，都属于重度场景。

通过细分一个垂直领域中人群的高频场景，然后找到自己的切入点，也是创作的一条捷径。这里请注意，我们在细分人群时可以以年龄、工作、爱好、所处的人生阶段等为参考依据，之后以单一群体多频次的需求为切入点。

当个人创作者要以重度场景进行创作时，切忌凭空想象用户存在的伪需求。比如，自己想象着年轻群体对诗词非常有兴趣，就围绕某类诗词进行创作。其实，年轻人中肯定有喜欢诗词的，但诗词对年轻人而言是不是高频场景，需要我们提前寻找一些已验证的人群或数据作为支撑，然后进行创作。

当商家创作者以重度场景作为切入点时，应该以自身产品、提供服务、垂直人群的高频场景为切入点，在进行创作时要首先与用户建立信任，就是通过多帮助用户解决问题，传授解决问题的技巧方法，让自己的产品成为有价值的知识展示。

4. 轻度场景

轻度场景是指，一些生活场景对于很多人而言是稀缺的，但却是自己向往、心仪、羡慕的生活方式和人生梦想。这样的内容多见于对自己独特生活方式的记录，以及自己在某个方面有着独特阅历的分享，或是带给自己内心情绪力量的生活方式。比如，有一些创作者展示自律带来的积极改变，让很多用户特别喜爱。自律表现在自身锻炼、学习以及为人处世上，通过故事、经历分享见闻。自律对每个人而言都是非常向往的品质，但并非每个人都可以做到，可这并不妨碍用户对自律的追求。

轻度场景很适合塑造个人IP，因为展现的都是自己最美的一面，容易引起用户的喜欢与信赖。需要注意的是，展示自己最美的一面是真诚的分享，而不是单纯的炫耀，我们要将用户作为信赖的朋友，给予对方真诚的建议，而不要单纯炫耀自己最美的一面。

对商家创作者而言，采用轻度场景作为切入点，最好以用户故事的分享作为前提，然后通过收集用户的建议、意见作为迭代方向，这可以保障创作方向不会跑偏，而且更容易赢得用户的信赖。

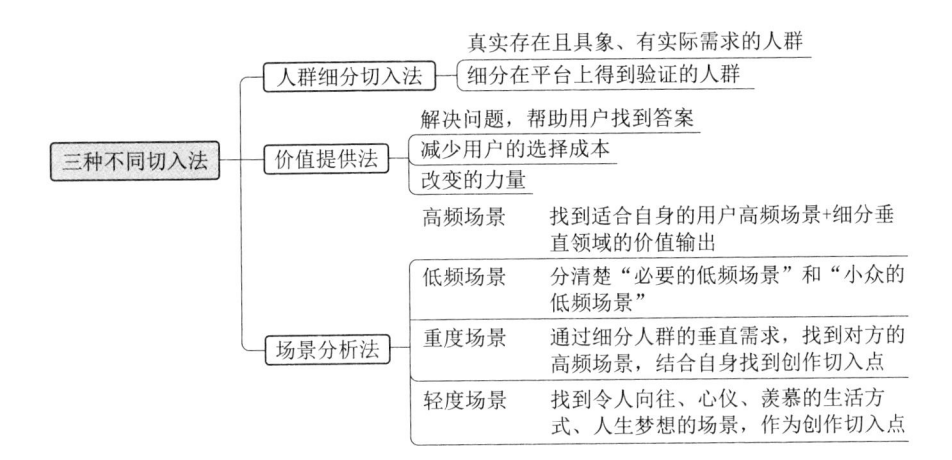

三种不同切入法	人群细分切入法	真实存在且具象、有实际需求的人群
		细分在平台上得到验证的人群
	价值提供法	解决问题，帮助用户找到答案
		减少用户的选择成本
		改变的力量
	场景分析法	高频场景：找到适合自身的用户高频场景+细分垂直领域的价值输出
		低频场景：分清楚"必要的低频场景"和"小众的低频场景"
		重度场景：通过细分人群的垂直需求，找到对方的高频场景，结合自身找到创作切入点
		轻度场景：找到令人向往、心仪、羡慕的生活方式、人生梦想的场景，作为创作切入点

各平台商业变现的不同优势（直播带货、品牌曝光、流量变现）

变现是所有短视频从业者都绕不开的话题，即通过自己创作的内容，拥有一批忠实的拥趸，打造专属的品牌形象，在细分、垂直的领域以内容带动多元化的商业变现，实现自我价值的同时，收获人生财富。

可以说，短视频的出现降低了创作门槛，告别了在创作领域必须拥有创作背景才可以进入的前提，真正实现了依靠个人能力也能在互联网领域打拼一片天地的夙愿。

短视频平台的变现是每个创作机构、创作者走上创作之路的原动力。尤其是看到各个媒体上宣传的一些"日进斗金"的大V，人们更是激动万分，要抓住短视频带来的财富机遇。

其实，真正的机遇是留给那些看清趋势、看清平台、看清自我的"有心人"的。在他们眼里，所谓的机遇并非稍纵即逝的，也不会盲目投入其中，而是要找到适合自我的切入点，在平台与自我之间找到平衡的发展契机，这样才能守得住，抓得牢，走得远。对于短视频变现而言，最初平台起步摸索的阶段早已过去，今天，变现模式越发成熟，所以不存在赚不到钱的可能，赚不到钱只能说明你没有找到适合自身的赚钱方式。

我们只有了解各个短视频平台变现的优势，才可以结合自身定位及输出内容的类型，找到适合自己的"掘金"之路。

快手

创作者在快手App上最早通过直播打赏的方式变现，如今随着平台发展步伐加快，变现模式也从单一打赏逐渐多元化，而且随着深耕各个垂直行业的不同群体，成熟的变现模式如雨后春笋般冒出。

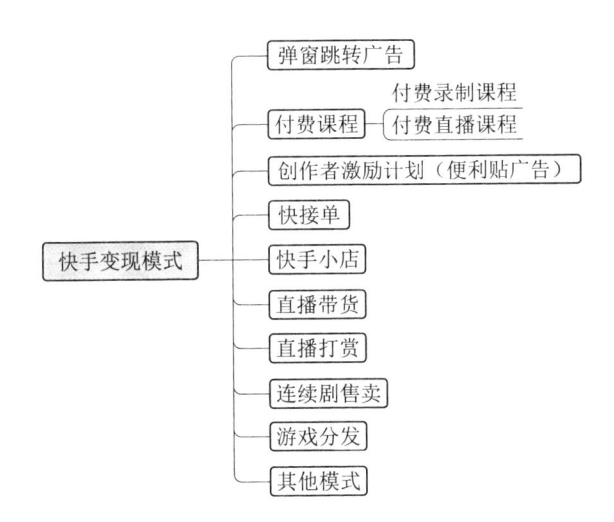

```
                    ┌─ 弹窗跳转广告
                    │                ┌─ 付费录制课程
                    ├─ 付费课程 ─────┤
                    │                └─ 付费直播课程
                    ├─ 创作者激励计划（便利贴广告）
                    ├─ 快接单
    快手变现模式 ───┼─ 快手小店
                    ├─ 直播带货
                    ├─ 直播打赏
                    ├─ 连续剧售卖
                    ├─ 游戏分发
                    └─ 其他模式
```

简单来说，快手商业开放平台已经开放快接单、快手小店、商业号等方式。创作者既可以通过接受商家的产品下载、淘宝商品推广，也可以拍摄相关的短视频内容获得收入。当然，创作者还可以通过创作短视频剧集、创作知识付费课程等变现。可以说，快手上多元化的变现模式已日渐成熟，每一个变现模式都有成功的代表。

作为创作者，我们当然希望自己能在各个变现模式中收益多多、遍地开花。但现实情况是，平台变现模式的增多并非意味着收益的增加，只是拓展了不同领域创作人群的变现模式，而我们除了在内容上要专一、深耕之外，在变现模式上也要有所为，有所不为。

换言之，你别企图自己在变现模式方面成为多面手，在每个变现模式、功能上都占有一席之地，因为你深耕的垂直内容直接决定了变现模式的不同。同时，也正因为变现模式的不同，才让你可以持续不断地获得适合自身的收益模式，不至于中途陷入因为不断尝试导致投入过多却见不到收益的窘境。

说到底，目前的短视频创作也是属于自媒体创业的方式，而这个领域最明显的特点是宽进严出。所有人都可以入场，但要想赚到钱，还需要如创业一样找到切入点，找到适合自身的赢利模式，等待稳定、持续之后，再小心探索其他方式是否适合。如此才能一步一个台阶，不至于因为短时间内投入太多而陷入尴尬、被动的局面。

说到快手，我们仅仅知道平台的多元化变现模式还不够，更需要了解它与其他平台不一样的变现优势，然后采用对比的方法集合自身定位及输出内容的类型，赚取自己在短视频之路上的第一桶金。

快手短视频平台定位"社区"，以短视频内容构建人与人直接的社交关系，以普惠的价值观助推每一位创作者拥有自己的注意力。所以，基于此的前提设置，直播带货也成为快手的主要变现模式之一。

据《界面新闻》报道，2019年，快手总收入为500亿元左右，其中直播收入接近300亿元，游戏、电商等其他业务收入为几十亿元。这样的数据可以作为参考，背后强调了直播对于快手的重要性。

有人在知乎上分享，自己的父亲是一名绘画爱好者，平时喜欢在快手上分享自己的水墨荷花画，在粉丝只有7 000多人时，父亲的画作一个月能卖出几千元。可能有几千个粉丝的人在很多平台上根本算不上大V，但是这位创作者每每在快手上直播创作时，作品还没完成就已经被用户买走，甚至曾经的旧作也被一些人收藏。

在快手上，创作者通过短视频内容与用户建立信任，而直播则是在信任的基础上增强了信任，通过互动将彼此的关系紧紧捆绑在一起，这就是快手直播带货的真正魅力所在，粉丝数量不多，聚焦的人群反而更精准，转化率自然也不是问题。这就是快手直播带货的底层逻辑，通过内容将创作者与用户变成可以信任关系的两端，而信任关系正是带货成功的重要基础。

当我们谈一个平台的商业变现优势时：第一，要找准平台的商业核心主推卖点；第二，获得稳定、持续的收益之后，再结合平台下一步主推的变现模式尽早占领先机。因为平台在推广前期会给予更多的流量、资金的补贴与支持，因此要尽可能让自己成为重点扶持对象。那么，当我们准备在快手上进行直播带货时，需要准备什么呢？

1. 内容上的精耕细作

如今快手直播的门槛越来越低，而直播带货也已经成为平台的标配功能。当我们在快手上准备开启直播带货旅程时，需要明白一点：直播带货成功的前提是短视频内容的精耕细作与获得一部分用户的认可，直播在内容上弥补了短视频时长短的弊端，是内容的延伸，更是让用户增进了解、增加信任的开始。所以，如果自己创作的短视频内容还没有得到用户认可，就匆匆开启直播带货，仅仅是开启了直播功能而已，与带货没有任何关系。

请记住，如果短视频在内容方面没有持续累积的输出与一部分粉丝的喜爱，即使开启直播带货，也不会有满意的收益，反而还会因为直播间人数少、没有互动等问题打击创作者的积极性，得不偿失。

还需要说明一点：直播带货与短视频创作是两种截然不同的信息媒介形态，在快手平台上有先后之分，是短视频＋直播，而不是直播＋短视频。所以，必须先有1，再有2。直播与短视频的形态不一样，我们必须懂得区别对待。

当你有了一定的忠实粉丝之后，开启直播带货就是明确的加分行为。通过两者的形态互补，让用户在观看短视频时建立的信任一直延续到直播中，让其在长时间直播中感知到价值、知识、信赖，这些又会转化成内容上的持续跟进。

内容上的精耕细作要遵循一个公式，即

垂直领域深耕＋忠实用户的喜爱＝直播带货的开启

2. 直播带货时的内容品控

短视频是一种精品化内容，是我们前期通过策划、拍摄、剪辑而成的精品内容，或许短短一分钟的内容，需要我们经过一个小时或更长时间的创作才可以完成。其中，你可以因为某个环节不够完美而重新创作，直到自己满意。还可以通过用户各项数据的反馈，有针对性地调整视频内容，让用户越来越喜欢。但直播带货是一个"现场直播"的输出过程，没有办法重新来过，每一秒都考验着创作者的综合能力，尤其是刚刚开启直播带货旅程时，往往因为太过紧张导致直播效果不佳，还会导致账号掉粉、转黑的尴尬结局。所以，当我们准备开启直播带货时一定要做好输出内容的品控。

品控即一件商品的原料把控、生产加工、产品制成、成品检测到成品入库，以及售后质量的跟踪解决等全过程，包括完整的质量控制和管理链。从我们开启直播功能的那一刻，我们的整体形象、所处的环境、说出的每一句话，针对用户问题的解答与互动，还有商品对外输出的话术等，都可以算作内容品控的一部分。对于做好直播内容品控而言，要把握以下三点。

第一，内容品控的分块模式。严格来说，直播带货也是对外内容的输出。对于每一次输出，并非是在一定时间内自己随心所欲想要怎么样都可以，而是将直播时间划分为固定的板块，明确在每一个板块自己的核心主打是什么。等做完这一切之后就可以做到心中有数，不至于出现直播时尴尬冷场，以至于失去了直播时让更多粉丝转化与带货转化的目的。所以，我们一定要重视内容流程的把控，这是直播带货的基本技巧。如何把握内容品控的流程模块？可以用下面的公式来表述：

借鉴参考成功的模范直播内容 + 自身特点的有效结合

我们可以立足自身垂直行业，找到3~5个在该行业内粉丝量、播放量、点赞量、分享量等多个维度数据表现比较好的同类行业创作账号，然后再集中一定时间记录下这些账号每次直播的时长、直播板块划分、每一个板块集中输出的重点、用户反馈等，按照这样的细分原则制作一个分析表格。

初次进行直播时，可以按照已经得到验证的模式尝试试错直播，看看用户的反馈，再结合自身的定位、产品特点进行有针对性的调整。然后在调整的表格中及时记录下"对错"及需要改正之处，这样，随着直播次数越来越多，个人直播的水平也会越来越高。最重要的是，这是站在别人成功的基础上创新，可以减少试错成本，找到适合自己的直播风格。

第二，内容品控的可衡量。这里的可衡量是说在设置直播的一些关键节点时，无论是设置的注意事项、流程，还是话术，都应是可以直截了当拿来执行与衡量的内容。比如，当我们确定直播板块时，每一部分都应该有突出的目标与效果。例如，直播前 20 分钟围绕之前预设的话题进行内容输出，可以结合输出内容、回答问题、给予福利三种方式吸引更多用户进入直播间，达到预期效果。

还可以在设置开场白时使用准确的话术："大家好，我是你们的老朋友×××，非常感谢大家今天能够来到我的直播间。今天晚上的直播安排主要是针对大家关心的一些问题解答一下，详细说一下 × 方面的一些知识。当然，为了感谢大家的支持，我也在直播中准备了一些小礼物……"

或者也可以牢牢记住下面这个直播万能话术："欢迎进来的新朋友，不要着急马上走，点点关注不迷路，主播绝对没套路；点点关注不迷路，直播带你住别墅；榜一榜二最给力，早晚开上法拉利；万水千山总是情，给个红心行不行；你划走我划走，何时能当网红狗。"

当创作者想要进行直播时，记得多关注平台上一些大主播平时的常用话术。

当前期将直播的流程用可衡量、可执行的标准详细记录下来，你在直播时就能做到心中有数，遇乱不慌。

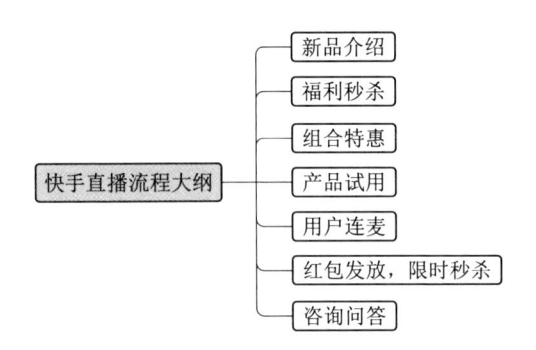

```
快手直播流程大纲 ─┬─ 新品介绍
                  ├─ 福利秒杀
                  ├─ 组合特惠
                  ├─ 产品试用
                  ├─ 用户连麦
                  ├─ 红包发放，限时秒杀
                  └─ 咨询问答
```

直播是一门可以通过反复演练达到熟能生巧的职业，经过反复练习，完全有可能让自己成为直播的王者。

第三，内容品控的迭代更新。当我们做直播内容的品控时，要记得分阶段进行迭代更新，还要随时根据平台的发展趋势、运营规则调整直播时的一些运营策略，而不要固守一个模式奔到天黑，否则，轻则会让账号失去创作优势，重则禁言、封号。

我之前看到过一些粉丝量大的快手账号，因为前期抢占平台发展红利快速崛起，但是从来没有注意到平台发展的阶段不同，还一如既往按照早期的思路直播带货，结果因为出现了平台禁止的内容而导致封号。作为一个内容创作者，一定要让自己成为与时俱进的迭代者，及时发现需要改善之处与平台的最新运营规则。这一点的背后，就是让自己成为一个学习者，在学习中让自身变得越来越优秀。

3. 直播带货时货品的选择

当我们准备在快手上直播带货时，一定要根据自身的内容定位推广关联度高的商品，不要跨界太大，比如美食类创作者最适合售卖与短视频内容有关的食品，不太适合售卖科技类电子产品。因为用户愿意购买产品是由于内容带来的信任基础，所以直播带货时要选择与内容关联度强的商品。

第一，与自身定位内容关联度强的商品。你从事的是哪个垂类领域，就优先选择与之匹配的商品。这里的商品包括实体商品以及虚拟商品，这些商品是优质内容的外延，是基于信任带来的结果。

第二，货品一定要是性价比高的常销品。我们都知道畅销品，也都希望自己的商品能成为爆款，短时间赢得流量，收益颇丰。但是，想让自己的商品成为爆款并不容易，不如让自己的商品稳扎稳打，成为持续走量的货品，稳定输出才是成为赢家的关键。

要让自己的货品成为常销品，需要分析目标用户可以接受的客单价和产品毛利率，最好选择百元以内的产品。另外，在选择货品的时候要注重质量，不能只图便宜，毕竟在线上用户的口碑与体验是最好的代言。最后，在选品时要多从给用户解决问题、提供价值方面入手，这样的货品才是用户最想要，并保持常销的最佳商品。

抖音

抖音不单单是一个短视频平台，还是国内互联网用户使用时长最多的 App 之一。2020 年初，抖音官方发布的《2019 年抖音数据报告》显示，"截至 2020 年 1 月 5 日，抖音日活跃用户数已经突破 4 亿。上线时间已超三年，但仍然保持较快增长速度的抖音，成为继微信之后中国移动互联网成长最快的产品之一"。

抖音曾对外宣布要成为"视频版的百科全书"，要让更多的人看到更大的世界，也让更多的人被更大的世界看见。Sensor Tower 发布数据称，2020 年 5 月抖音在全球非游戏类 App 中夺冠，当月实现营收 9 570 万美元，是 2019 年同期的 10.6 倍。曾经有人分析，抖音的营收主要分为广告、直播与电商，而广告的收入占总收入的 80%。这一点，恰恰与快手的收入模式不太一样。快手的营收主要靠直播，而抖音的营收则主要靠广告。具体而言，抖音是以广告曝光、平台分成（星图任务平台、直播分成、电商导流）、DOU+ 流量推广等为主，如今已经开始深耕垂直行业，以教育、游戏等作为变现的新突破口。比如，在教育方面，抖音发挥自身内容定位的优势，细分教育各个垂类，不仅有职场知识、素质教育，还有技能培训、K12教育等方面的深挖，官方亲自培育一批又一批适合平台生长的优质创作者，以内容实现多元化的变现需求。

我们可以看出，抖音的变现优势是站在自身定位基础之上，慢慢向外拓展增加变现新模式。所以，我们要想在抖音上赚取"第一桶金"，就要在平台已成熟且有优势的变现模式上下功夫，找到变现捷径。

无论我们想在哪个平台进行商业变现，都要找到平台的核心立足优势以及主打的商业模式，不要试图在一个平台上全面开花，而应循序渐进，先实现一种变现模式，再实现另外一种，慢慢来。

对抖音而言，主推的是内容推荐，一旦内容满足算法推荐就会成为爆款，获取大量的流量曝光，带动其他短视频内容的观看量上升。基于抖音以内容为先的推荐模式，最好的商业模式就是寻求广告量的曝光，收获流量上的更多收益。但是，抖音的观看量不像B站一样有流量收益，可以通过参加创作活动以播放量高低收获回报，它在短时间内可以获取大量曝光，但是无法直接转化成收益，而是依靠间接转化，如成交量、粉丝转化、广告植入等获取收益。所以，对抖音商业变现而言，目前可以以提高内容曝光量的方式获取收益，这是在这个平台上变现的最佳模式。

抖音具体的广告形式包括以下几种。

1. 内容+广告

这样的形式包括创作者可以直接对接广告资源合作的星图平台，其中会有广告公司派单，或直接寻找创作者以产品定制的形式进行合作。这种广告模式的特点，就是围绕广告主的产品特性、广告诉求，结合创作者的个人定位特点进行定制化的创作模式。

我们都知道，传统广告的特点往往简单、直接，都是在较短时间内输出自身特点，达到传播价值、提高销量、提升知名度的目的。而有价值的内容与广告泾渭分明，永远都是"井水不犯河水"。

在短视频时代，广告即内容，内容即广告。广告展示不再是赤裸裸的产品宣传，而是结合场景化的问题解决、有价值的内容输出，与创作者固有的人设搭配，让植入广告的宣传成为观看内容的一种日常。

于是，就有了"种草"的说法。我们可以直接在自己创作的内容中讲述产品的价值，也可以在内容中开箱一个新买到的科技产品，简单传递一下使用感受；还可以直接将某件商品放到自己的生活场景中，向用户传递其价值等。

这样的创作方式以短视频的内容呈现，在抖音平台上更容易被用户接受与认可。更重要的是，抖音的算法推荐就是基于"将内容推荐给喜欢看的用户，让用户一直观看自己喜欢的内容"的上瘾机制，这样的广告形式更容易找到精准的用户群体，架起了广告主、创作者、用户、平台四方有效沟通的桥梁。

当我们在抖音平台上以内容＋广告的形式进行商业变现时，一定要遵循以下两点。

第一，突出商品的价值。当我们接到一个商品的植入广告时，要突出商品的价值，不要列举商品的特点。商品的价值是指这件商品可以帮助用户解决哪些问题或带来哪些改变。不要列举商品的特点，那就是商品的特色介绍，比如质量、价格、特性等。其实，两者有明显区别。前者的思考方式是站在用户的角度考虑内容输出，后者是站在自己的角度单纯做广告推广。

抖音上有一个主打家常菜的创作者，每期视频都围绕一个菜肴的制作过程，其中就会涉及制作工具。有一次，她创作了一则"内容＋广告"形式的短视频，用了一款制作土豆丝的擦子。她的内容形态围绕自己平时做菜时会赶时间，用刀切土豆丝费时、传统的擦子容易擦到手，而且很多时候土豆丝的粗细不易控制。她用自己经常使用的这款擦子将这些问题统统解决了，然后还将解决问题的过程巧妙展示，赢得了众多用户的喜爱。

第二，突出自身内容的价值，然后才是商品的实用性。抖音上的很多创作者看到自己有了一定量的粉丝之后，以为自己具备了变现能力，其实未必如此。因为抖音平台本身是内容平台，我们需要通过创作一个个优质内容，得到越来越多的人喜爱，才可以在收获粉丝的同时，找到精准的目标粉丝。所以，当我们采用"内容＋广告"的形式变现时要明白一个顺序，就是我们自身内容要有价值，然后再推广商品的价值，也就是它的实用性。比如，我们每一次对外输出一则短视频，短视频的整体具备价值，满足了用户某方面的需要，才会得到机器算法更多的推荐，也才会让更多的人看到。反之，如果仅仅是广告展示，则会被机器判定为违规内容，予以限流、下架处理。

要让自己的内容有价值，就要站在用户的角度考虑：这个内容可以带给自己的目标用户什么改变，能帮助他们解决什么问题，能带来什么启发或者是不一样的视觉体验；然后，再考虑将商品的实用性列举出来（挑选一个或多个）以某种有价值的形式呈现出来。比如，你是一个创作家庭生活小窍门的短视频达人，现在正好有一款案板要进行推广。你的创作路径可以是：这款案板可以带给自己的目标用户哪些价值？如轻便、不生锈、抗菌、不开裂等。这些商品特性转化成价值该如何体现？比如选取抗菌作为价值点创作内容，那么就可以让用户知道它可以让人健康，减少疾病，保障一家人的健康。

产品的实用性如何体现？一般的案板每次都必须反复冲洗，但这款恰恰是可以免洗的或者直接用清水冲洗就可以，要将这个过程展示给用户。

如此分析下来，一个对于用户有价值的广告短视频就应运而生了。记住，这一点适用于所有商品推广形式。

2. 内容＋其他广告形态

基于优质内容的推荐，在抖音上变现还可以采用"内容＋电商"、引流变现、知识付费、线下流量转化等多种变现模式，而且变现模式也在逐步增多。这些商业模式早已不是无法看到的秘密，而是平台加大力度主推的变现新渠道，希望更多的用户在抖音上实现收益。因为这是一件双赢的事情，随着创作者的增多，平台自身的商业变现能力也会增强。

虽然在抖音上这些变现模式都不陌生，但是我需要提醒你，在抖音上变现的优势还是要基于"内容+"的形式带动其他更多的变现模式，所以，在这里实现商业化的前提是围绕精品内容、受欢迎内容的打造，只有稳定输出受欢迎的内容，才能将收益进行到底。比如，抖音平台上的购物车、店铺模式，要基于一则短视频内容上的引爆才会带来大量的流量转化；想要通过抖音实现向微信公众号、个人微信号导流二次变现，也要基于自己受欢迎的内容。不过对平台而言，都不希望自己的用户导流到其他平台，而是留在自己打造的商业生态。

基于抖音是主打内容的短视频平台，在变现中的我们还要思考以下两点。

第一，创作者需要围绕垂直内容精耕细作，通过打造爆款内容聚集粉丝之后，创作者与用户形成了以内容为连接的信任基础，然后再围绕用户的多元化需求，将商品继续通过用户可以接纳的内容形式传递出去，达到获取收益的目的。

请注意，这里的路径是：先持续打造爆款内容—拥有一定的粉丝基础，用户通过内容与创作者建立信任—围绕用户的多元化需求选择合适的产品进行内容创作—获取收益。

第二，对个人创作者和商家而言，在抖音稳定、持续（按照自己的频率、定期输送内容）产出受欢迎的内容是变现的关键。

我们都知道，在抖音上往往一个内容在火爆之后会被连续推荐。在抖音上发布内容不会以时间的先后来衡量推荐多少，而是以用户是否喜爱作为参考。换言之，有的创作者前半年发布的内容在今天照样会得到新用户的观看。这是抖音的算法推荐的结果，它会推荐给用户一直喜爱的内容，只要相关内容是用户喜爱的，或许一年之前甚至更久的内容也会推荐给用户。所以，对于创作者而言，必须创作用户欢迎的内容，也就是站在抖音平台的算法基础上，创作这个平台的用户喜爱的内容。

只有持续稳定产出受欢迎的内容，平台的流量才会向你倾斜，利用流量变现也就是水到渠成的事了。

B 站（综合兴趣视频平台）

B 站不仅是一家综合视频平台，还是现代年轻人聚集的文化社区，更是侧重短视频内容的兴趣平台。其实，短视频从来没有严格意义上的时长划分，一分钟以内是短视频，一分钟以上也可以算作短视频，随着 5G 时代的到来，短视频不再受到延迟、流量等问题的干扰，反而会产生更多种时长的内容。

我们知道，B 站上 UGC 视频内容大多都是用户在 PC 端依靠剪辑软件完成的。可是，B 站在 2020 年 7 月推出了自己的移动端剪辑软件"必剪"，目的就是降低创作门槛，吸纳更多的用户来到 B 站进行视频创作。

2020 年 1 月 9 日，胡润研究院发布《2019 胡润中国 500 强民营企业》，B 站居第 180 位。2020 年 3 月 18 日，B 站发布了 2019 年全年财报：全年营收 67.8 亿元，同比增长 64%。

在我看来，B 站最早依靠的是年轻人对二次元的兴趣，之后渐渐以视频为契机吸引了更多年轻用户群体，成为这些人心目中的精神家园。如今，B 站正在让知识从文字时代过渡到视频时代，让每一个创作者通过自己的内容输出，收获精神与经济双重价值。

B 站的商业变现模式没有采用传统视频前后贴片的模式，而是采用了游戏、效果与品牌广告、会员、电商等业务模式。可以说，B 站的商业模式也是多方面开花，但一直立足的是游戏方面的收入。

2019 年，B 站的商业模式开始改变。相关信息披露，B 站 2019 年第四季度营收突破 20 亿元大关。其中，广告、直播及增值服务等非游戏业务的发展首次超过游戏业务，占总营收的 57%。

当我们站在创作者的角度谈平台的变现优势时，要结合平台发展的阶段以及未来的发展趋势。对于 B 站而言，早已不是最初以二次元为主打的兴趣社区平台，迈出了向综合视频进军的步伐。而且，我们从它的财报中也能窥斑见豹，发现 B 站的商业变现模式正在均衡发展，而不是单纯以游戏业务作为核心主打板块，非游戏业务的商业模式才是 B 站发展的重点。

非游戏业务板块就是以用户的各种兴趣为主打，通过视频化的方式传递价值，以知识化的内容吸引多元化的观看用户群体，让创作者与观看用户直接产生紧密关系。

对创作者而言，在 B 站多元化的商业变现模式下可以找到收益模式，但最好还是要结合平台的属性和发展趋势，才能让自己的利润越来越多，那就是"流量收益 + 多元化"变现模式。

"流量收益 + 多元化"变现模式就是在 B 站视频播放有收益的前提下，深耕垂直领域，实现适合平台的多种收益模式。

在 B 站，一万播放量的收益最高可以达到二三十元（收益高低取决于有效播放量，互动表现中的点赞、关注、分享等数据），依靠流量可以让创作者首先拿到一笔收益，而且 B 站上的很多大 V 的每期视频播放量都可以达到百万以上，依靠流量带来的直接收益，可以帮助创作者解决前期投入的很多成本，专心从事创作。

B 站对于创作者给予了很多扶持活动，比如有创作者激励计划、悬赏计划、充电计划、接定制广告、直播打赏等模式，这些模式的参与方法在官方网站都有详细介绍。但是，这些激励方式不能一起参与，而应该有所取舍。比如，当你参与了激励计划按照播放量获得收益后，参与悬赏计划就不会有广告带货的收益。B 站官方的举措，就是为了给单纯做知识类的视频创作者专项扶持，对于想通过视频内容变现的创作者也给予了同样的照顾，不管你选择哪个模式都可以获得收益。

如果创作者初入 B 站，还是要以专业、优质、垂直的内容立足，通过优质内容带来的流量获益。等到积攒的粉丝够多了，团队可以持续输出优质内容时，再考虑更多元化的变现模式。

当你前期选择了以流量收益作为自己的主要收入来源时，一定要做出用户喜爱的内容，在自身垂直领域里，最好以"热点+有趣+价值+个人观点"的模式循序渐进地打造精品内容，等到流量的收益成为主要收入来源之后，再尝试拓展其他变现模式。

热点就是围绕当下年轻人追逐的社会、娱乐等领域的热门内容为突破口，将其嫁接到自身的专业领域，给予不同的解读。比如，曾经有一段时间网络上热传演员蔡徐坤打篮球的视频内容，搞笑领域的创作者以他打篮球作为背景搭配不同的背景音乐，意外产生了不同的喜剧效果。健康领域的创作者则是以这个内容作为开始，教授大家在打篮球时如何注意自身健康，应该规避哪些错误的动作。

有趣就是不能用一板一眼说教的方式教育、劝导用户，而是以年轻人喜爱、流行的元素将内容趣味化，以年轻用户可以接纳的方式创作内容。在 B 站上创作要关注年轻人喜爱的流行元素，如弹幕、二次元、嘻哈、鬼畜等，在创作内容时可以将这些元素添加其中，采用寓教于乐的方式传递核心内容。

价值就是创作的内容要有一定的深度或者不一样的见解，让用户通过创作者的内容得到知识、做出改变、产生共鸣等，只有拥有价值的内容，才会得到用户的关注。

个人观点非常重要。在 B 站上从事内容创作，不要只做事件本身的展示，而要用自己的角度、看法给予解释、说明，最好要归纳总结一下传递的观点，让用户清晰明了创作者的意图。比如，在 B 站上特别受欢迎的"罗翔说刑法"，每一次都围绕一个热点事件，帮助用户解读其中存在的重要法律信息，以及其中传递的法律价值。

不管是作为创作者，还是创业者，如今各个平台都不缺少变现模式，唯独抓住平台主推的商业模式，从中找到收入来源，稳扎稳打向前推进，接着再实现多元化的商业模式，才是最正确的前进路径。

三大平台创作内容的"避坑指南"

所谓方法,并非只是寻找捷径,还要明白如何少走一些弯路。少走一些弯路,就是既要懂得正确的创作方法,又要明白错误的操作流程与规范。只有让自己避免犯这些错误,才能在创作之旅中减少试错成本,快速找到适合自己的创作方法。

我们喜欢将在短视频创作中能够避免的错误称为"避坑指南",通过了解各个短视频平台上的创作禁忌与错误的创作方法,降低在创作之路上的出错概率,快速提升创作的成功指数,让自己不用苦苦摸索,浪费更多的时间、成本。那么,站在平台角度看,为什么会有深坑等着创作者?

如今的短视频平台等内容平台都已经从最早依靠人工推荐转变为以机器推荐为主,现在的创作者也好,平台的运营人员也罢,其实都是在学习如何更懂算法,如何更适应算法推荐的机制与运营规则,而这种探索的背后带来的就是一系列深坑。

对于每个平台,正因为平台定位与用户的差别,所以才会有不一样的深坑,学会避开深坑,就是为自己在创作之路上赢得了成功的时间。

对快手、抖音、B站三个平台而言,存在四个具有共性的深坑。

视觉化表述,而非字幕表达

其实,这一点对很多创作者而言,既是一个误区,又是一个深坑。短视频作为一种信息载体,不是直接将文字、图片承接在一起,而是一种独立的表达与记录方式。但是,很多创作者将短视频当作文字信息的承接形式,用文字的表达方式创作短视频,看似拍摄质量过硬,但是却得不到用户的喜爱。比如,我们在欣赏文字内容时可以通过大段的内容描写感知人物内心的所思所想，但是换成视觉化语言展示，不能是人物的旁白，而应让人物通过具体的动作、行为（哭、喜、怒等）传递内心的想法，只有这样，才能让用户深刻感知并喜爱。

所谓视觉化语言，就是我们表达的内容需要用影像的方式展示出来，不能用文字记录的方式作为创作短视频的开始。

当你没有清楚这一点时，短视频的创作就会陷入一个个深坑。无论如何努力提高短视频的质量，如果没有意识到自己应该用视觉化语言讲述内容，只会加大创作的成本，而且得不到正确的反馈，让自己陷入创作的深坑。

好内容不仅来自用户，还来自平台算法

内容的创作者都知道精心打造内容不是为了让自己满意，而是让用户喜欢。这是所有创作者都不会反对的真理，但如果秉持这一条创作原则往往会让我们跳进创作的深坑，带着服务用户的理念，但一直找不到准确的创作方向，因为你不清楚用户到底喜欢什么内容。

要找到用户真正喜欢的内容，需要通过平台算法将内容推荐给一些目标用户，然后通过这些用户的正向反馈，得出一些数据结论，证明什么内容是受欢迎的。所以，真正的好内容不只是来自用户，还来自平台算法。你要清楚它背后运营的规则，通过这些运营规则收集数据指标（播放量、点赞量、分享量等），得出相应的结论，知晓到底自己创作的哪些内容是用户喜欢的。

这就好比用户与平台的算法分别来自 X 轴与 Y 轴，在两根轴线相交的位置看出曲线的高低，作为自己的内容受欢迎的依据。

不要追求某一条内容爆款，要追求稳定持续的输出

在各个平台上创作内容时，或许有人会告诉你，只要你有一条内容成

为爆款，之前发送的内容也会被用户一并翻阅，这会提升整个账号的播放量。但是这里存在一个误区，即用侥幸的心态创作内容，用未知的理念等待用户到来。

其实，这是一种错误的创作方法，即使作品偶尔成为爆款，也无法总结原因，用于指导下一次内容创作。另外，用等待的心态创作内容，只会在面对没有正向反馈时，让自己产生极大的挫败感。真正的强者并非总是给人惊艳与出其不意，反而会一直稳定持续输出。换句话说，我们在短视频创作中不要抱着等待的心态，每一次都应保持一样的创作水准，通过每一次播放量、评论量、点赞量等数据进行微调，一点点向真正的爆款内容进发。从概率上来说，只有通过一次次稳定输出，而不是侥幸期待，才会迎来真正的爆款内容。

勤奋是创作的标配，但不是成功的关键

我在各个平台上都见过很多创作者在自己的作品审核慢、不受欢迎时，往往认为这是平台区别对待："我辛苦几个小时创作的短视频为什么平台不推荐？这是区别对待用户吗？"

其实，在任何一个平台创作内容，创作者先入为主的想法是："作品是我辛苦创作的，平台就应该推荐，毕竟我没有抄袭，也没有偷懒，而是用心创作。"如果没有推荐，创作者就会认为平台是不公平的。

准确来说，在创作内容时勤奋是标配，但不是成功的关键。用心创作内容有机会让自己的作品受到欢迎，但是不用心精耕细作则完全没有机会。

自己辛苦创作的内容没有播放量，没有人看，不代表平台就是区别对待创作者，只能证明你创作的内容有问题，经过机器算法的推荐并没有带来正向反馈，只能证明作品本身没有得到用户认可，与创作者是否辛苦、用心没有直接关系。

一旦出现这样的问题，不应埋怨平台，而应重新审视自己创作的内容，找出真正的问题在哪里，否则只会在一次次的创作中让自己越来越没有耐心。

快手

快手 App 是一个短视频社交平台，通过其普惠的价值观给予每个创作者展示自己的机会，通过内容成为连接他人、连接世界的一扇窗，通过记录自身的生活，让每个普通人都展现自身不可磨灭的价值。

很多创作者之所以喜欢快手，是因为它的创作门槛较低，并且看到跟自己相仿的同类人都在记录、分享生活时得到了更多人的关注，实现了精神与经济领域的双丰收。但是，当我们想要在快手创作内容时，需要避开一个最大的"坑"——不要以为记录生活就是拍摄自己的日常过往，随便剪取其中一段发到平台上就是创作。

我们需要纠正一个观点：记录生活不是记录流水账，而是有选择性地记录生活的闪光点、感动点、矛盾点、价值点、体验点。

或许很多人听过一句话："戏剧源于生活，并高于生活。"这句话的背后透露的是我们看到的精彩影视剧并非真实的生活，而是在原来基础之上进行了升华、加工，是经过筛选之后的精雕细刻，也是放大化的生活观察。

同样，作为视觉化语言的短视频更是如此，更何况要在特别短的时间内抓住用户的注意力，必须具有广告瞬间夺人眼球的效果。

所以，不管内容是连接彼此的纽带，还是为了展示自身的精彩生活，内容创作并非原生态的记录，而是有选择、有区别、有针对性、精品化的展示，具体的要求就是围绕闪光点、感动点、矛盾点、价值点和体验点。

（1）闪光点，即在平台上记录生活时不能随便截取日常生活的片段，而应选择自己生活中发生在某个瞬间的趣事，比如第一次去某个城市旅行发生的趣事、自己在相亲过程中意想不到的糗事、用心种植的农作物获得了丰收等。

请记住，这些生活、工作等方面的闪光点是一个阶段的成果，是人生最难忘的时刻，或是最难忘的一种经历。总之，这些闪光点可以让观看者感受到大千世界的美好、真诚、价值、温馨，毕竟只有让创作的内容被用户喜欢，才能得到更多的关注。

（2）感动点是记录日常或在某个领域里一些打动人、触动人、让人产生共鸣的片段。这些感动点是每个人内心深处的软肋，是正能量的集中体现，也是社会真善美的浓缩。创作者在记录这些感动点时，必须先扪心自问这些内容是否会对自己产生触动，然后再分析这些触动点中哪一点可以放大展示，以记录事情的原委，表达核心观点。

（3）矛盾点指的是我们日常生活中遇到的各种问题与麻烦，我们应该以什么态度面对，以什么方法解决，可以给人什么启迪。这样的创作方式在各个垂直领域都很适合，而且往往都是以开门见山的问题开始，然后展现解决过程，最终得出结果。

美食创作领域是通过细分人群需求、细分场景化需求等方式入手，因帮助用户解决了某个方面的问题而获得了认可。

矛盾点的记录与分享往往都是围绕一个具象问题，然后展示解决过程，最后给出答案。

（4）价值点是站在用户角度来说的，我们在记录与分享短视频内容时传递给对方的不是模棱两可的内容，而是清晰直观的个人观点。比如，当你分享了自己的一段历程，你要同时表明自己从中感受到了什么、懂得了什么或是学会了什么。不是随便拍摄一段风景分享出去就可以，一定要记住不要让用户过多思考你的意图，不要让其过多思索你到底想要讲什么，而是直接告诉观看者风光美在哪里，以及自己有什么感悟等。

价值点与矛盾点的区别在于价值点是要表明个人观点、传递价值，矛盾点是从某个具象问题入手，以某个场景化的痛点开始，给出解决方案。

（5）体验点是指你记录分享的短视频内容，传递给用户一种独一无二的体验过程。我们在展示内容时需要有"精品化"的过程，并展示自己独特的感受。这种记录分享多见于旅行、吃播、三农等领域，用于展示创作者的独特视角和体验过程，展示其对外传递的一种人生态度。

这里还需要提醒一点：不管哪一种形式，都要有因有果，就是说不管创作哪种内容，都需要有前提、有结果，不能让用户搞不清楚到底发生了什么、结局如何。这一点，既适用于 17 秒的短视频内容，也适用于 57 秒的短视频内容。

抖音

抖音作为大众喜爱的短视频内容平台，通过更多精彩的内容占据了用户更多的时长，让用户看到自己更喜欢的内容。创作者在策划内容时可以参与官方更多的话题、热门内容等，通过高质量的内容输出打造有价值的 IP 品牌。

当我们准备或是已经开始在抖音上创作时，会被播放量、转发量、评论量特别高的一些视频吸引与鼓舞，会陷入创作的大坑：只要看到某类内容成为热门，就认为自己也完全可以做到，然后就会照搬模仿。结果可想而知，创作者非但没有如愿以偿，还会空欢喜一场。

因为算法会向你一直推荐某类内容，你看到的都是在平台上已经得到验证的受欢迎内容，当你复制、模仿时，用户并不会喜欢，你的作品也就没办法得到算法更多的推荐。

至于看似相同的作品可以再次得到用户的喜爱，是因为这些作品在原来的基础之上进行了改良或创新，带来了不一样的视觉体验，让用户眼前一亮或是耳目一新。总之，它们比之前的视频更加好看、更加让用户喜欢。比如，在抖音上围绕一种特效创作时，有的创作者创作的内容非常受欢迎，其他创作者就会紧随其后创作同样的场景和内容，结果反响平平，但是也有的创作者虽然使用了同样的特效，但是创作了不一样的内容，照样得到了更多用户的喜爱。

除了这些，还有诸如直接搬运视频、不养号直接发布内容等，这些常见的创作误区已经有很多，在官方的一些指导课程里都有描述。

其实，在抖音上创作内容有一个最大的坑——认为只要原创、优质的内容，就一定会得到用户的喜爱。这时，我们应该自问一下：优质的标准是自己定义的，还是由平台、用户定义的？

如果是前者，那么不管你付出多少努力都是无用功，毕竟作品没有得到认可就是失败的作品。如果是后者，用户喜爱的一定是优质作品。所以，在抖音上谈优质作品时，一定是得到平台算法推荐多、数据反馈好的内容，毕竟这些内容都获得了用户认可。

如果从这个角度切入，我们在创作内容时要注意以下两点。

1. 借势改良创作

不管是个人，还是团体，在前期切入时，要学会多借助平台内的热点、各行业大众关注的热点，从热点中找到自身的定位，给予不一样的解读。

热点切入 + 自身角度解读 = 不一样的价值

比如，针对媒体报道某地一位女士因为不堪家暴，选择离婚，其丈夫极力反对，之后对其拳脚相加，最后，她选择了跳楼轻生。这个新闻一经报道，就引发了众多争议。又如，情感类创作者告诉女人在婚前如何选择配偶，法律类创作者告诉女人在婚姻中如何维护自身权益，谈话技巧类创作者告诉女人如何与男人谈判……每个不同领域的创作者围绕热点切入，利用自身的优势带给用户不一样的内容，这是平台喜欢与推崇的创作方向，也是用户特别喜欢看到的内容。

2. 尝试验证，要微调，要拿数据说话

在抖音上创作内容时，往往都会出现一个情况：发布的内容没有更大的播放量，在等反馈时，创作者往往会选择发送各种不同的内容类型，等到某个内容类型有了大流量之后，才开始专心做这样的类型。

其实，这样的尝试有太多的偶然性，更重要的是创作者无法知道到底这个内容的哪一点得到了用户的喜爱，无法总结经验，应用到下一个短视频的创作。

正确的做法是应该先确立一个精耕细作的领域，先创作出该领域的作品，通过每一次得到的数据反馈，进行有针对性的记录、分析，之后进一步改进，接着再得到反馈，再进行有效的完善迭代，只有这种拿数据说话的方式，才能让作品的相关数据越来越好。

B 站

B 站最初是年轻人聚集的兴趣社区，如今发展为多年龄层、多元化的视频与短视频兴趣平台，让每个创作者利用视频语言追逐自己的兴趣，结交志同道合的朋友，在创作各种视频内容的同时塑造品牌，实现多元化的商品变现模式。

谈起在 B 站上创作内容的避坑指南，与快手、抖音其实既有相似点，也有不同点。相似点是，不管长视频还是短视频，都必须以视觉化的语言创作内容。不同点是，B 站上的内容时长一般都是几分钟以上，也会有十几分钟的内容，内容拉长之后的创作模式与一分钟以内的短视频明显不同，要善于把握讲述节奏，否则，整个视频会一盘散沙，非但无法吸引用户观看完（有效播放是 B 站创作计划中收益多少的衡量标准之一），还会让机器认为观看用户较少，得不到更多的推荐。

所以，在 B 站上创作会面临很多创作深坑：不懂投稿规则，没有提前准备好文案，没有将视频剪辑流畅，从来没有数据意识，不关注用户对作品的反馈，等等。

其实，从创作内容的角度来说，对于想在 B 站上进行创作的个人与团队而言，前期节省创作时间避免入坑的最好方式就是给视频定位。

视频定位，就是你要清楚本期视频到底要讲哪方面的内容，越垂直的领域越好，不要试图让一个视频讲述多个内容或者承担多种功能，而是一次只讲一个重点，一次只表达一件事情。比如，在 B 站上有很多科技类创作者会围绕一些科技产品进行内容创作，创作者要清楚本期内容是电子产品的开箱视频，还是体验视频，抑或深度评测视频，越是垂直领域的作品越要有针对性，创作的内容越要与众不同。

在 B 站上创作内容，最忌讳"大而全，广而泛"，应在垂直领域里精耕细作每一期内容。确立每一期的视频定位之后，要提前制定创作文案，明确内容的大概时长、整个内容可以划分为几个板块、每一个板块主要讲述的内容等。

当你详细地提前设置好要讲述的内容，在录制与剪辑中就可以轻松顺畅地完成后续工作。这一点，对于创作时间较长的视频内容非常适用。

另外，当你在 B 站进行创作时，作为个人来说，尽量不要全职介入，要给自己一个过渡期，毕竟刚开始介入各方面的收入不会稳定，需要一点点摸索、探索，找到稳定的创作模式，有了持续的收入之后再全力以赴。

对团队而言，前期无论是人力与财力的投入都要有针对性，不要高举高打，一点点得到正向、有效的反馈之后再循序渐进，因为内容创业需要一点点积累，才可以将品牌慢慢做大，不要一蹴而就，要稳中求进，接着再按计划快速前进，这才是最正确的内容创作模式。

避坑指南

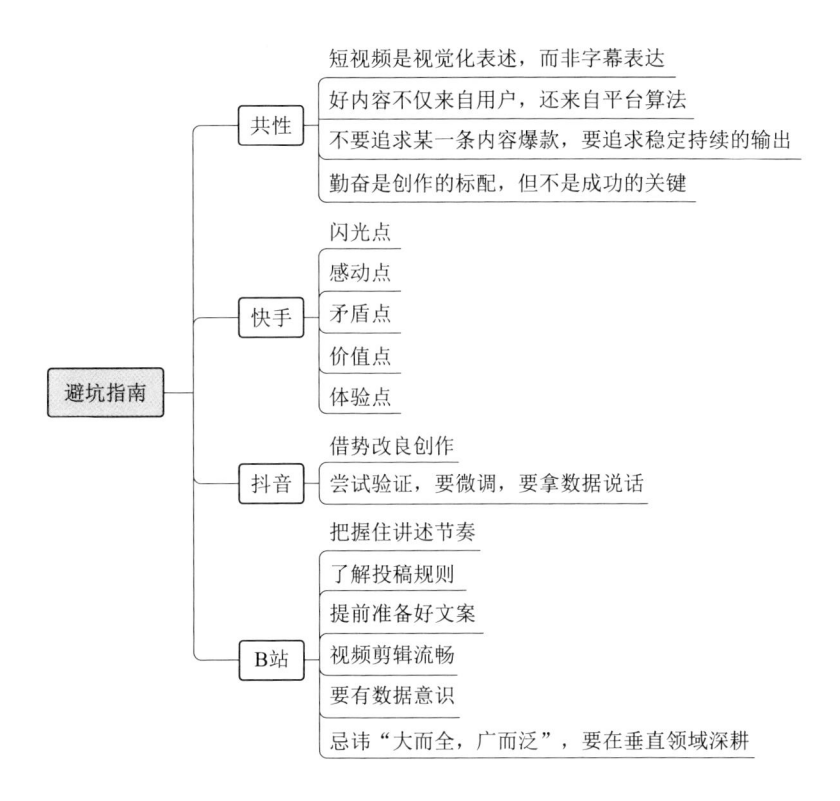

- **共性**
  - 短视频是视觉化表述，而非字幕表达
  - 好内容不仅来自用户，还来自平台算法
  - 不要追求某一条内容爆款，要追求稳定持续的输出
  - 勤奋是创作的标配，但不是成功的关键

- **快手**
  - 闪光点
  - 感动点
  - 矛盾点
  - 价值点
  - 体验点

- **抖音**
  - 借势改良创作
  - 尝试验证，要微调，要拿数据说话

- **B站**
  - 把握住讲述节奏
  - 了解投稿规则
  - 提前准备好文案
  - 视频剪辑流畅
  - 要有数据意识
  - 忌讳"大而全，广而泛"，要在垂直领域深耕

03 短视频IP自我定位

精益创业法搞定短视频冷启动，从 0 到 1

精益创业法是硅谷科技公司 IMUV 联合创始人、CTO（首席技术官）、哈佛商学院驻校企业家埃里克·莱斯的著作《精益创业》中的观点。书中提到对于初创企业来说，生死是最大的问题，很多创业企业之所以很快就消失了，往往是因为付出了惨重的试错代价，在一个错误的产品上付出太多。市场变化之快超乎想象，创业者必须摒弃"火箭发射式"创业。

作者向创业者提供了"验证性学习"方法，也就是说，先向市场推出极简的原型产品，然后在不断试验和学习中，以较小的成本和有效的方式验证产品是否符合用户需求，灵活调整方向。如果遭遇失败，最好要"快速失败、廉价失败"，而不要"昂贵失败"。

其实，对于精益创业法，我们可以将其总结为"小步快跑，快速迭代"的思维模式，通过这个模式让自身完成从 0 到 1 的突破，真正找到适合自己的创业模式。

对短视频创作者而言，一旦有了稳定的内容输出与目标用户群体，也就进入创作稳定期。可是，万事开头难，前期如何快速实现从 0 到 1 的突破，减少自身创作的各种成本，快速找到创作的方向对每一个创作者都非常重要。

采用精益创业法搞定短视频冷启动，可以采用学会验证用户需求的正确性、用数据打造反馈循环和小步快跑、快速迭代的方法。

学会验证用户需求的正确性

当我们从事短视频创作时，往往会听到这样的话术，"创作短视频很简单，就是做用户喜欢的内容""创作短视频必须站在用户的角度考虑问题，才能做出让用户喜爱的作品"……这些说法都没有错，而且也是非常正确的做法，但问题来了：我们凭什么认为自己创作的内容就是用户想看的？我们怎么知道自己所想的就是用户喜欢的？

我们要通过前期的验证辨别用户的真假需求，明确自己的创作方向是否正确，并快速找到适合自身的创作方向。

验证的方法可以分为前提假设（包括价值假设、增长假设）与正确假设（包括数据假设与分享假设），通过这两种验证方法，可以让我们有效得知自己创作方向的正确性，让我们及时调整，做出改变，在内容上快速实现从 0 到 1 的突破。

前提假设就是我们默认自己创作的内容方向是正确的，通过价值假设与增长假设两个方面验证用户需求的真伪，找到真正适合自己的创作方向。

1. 价值假设

价值假设就是我们创作的短视频、视频内容对于用户而言有一定的价值，可以帮助用户解决问题，也可以给用户带来不一样的视觉体验。

一位本职工作是美容美肤的创作者认为创作美肤知识视频，肯定会得到用户的认可，毕竟"爱美之心，人皆有之"。于是，他选取了一些美容知识创作成短视频，以为肯定会得到很多用户的喜爱，结果事与愿违，自己满心期待作品成为爆款、登上热搜，但这些非但没有出现，播放量也寥寥无几。具体的原因，是他没有验证用户正确的需求，错误地把自己固有的认知当成了用户需求，做出来的内容自然只能让自己满意，而不能打动用户。

于是，他通过以下两个动作开始验证用户需求的正确性。

第一，他在同一个平台内搜索播放量高、点赞量高、分享量大等数据表现较好的美容美肤作品，以作品类型确定最近大众关心的热点，以数据播放较高的作品确定用户喜爱的内容。

第二，他从自己本职工作中一些客户咨询数量最多的问题入手，寻找用户关心的话题。

通过这两个方面的验证，他得出一个结论：用户这一段时间最关心的是如何让皮肤更加细腻、如何解决脸上频繁冒出的痘痘、美容护肤日常小窍门等。同时，他还发现关心这些内容的女性用户居多，而且偏爱当下流行的影视剧，尤其会为剧中人物坎坷的命运所吸引。

通过这两方面的验证，他改变了创作思路，将目标用户最关心的内容和当下最流行的影视剧结合到一起，以其中一个热点人物作为引子，引出美容护肤的问题，给予解决方案。改善之后，视频的播放量迅速攀升，其中一条内容还飙升为当日的热门视频。

价值假设的真谛是预设自己的作品对于用户有价值，然后通过一个或多个验证模式证明用户对于自己预设的价值是真需求还是假需求，以此证明自己推断的正确与错误，并发现目标用户的真需求，然后有针对性地创作作品。

2. 增长假设

增长假设是说我们在创作完内容后依据不同平台带来的数据反馈，不以单纯的个案为参考标准，而是寻找可以创作的短期、中期、长期的稳定系列内容，成为吸引用户的核心力量。

在短视频内容中，美食是创作的大门类，围绕美食展开的创作内容颇多，毕竟吃在马斯洛需求层次理论中处于最底层，是每个人都无法摆脱的基本需求。

有的创作者依据自身不同的特长、优势，会选择美食教程、美食体验、美食旅行等多种形式的内容，普遍的做法就是将创作的内容发布到各个平台上，一旦某一个内容各项数据表现较好，就认为这是正向回馈，表明用户喜欢，接下来一段时间就一直主打该类型的内容。

其实，恰恰相反。如果一直围绕一个话题、一个类型持续不断蹭流量、博关注，看似播放量在增长，但是只会让自己陷入为做内容而做内容的旋涡，也会导致平台认为内容不够优质而对创作者进行惩罚，更重要的是，没有办法持续吸引用户真正喜爱、信赖你。

所以，增长假设就是不要以单个案例带来的增长作为创作方向、持续发力的开始，而应以长远的眼光做长线的内容规划，围绕目标用户的需求做短期、中期、长期的稳定系列内容，用丰富的内容类型架起自己与用户之间的桥梁。

无论哪个领域的创作者，都要记住，增长假设不能只看单个内容的数据反馈，而要看一个系列内容的持续增长。只有如此，才能让自己塑造的人设、内容定位真正扎根于用户心中，这是正确开启短视频创作之路的方法。

用数据打造反馈循环

在精益创业法中，对于新开发的产品，需要遵循反馈循环，即想法—开发—测试—认知—新的想法。

创业之初，往往是脑海中有一个想法，然后以最小的投入将想法落地，开发出体现创意核心的极简产品，仅仅满足了用户的一个需求，或者是帮助用户解决一个问题，哪怕产品的细枝末节不够完美，也无所谓。

将产品投入市场得到了用户的认可后，创作者不断测试产品以满足用户更多的需求，接着再次提升对于用户新的认知，继续迭代产品。

这是数据反馈循环从 0 到 1 打造的闭环，可以帮助创作者稳扎稳打走好创业每一步，让自身不会在高举高打之中迷失、失控。

对于短视频内容创作而言，数据反馈循环可以让我们以最小的投入找到正确的创作方向，在真正懂得用户的前提下，创作出用户喜欢的作品。

短视频的数据反馈循环模式为内容—创作—反馈—需求—新内容。

例如，你喜欢看书，认为自己从书中得到的知识也可以传递给别人。于是，你决定以解读某本书作为切入点进行内容创作。接着，你选取了评价好、销量大的两三本书，以一本书作为一期内容，选取了其中有价值的观点分享给用户，创作形式直接采用画外音搭配图片的形式。视频的播放量并不太高，但是也有人点赞、分享。这就是先采用投入最小、最简单的方式创作内容，然后通过短视频平台的后台数据监控，分析到底哪一方面还需要继续迭代、完善。

之前自己发布的视频是720P分辨率，改善后换成平台推崇的1080P高清视频；以真人出镜的模式讲述书中内容，替代了"图片+画外音"的方式；围绕用户喜爱的短视频中搭配背景音乐的方式，选择了平台内使用次数比较多的曲子。

把新创作的内容发布之后，果然比之前的各方面数据都好了很多，平台给予视频的推荐量也比之前多了两三倍。

再次发布得到的反馈是短视频的封面与标题，还有简介中的参与话题也要完善一下，再次创作的内容数据反馈也渐渐攀升。

其实，通过数据反馈循环模式形成的短视频内容闭环，很好地解决了初次创作时面对挫折带来的困惑，让自身可以按照数据反馈的方法真正一点一滴解决遇到的创作难题，有依据地迭代更新。

小步快跑，快速迭代

精益创业法提出的核心理念是用低成本、小批量的生产方式适应快速变化的市场，防止火箭式创业带来的浪费或误入创业歧途。

其实，精益创业法带给我们的是一种新的创作思维，即以创业的方式对待内容创作，用"小步快跑，快速迭代"的方法面对未知的创作旅程，用自我可把控的节奏掌握适合自己的创作流程，用最少的投入获得最大的成功。

1. 小步快跑的前提是要达成目标

在互联网创业中，大家熟知的都是先用最低的成本制作最简单的产品，该产品只要具有最核心的功能即可，然后将其投放到市场上等待反馈。

如果反响良好，收获一批用户之后，再继续小步快跑完善更多新功能。如果最初的简单产品投放到市场上根本无人买单，那就完全没有继续开发的必要。

小步快跑非常适合互联网领域的创业者，因边际成本、交付成本比较低而具备显著优势，但是我们不能忽略小步快跑的前提，那就是每次都要达成一定的目标。

例如，我们要在一家短视频平台上分享记录自己的生活，以 Vlog 的拍摄形式展开，每一次都呈现自己在生活中遇到的小难题，然后分享一些生活小窍门。视频以第一人称的方式拍摄，每次围绕主人公在家庭、工作以及日常遇到的问题，分享巧妙有用的小知识。当简单策划完毕之后，可以采用小步快跑的方式迭代完善内容，逐步找到用户喜欢的创作模式。

创作者第一期内容关注的是平时出门喜欢听歌，但是会遭遇耳机线缠绕解不开的麻烦，他在视频中提供了一套自己使用的解决方法，然后分享到视频平台。内容平平，视频没有成为爆款，他决定围绕内容进行改善，弥补视频中的一些不足。

请注意，当我们准备对之前的内容查漏补缺时，要设立一定的具象目标。比如，他发现自己之前的内容分享量不够多，在新创作的视频中改善了两方面：第一，将自己分享的内容更加条理化，用数字清晰表达观点，让用户可以轻松理解；第二，他在视频中也加入了让大家分享的话术提醒。

通过有效目标的设置，达到有效的结果，才是小步快跑的精髓。再次发送内容后，果然作品的分享量比之前增加了不少，于是他在创作笔记中记录总结了这条创作经验。记住，小步快跑不是有针对性的改善迭代，而是要完成预设的具体目标，通过相应的结果衡量方法的正确与否。

2. 快速迭代不是推翻，而是满足需求前提下的二次创新

在短视频内容创作中，应提高奔跑的频率，以小步快跑的姿态尽快搞定内容创作的冷启动，然后以完善、迭代的方式让创作的内容得到更多用户的喜爱。只不过，快速迭代的前提不是每一次都推翻所有，而是在满足用户的某个需求后，进行二次创新。

例如，有一位喜爱跳舞的创作者看到很多人喜欢在广场上跳舞，于是决定以教授用户跳舞为主打内容。起初，每一次只传授用户几个简单的舞蹈动作，降低参与门槛，让中老年用户看完之后就可以学会。

当拥有了一小部分忠实用户之后，她尝试再次迭代的方式，没有将之前大家十分喜爱的简单舞蹈动作视频删除，而在继续保留的前提下，再次创作围绕当下流行歌曲的舞蹈，满足了部分用户群体舞蹈进阶的需求。

这样的迭代方式，就是有效的完善更新，是在已有的前提下循序渐进地慢慢拓展。既没有丢失之前用户喜爱的内容模式，也用较为保险的模式开拓了新用户群体，一举两得。

所以，真正的快速迭代不在于每一次的完善都推翻之前的内容，而是一定要在用户可接受的前提下，采用有针对性的二次创新。

请注意，这里的二次创新也是基于原有的用户群体、原有的内容，挖掘用户更多的需求，解决用户更多的问题，以稳妥的方式向前推进，这样就不会让自己在创作上偏移幅度过大或者失控。

短视频的冷启动，不仅仅是从 0 到 1，更多的是从 0 到 0.1、0.2、0.3、0.4……走好创作的每一步，才能准确找到创作的方向，让自己真正掌握适合自身的创作方法。

短视频的创作之路，不仅是简单学习创作之法，还是自我完善的学习之路，通过有效的学习方法，提高自身的学习能力，在创作的旅途中解决更多的创作难题。

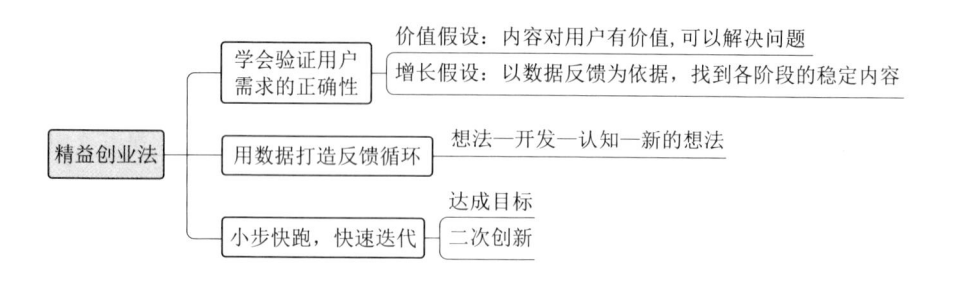

```
                        ┌─ 学会验证用户 ─┬─ 价值假设：内容对用户有价值,可以解决问题
                        │  需求的正确性   └─ 增长假设：以数据反馈为依据，找到各阶段的稳定内容
          精益创业法 ──┼─ 用数据打造反馈循环 ── 想法—开发—认知—新的想法
                        │                      ┌─ 达成目标
                        └─ 小步快跑，快速迭代 ─┴─ 二次创新
```

SWOT 法找到短视频自我定位

如果说互联网的出现给了很多人与世界连接的机会，那么短视频的发展注定会让个人价值越来越凸显，而且在细分领域中也会诞生更多有影响力的个人品牌。

所以，短视频的创作不再单单是为了内容的分发，而是以塑造个人 IP 为重点，呈现带有个人印记的精彩内容，在专属自己的领域吸引目标用户的注意力，打造个人价值，收获持续、长久的多元化变现收益。

或许每个人都清楚短视频自我定位的重要性，很多人也懂得自我定位可以以自我优势、特点等作为切入点，可是真正找到自己的优势并非易事，毕竟自我评价远没有科学、有效、可执行的方法准确。

SWOT 分析法

SWOT 分析法诞生于 20 世纪 80 年代，最早由美国旧金山大学的管理学教授海因茨·韦里克提出。SWOT 四个字母，分别代表 Strengths（优势）、Weaknesses（劣势）、Opportunity（机会）、Threats（威胁）。

```
                    ┌── S ── Strengths（优势）
                    ├── W ── Weaknesses（劣势）
  SWOT分析法 ───────┤
                    ├── O ── Opportunity（机会）
                    └── T ── Threats（威胁）
```

SWOT 分析法，"一般是说基于内外部竞争环境和竞争条件下的态势

分析，就是将与研究对象密切相关的各种主要内部优势、劣势、外部机会和威胁等，通过调查列举出来，并依照矩阵形式排列，用系统分析的思想，把各种因素相互匹配起来加以分析，从中得出一系列相应的结论，而结论通常带有一定的决策性"。换言之，SWOT法就是利用可参考、可依据的分析方法，正确分析自身的优势，并结合外部实际情况规避风险，寻找适合自身的发展机遇。所以，单纯说个人优势是什么，而没有真正结合外界环境一并考虑，都是主观想法偏多，并不能作为准确的自我定位依据。

在短视频创作中，SWOT分析法可以帮助我们准确分析自我优势和劣势，并结合平台的现实情况与外界的大环境，真正找到自我定位。

例如，张三准备从事美食类短视频创作，我们运用SWOT法分析一下。

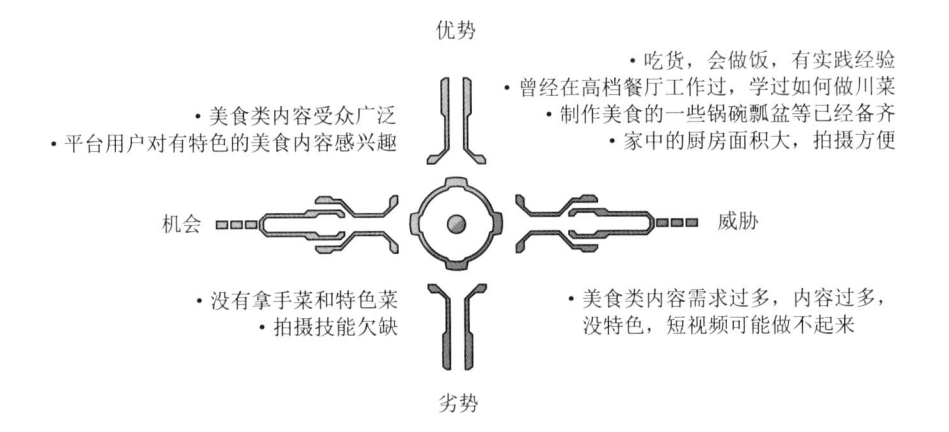

优势
- 吃货，会做饭，有实践经验
- 曾经在高档餐厅工作过，学过如何做川菜
- 制作美食的一些锅碗瓢盆等已经备齐
- 家中的厨房面积大，拍摄方便

机会
- 美食类内容受众广泛
- 平台用户对有特色的美食内容感兴趣

威胁
- 美食类内容需求过多，内容过多，没特色，短视频可能做不起来

劣势
- 没有拿手菜和特色菜
- 拍摄技能欠缺

Strengths（优势）：

- 一枚吃货，闲暇时爱制作一些美食给家人吃，有实践经验；

- 曾经在一家高档餐厅工作过，跟着川菜师傅学习过如何做川菜；

- 制作美食的一些锅碗瓢盆等已经备齐，不用专门购买；

- 家中的厨房面积大，拍摄方便。

Weaknesses（劣势）：

- 没有特别拿手的菜，也没有制作出特色菜，可以让人眼前一亮；
- 拍摄方面不太熟悉，与一些专业美食短视频内容相比有差距。

Opportunity（机会）：
- 美食类内容受众比较广，喜爱美食的人数量多；
- 虽然短视频平台各种美食内容多，但用户还是对有特色的美食内容感兴趣。

Threats（威胁）：
- 美食类内容供应过多，没特色可能做不起来；
- 美食类短视频过多，用户对内容不感兴趣。

当我们通过 SWOT 分析法，将其中的优势、劣势、机会、威胁逐一列好之后，就需要将其中的两个字母进行组合，分析得出自我定位的四大策略。

第一，发挥优势，避开劣势。张三可以先以自己擅长的川菜作为切入点，之后根据用户反馈继续迭代美食内容。同时，为了避开劣势，可以邀请擅长拍摄或是具有拍摄基础的朋友一同创作，可以补齐自身在拍摄方面的短板，毕竟对于美食创作来说，画面质量高更受欢迎。

发挥优势，就是要将自身的优势继续放大，成为自己创作短视频的主打；避开劣势，不是将劣势弃之不顾，而是要找到弥补或替代的方式、方法，巧妙避开自身的短板。只有扬长避短，才能让自己的优势更突出，不至于让自己的不足成为前行的包袱。

第二，克服劣势，利用机会。张三的劣势在于没有特别拿手的菜，为了克服自身的劣势，可以先从熟悉的菜系入手，前期准备充分之后，邀请拍摄水平不错的朋友或是专业拍摄团队共同创作以菜系为内容的短视频。其实，当分析得出自己的真正劣势之后，可以针对具体的劣势进行扭转性改变，也就是"哪里不足补哪里"，然后利用现有的机会进行改变。

当我们选择"克服劣势，利用机会"的组合时，要分清楚以下两点。

其一，克服劣势就是找到自身短板，成为改善的重点。当我们创作短视频确立自我定位时，只有真正找到自身的优势与劣势，才能客观、中立地看清自己，看到用户眼中的自己。

"克服劣势，利用机会"适用于没有办法认清自身的优势，但是却能清晰看到自身不足的人，而恰恰因为找到不足，才会成为持续进步的开始，当你有针对性改变后，就会成为这个领域的佼佼者。

对张三而言，自身的劣势就是没有特别引以为傲的拿手菜，但是却有做川菜的基础。那么，他应该做的就是，充分准备，多做一些拿得出手、用户喜爱的川菜美食系列内容，等到各项数据稳定后，再创作其他菜系作品。

另外，张三的劣势还在于自身对于短视频的拍摄水平不足，而如今的短视频平台对于拍摄水平的要求越来越高，这就要求张三在今后提升拍摄水平，并找到适合自己的拍摄方法。

这种劣势慢慢扭转，就会成为优势，成为创作之路上改善的重点。

其二，利用机会的前提不是跟风，一定要有自身参与。在 SWOT 分析法中，机会往往代表当下的趋势与平台的机会。当我们利用机会时，容易只看到外界机会，而忽视自身不足，看到平台上什么作品火就跟拍什么，什么内容数据高就模仿什么，无法准确找到自我定位。

所以，在克服劣势与利用机会组合中，一定要记得克服劣势在前，利用机会在后，即先克服自身劣势，弥补不足，然后结合某个平台上对于相关领域的扶持力度、用户喜爱程度等，进行有选择性的上传分享。

换言之，充分利用平台阶段的发展机会为自己的创作助力，真正在某个平台上找到适合自己的创作先机。

这里，要清楚在利用外部机遇时，不能忽视自己的优势，哪怕优势微弱，也要努力挖掘，放大，为今后的创作打下坚实基础。

第三，回避威胁，减少劣势。当通过分析得出自身的劣势后，可以与威胁组合在一起，回避威胁，减少劣势。张三可以先在自家厨房开始创作短视频，主要是大众喜爱的、易上手的家常菜，比如大家都喜欢的川菜，先创作满足用户一种口味的视频，通过慢慢迭代更新其他内容。

同时，为了突出特色，可以在内容上进行微创新，加入其他一些元素，让用户更易识别自己。前期拍摄质量不能降低，一定要让用户体验到内容带来的视觉美感，可以多从视觉美感上下功夫，规避自己刚开始在创作上的劣势。

其一，"回避威胁"是深挖用户需求，找到准确的自我定位。张三在创作美食内容时从SWOT分析法中分析出要回避的威胁，也就是美食内容过多，如果自己的内容没有特色，胜出的概率并不大。这里所说的特色，其实并不完全是标新立异，而是要深挖用户需求，创作属于自己的新品类。

比如，张三发现很多用户创作美食视频，同时也有很多美食类的视频发布在各个短视频平台上。张三利用"回避威胁"，不是不去创作美食类内容，而是在看清现状之后，从深挖用户垂直的需求入手，找到自我定位的切入点。

第一个可以是创作家常菜的做法，满足用户对于日常美食内容的需求，接着再慢慢迭代，创作用户更喜爱的美食类作品。

第二个就是深挖用户需求，比如用户希望了解切菜技巧或是食物雕刻技巧，那就可以从这样的需求点切入，既能回避目前存在的外界威胁，也可以找到自我定位。

其二，"减少劣势"是以内容取胜，懂得优先排序。在"回避威胁，减少劣势"中，"减少劣势"是说不要以自身的短板为主打，而要以"回避威胁"中的深挖用户需求后创作的内容取胜，尽量减少自身劣势带来的影响。

张三在"减少劣势"之后，分析出自己在拍摄方面存在的短板，在自我定位时不要刻意强调拍摄质量有多优秀，而要让内容带来的价值成为主打，不要让自身的拍摄短板成为影响内容的关键。

这里的"减少劣势"就是要明白自身的短板，突出自身的重点，但是也要明白不能对自己存在的劣势视而不见，听之任之，而要在内容中将其弱化，成为次要表达的第二重点。

第四，发挥优势，利用机会。张三通过 SWOT 分析法得出自身的优势有 4 点，自己有实践经验，有制作美食的基础，有合适的拍摄场地，还有全套装备。利用"发挥优势，利用机会"组合，张三可以从个人美食的角度切入，以记录 Vlog 的形式真实记录每天自己一个人或在家庭场景下的简单美食，展示岁月静好、过好每一天的生活主旨。

在拍摄上，只需要使用一部手机即可完成，不需要太多专业的拍摄设备，目的就是记录、分享自己真实的生活。这种组合把个人特点与美食结合在一起，记录真实生活场景下的精彩瞬间，成为当下众多用户喜爱的一种记录方式。

SWOT 分析法就是通过对内部优势和劣势、外部机会和威胁的分析，诞生四大适合自身的场景，以及对应的具体实施的四大分析工具。

当我们创作短视频时，只有结合内外部的机遇和挑战，分析出自身的优势、劣势，才能扬长避短，迈出对自身有利的第一步，才不会陷入个人主观看待问题的偏见，让自己以客观视角看待自我与外部的结合，找到准确的自我定位。

当我们使用 SWOT 分析法寻找自我定位时，有三个注意事项。

其一，除了自我评估优势、劣势，也要邀请身边的人参与。苏轼在《题西林壁》中说："不识庐山真面目，只缘身在此山中。"很多时候，我们之所以无法正确认识自己，往往是因为自我视野十分狭隘。所以，当我们分析自我优势、劣势时，除了自我评估之后，还要邀请身边的人参与其中，毕竟身边的人同我们接触比较多，对我们有清晰的认知。

具体的做法，可以自己先评估优势之后，再邀请 5 个以上的朋友对自己进行评估，接着再跟自己的评估综合修正，得出最准确、最客观的个人评价。

同理，当我们分析外界的机会与威胁时，为了得到客观、公正的答案，建议多参考平台发展趋势、业界观察数据，以及平台上创作者的创作状态等，通过多个维度寻找真实的答案。

其二，分析结果出来之后，首先要从"优势＋机会"开始。当我们通过SWOT分析法得出结果之后，每个选择都可以作为创作的开始，但是如果在"优势＋机会"中找到最佳选择，一定要将其作为自我定位的首选，放弃其他选项。

"优势＋机会"是自身最大的优势与外界巨大机会的结合，可以提高创作的成功概率，同时也是自我区别其他创作者的标志。准确来说，SWOT分析法每一个组合的背后代表着不同的发展模式。

优势＋机会（杠杆效应）：杠杆效应产生于内部优势与外界机会相一致时。在这种情形下，创作者要利用自身优势撬动外部的机会，使机会与优势充分结合并发挥作用。

劣势＋机会（抑制性）：抑制性意味着妨碍、阻止、影响与控制。当外部提供的机会与自身的优势不匹配、不适合时，创作者自身的优势就不容易发挥。在这种情况下，就需要有针对地改变或追加资源，让自己的劣势向优势转化，从而适应外部机会。

优势＋威胁（脆弱性）：脆弱性意味着优势的程度或强度的降低、减少。当外界的威胁影响自身的优势时，创作者的优势就会减弱，这时就需要尽力克服外界的威胁，发挥自身优势。

劣势＋威胁（问题性）：当自身劣势与外界威胁相遇时，对个人而言，就面临极大的挑战，需要赶紧扭转局面，或是避免这样的问题出现。

其三，既要重视优势，也要重视劣势。当我们通过SWOT分析法找寻自身的优势时，一定也要重视个人的劣势。只有真正看清楚个人的长处与短板，才会知道如何放大个人优势，弥补个人短板，不要让短板成为创作的绊脚石。

另外，当我们看清个人劣势之后，在之后的创作之路上可以通过慢慢改善与迭代将劣势变成优势。在创作之路上，只有不断提高创作能力，才会有高品质的稳定输出，不至于出现短视频输出参差不齐的问题。

重视优势可以让自己增加自信，重视劣势则可以让自己在创作之路上变得越来越优秀。

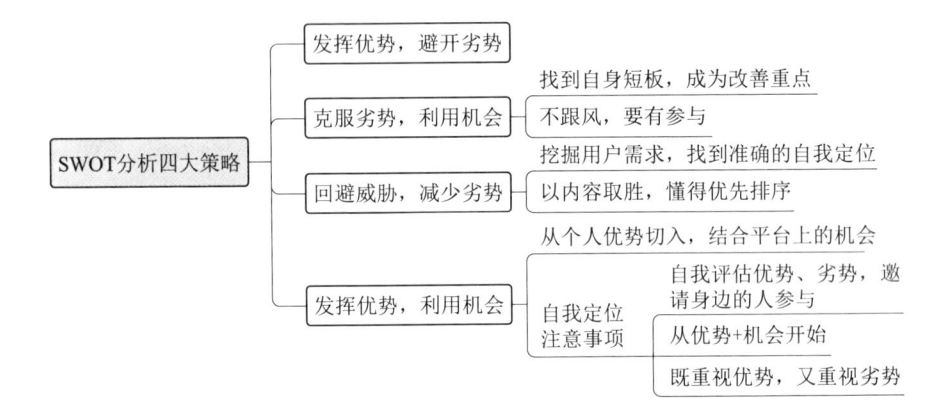

SWOT分析四大策略
- 发挥优势，避开劣势
- 克服劣势，利用机会
  - 找到自身短板，成为改善重点
  - 不跟风，要有参与
- 回避威胁，减少劣势
  - 挖掘用户需求，找到准确的自我定位
  - 以内容取胜，懂得优先排序
- 发挥优势，利用机会
  - 从个人优势切入，结合平台上的机会
  - 自我定位注意事项
    - 自我评估优势、劣势，邀请身边的人参与
    - 从优势+机会开始
    - 既重视优势，又重视劣势

效用函数法完成阶段性目标

短视频的创作是一个循序渐进的过程，除了从0到1找到适合的创作之法，更是看清每一步的自我学习之路。自我学习之路上，不能仅仅依靠感觉、猜测等主观臆想下结论，而要基于可依据、可参考、可衡量的数据指标做出准确选择，让自己在创作之路上不迷茫，选对路并走对路。其中，效用函数会给予我们巨大的帮助。

效用函数在经济学中被称为要优化的量，也就是将人的主观感受进行量化，变成清晰可见、可以衡量的数字，围绕这些数字进行公式化的总结，对自己的问题进行答疑解惑。

效用函数可以在我们完成阶段性目标的过程中，发挥准确选择与概率思维创作两个作用。

准确选择

准确选择就是当我们在做选择时，通过将自己内心的想法、认知变成可衡量的因素，给予不同的分值，最后将分值相加得出的结果就是令人满意的结果。

例如，当你想要寻找一份满意的工作时，正好手边有两份工作可以选择。这时，你需要将内心的满意因素写出来，并将每个因素标注上自己重视的分值：薪水7分，上班距离4分，福利5分，晋升空间5分，同事相处4分，领导5分，可以学习更多的经验、知识4分。围绕这些预设好的选项与分值，将自己手头上的两份工作放到其中进行对比，最后可以得出具体的分值，分值较高的工作就是你内心最满意的那一个。

A：薪水7分，上班距离1分，福利3分，晋升空间3分，同事相处4

分，领导 3 分，可以学习更多的经验、知识 2 分。

B：薪水 4 分，上班距离 4 分，福利 5 分，晋升空间 2 分，同事相处 3 分，领导 5 分，可以学习更多的经验、知识 4 分。

A 工作的各项选择分值最后得分 23 分。

B 工作的各项选择分值最后得分 27 分。

通过对比发现，自己内心最满意的那份工作是 B，这份工作是综合自己最看重的 7 个因素，通过具体可以量化的分值总结而来的，自己在选择时就不会纠结、彷徨。

这样的选择方式简单、易学，可以轻松帮助我们应对生活、工作、情感等方面的一些棘手选择，给出清晰直观的参考依据。

其实，效用函数的这个作用对于我们创作短视频也非常重要，可以直接帮助我们在创作中更加精确地找到自己的方向，完成阶段性的目标。

短视频创作初期，当我们面对自我定位时可以采用 SWOT 法，还可以利用效用函数准确认识自己。

每个人都有多个兴趣，当我们觉得既可以创作美食类视频，又可以创作旅行见闻视频时，如果一下子无法准确做出判断，就可以利用效用函数将适合自己创作的因素逐一列出来，然后通过赋予不同的分值，将每一个选择相加得出分数，最后做出判断。比如，我们站在自己的角度分析一下在美食与旅行方面的优势，可以从两者的共性上概括出创作资源、投入成本、团队配合等选项并给予分值。

我们在创作中选取创作素材时，也可以利用效用函数法进行选择。比如，我们创作之前会提前准备一系列选题，有选择性地进行创作。在面对这些选题时，我们也可以采用效用函数法，轻松找出最适合的选题方向。

我们可以将选题分为关注热点、用户喜欢、平台热度、同类选题热度等多个维度，将每一个选项标注不同的分值，然后将自己的选择逐一对号入座，最后得分最高的选题，就是最理想的创作选题。

其实，效用函数法也适用于刚刚从事创作的人，帮助确定选择哪一个短视频平台。对于适合自身创作平台的选择，可以从自己重视的选项中进行选择：喜欢创作长视频，能获取流量收益，喜欢创作知识类内容，不喜欢露脸等。通过这些维度赋予不同分值，然后可以将快手、抖音、B 站进行分值测算，得分最高的选项就是最适合自己的创作平台。

效用函数可以让我们判断哪个选项更适合我们、哪个选项是最优选择。只有如此，才能在阶段性目标的完成上少走弯路，快速找到创作捷径。

当我们选择使用效用函数时，有以下三个注意事项。

第一，将选项量化得越精确，越能得到最优选择。在创作之路上，不管面对哪个选择，选择量化得越精准，最后得出的答案越准确。

当我们对拿不准的选项、犹豫不决的选择进行量化时，每一个选项都应该是自己在乎或者跟选项息息相关的一部分，如果量化后的选项与选择没有关系或者关系不大，就会直接影响最终选择。

最优答案 = 每个选择的精确细分 + 与主体关联紧密的每个因素

第二，不同维度，意味着不同答案。有什么出发点，就有什么结局。我们在创作时，想要找到最优答案，也要重视自身的问题，不同维度的问题，意味着不同的答案。例如，当我们创作短视频时，在剪辑过程中想要给视频内容添加一款滤镜效果，当你犹豫不决，不知道选择哪一款滤镜时，如果站在自己的角度，你会将问题细分为视频内容的整体基调、自己喜爱的创作风格等；但是当你站在用户的角度，则会选择以用户的感知、喜好为前提，而不会首选自己偏爱的风格。

所以，当我们选择问题时，要想清楚问题是什么，站在谁的立场上，或者从哪些维度细分，得到的选项不一样，答案自然也不相同。

概率思维创作

概率思维创作就是我们在创作短视频内容时利用效用函数量化不确定的命题，以及创作过程中涉及各个环节，通过量化的方式降低出错率，找到正确的创作方法，提高创作的成功率。

在短视频的创作中，经常会出现一些"盲打"创作者。他们创作短视频只是为了创作而创作，至于视频内容是否受欢迎或者为什么受欢迎一概不管，就像是蒙着眼睛盲目操作一样。如果哪个视频的播放量骤然上升，也不会了解原因，无法总结经验并快速复制到其他内容中。如果短视频内容播放量一直不行，这些人或许想过改变，但是却无从下手。

如果我们创作短视频只是靠天吃饭，而没有可以把控的方法，那么就无法持续、长久地生产内容，更不要提围绕自身的 IP 进行多元化商业变现了。

很多人将概率思维简单理解成正与反的简单推论，比如创作的短视频如果上了平台的"热门"（首页位置），那就是 100%；如果没有登上热门，那就是 0。事实真的这么简单吗？

我们知道，不管是在快手、抖音，还是在 B 站，对于优质视频内容的推荐都是算法根据视频的播放量、互动量、点赞量、评论量等不同数据指标综合评定的结果，只有各项数据指标达到算法推荐的阈值，视频才会被推荐给更多的人，也才会将内容推荐到首页位置。

我们通过一个例子学习一下概率思维。两个罐子里各装了一个白球、一个红球，抽中白球可以中百万大奖，抽中红球一分钱也没有。如此来看，要么摸到白球，要么摸到红球，至于选择哪个罐子，其实意义并不大。但是，如果一个罐子里装了 1 个白球、9 个红球；另外一个罐子里装了 5 个白球、5 个红球，我们到底该选哪一个？

如果我们选第一个罐子，抽中白球的概率是 10%；如果选第二个罐子，抽中白球的概率是 50%。答案显而易见，我们肯定会选择第二个罐子，毕竟抽中白球的概率大于第一个罐子。

概率思维就是以计算为前提分析问题，以量化的数据为观察方向，提高我们的成功率，降低出错率。这一点，在短视频创作上尤其适用。

概率思维以量化的方式提高创作成功率

在任何一个短视频平台创作，我们都知道，只有创作出用户喜爱的作品才是创作之道，但什么作品才是用户喜爱的作品？

从宏观角度来看，能带给用户价值、共鸣等的作品是用户喜爱的，这也是站在用户角度来说的。从微观角度看，我们创作的内容要符合机器算法推荐的需求，通过用户在平台上的行为反馈（也就是数据）确定创作的方向，同时将这些数据分解成可量化的指标，通过提高这些指标提升作品得到用户欢迎的概率。

例如，当你创作一则短视频内容，准备上传到某个短视频平台时，还要确定一条适合短视频内容的标题，对于这则标题可以利用概率思维的方式进行量化分解。

（1）找出整个短视频中可以概括的关键词。

（2）找出同类短视频播放量过百万的标题名称。

（3）找出同类播放量比较差的短视频，记录下标题。

（4）查找平台规范手册中不允许出现的特定词语。

分析如下：

（1）找出短视频中的关键词，是为了概括视频的主题，一是防止出现文不对题的错误，二是高度概括更能吸引精准的目标群体。

（2）找出同类短视频播放量高的标题，是为了找到已经被验证的标题关键词，以便提高机器算法的推荐量，这些内容能够得到用户的欢迎，标题发挥了重要作用。

（3）找到同类短视频推荐量比较差的标题，是为了避免自己的标题重蹈覆辙，如因为类似、同类标题没有推荐量或者导致其他错误。

（4）查找平台规范手册中不允许出现的词语，是为了规避因为不清楚平台规则而违规，这样会降低推荐量，甚至内容审核不予通过。

通过这四个步骤，我们就能在短视频的标题上降低出错率，提高成功率，提高让自己的作品得到更多推荐的概率。

比如，我们创作了一个关于儿童饮食的视频，准备上传到平台上，可以利用概率思维逐步开展工作。

（1）短视频的关键词为美食、营养、健康、儿童、教程。

（2）找出同类短视频播放量高的标题，如"排骨这样做，孩子超爱吃""天气热，孩子胃口不好，小米粥这样吃""山药新吃法，健脾养胃增强免疫力，孩子也爱吃""胡萝卜这样做，孩子特别爱吃，外酥里糯"。

（3）找到同类视频推荐量比较差的标题，如"宝宝辅食的做法，你知道多少""适合宝宝吃的土豆蔬菜丸子，入口即化，没牙宝宝也可以吃""宝宝不爱吃面条，一款超简单的简单饼，宝宝肯定爱吃"。

（4）查找平台规范中不允许出现的词语，如低俗、歧视、虚假、色情、造谣等词语。

通过这四方面的分析发现，避免出现同类视频推荐量差的标题句式，避免出现平台规范中不允许出现的词语，从同类短视频推荐量高的标题中选取重复比较多的句式、关键词，然后再根据自己内容的关键词，确定标题——"这款美食这样做，既好看又有营养，孩子吃一次想一次"。

当我们采用概率思维量化创作中遇到的问题时，要通过可衡量的方式、可具体化的数据详细分析，通过具体的改善计划提高成功的概率。

当我们采用概率思维创作提高成功概率时，需要注意以下三点。

第一，量化的是可以改变的目标。当我们量化在创作中遇到的难题或者问题时，一定要记住是可以改变的目标，而非存在的事实。量化的指标指的是想要达成的目标，以数字、表格、百分比等形式呈现；存在的事实指的是现状。

比如，当我们想要提高近期短视频的播放量时，可以计划于一个周期（一个月）内提高整体作品 30%~50% 的播放量，然后围绕这个目标量化改善措施。只有确立了目标，我们分解量化的各项指标才会有效、有作用、有意义。

如果我们只是陈述目前的事实，那么不管我们如何分解任务、量化指标，都没有意义。

第二，量化的是可执行的目标。当我们量化目标时，一定要选择可执行的目标。只有如此，才能真正实现我们的目标，解决存在的问题。可执行，就是说这些目标都是可以拿来直接用于操作执行的，而不是虚无缥缈、模糊不清的，只有如此，量化目标才是正确的做法。

可执行，包括我们分析得到的结果可以直接用来解决当前存在的问题，可以直接拿来用于操作执行。比如上面讲到的案例最后得到的结果可以直接用来解决目前的问题，而不是我们分析到最后答案依然模糊不清，这个结果就没有任何存在的意义。

第三，量化的是清晰的步骤与流程。我们在分析过程中，往往需要多个量化目标，最后才会得出正确的结论。所以，量化过程中清晰的步骤与流程非常重要。清晰的步骤与流程则可以让我们在创作时看清存在的问题，总结出改进方法。

清晰的步骤与流程包括量化目标的所有关键因素，以及关联的各个环节。比如，刚才分析标题时，我们的流程先是总结内容的关键词，这样标题就不会跑偏；接着分析跟我们类似的同类视频播放量高的标题，其中有些关键词是在这个平台得到验证、受到用户喜爱的；之后找出同类不受欢迎的标题，避免走弯路，或重蹈覆辙；最后则是查找平台上不能出现的违禁词语，保证我们的作品不会因为标题的关键词审核不通过甚至下架。

当我们将效用函数应用到创作中时，就会轻松解决遇到的选择难题，并提高成功率，做到可执行、可改善、可运用。

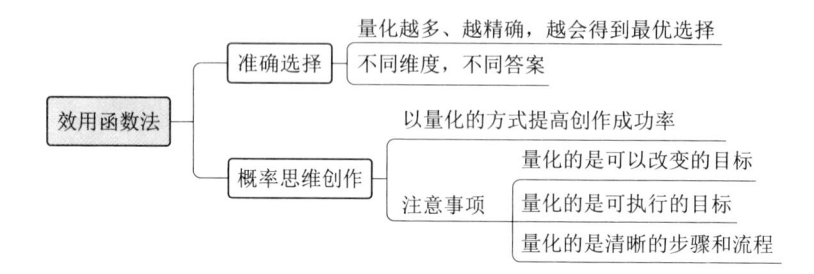

```
效用函数法 ┬─ 准确选择 ┬─ 量化越多、越精确，越会得到最优选择
          │          └─ 不同维度，不同答案
          └─ 概率思维创作 ┬─ 以量化的方式提高创作成功率
                          └─ 注意事项 ┬─ 量化的是可以改变的目标
                                      ├─ 量化的是可执行的目标
                                      └─ 量化的是清晰的步骤和流程
```

站在巨人肩膀上创新：二次创新实验法

在短视频创作过程中，我们总觉得可以做出新颖、独特的内容风格，然后以差异化的方式赢得用户的喜爱。但是，在屡次的内容"创新"中，我们并没有如愿以偿，观看人数也是寥寥无几。其实，当我们站在自我的角度做内容创新时，没有参照、对比与依据，最后的效果往往不尽如人意。这里，我们介绍一下二次创新实验法，也可以称其为微创新模式。

哥伦比亚大学及以色利希伯来大学营销学教授雅各布·戈登堡和拥有30年丰富的营销经验、曾负责强生公司营销工作的德鲁·博迪共同完成了著作《微创新》，其中提出：看似百花齐放、花样百出的产品创新，实际上都可以总结为相同的创新模型。

传统的创新理论往往强调发散思维，一直到最后找到解决方法。而微创新理论告诉我们，创造力从来不是天马行空的发散思维，不是个别人与生俱来的某种天赋，而是在框架内思考的结果，这是一种技能，任何人都可以通过学习掌握。

在框架内思考，就是在原有基础之上消除思维定式，让我们重新审视原来存在的问题。比如，一个人在沙漠里开车旅行，不巧赶上陷入沙地，四周无人帮助，也找不到木板、纸板等其他东西放置到车轮下，以帮助汽车快速脱困。这时，或许很多人的想法就是打电话求人帮忙。而在框架内思考，就是不需要先向外看，也不需要发散思维，而是向内看，就会轻易发现汽车内的坐垫就是一个帮助汽车快速脱困的工具，它的表面有纹路，还有足够的摩擦力，直接就能帮助解决当前棘手的问题。

其实，在框架内思考就是指不要脱离事件本身而发散思考，最好在原有问题基础之上进行延伸思考或是二次创新，就会得到最理想、最合适的解决方案。比如，在旅行类短视频领域，有的创作者的创作模式是"游历+见闻"，通过自己在各地的旅行经历，分享旅行中的见闻趣事。

有的创作者也喜欢拍摄与旅行有关的视频，但是为了做出差异化，并不是自己开创一种内容的新形态，而是以"游历+美食"为主，主打的是各地的美食，同样也吸引了很多网友。其实，这种二次创新的方法，可以用一个公式表达：

> 验证的内容领域、方式 + 垂直人群的需求 + 适合自身的表达方式

作家凯文·凯利说，大多数创新就是现有事物的重组。这里的重组，我们可以理解成在已知创作领域中，添加多个元素，或者重新组合，形成一种新的表达方式。

在这里，无论添加哪种新元素的前提，都要有主次之分，不能只是简单将多种元素混到一起，这样只会形成杂乱无章的内容，而应该将主打排列清楚，主要侧重点也要清楚。

如果创作者在美食领域耕耘，应该在美食领域添加其他新元素，而不是在剧情表演里加入美食，在旅行中也加入美食，在创作文化知识类作品时也加入一些美食元素，这种本末倒置的做法只会让平台无法识别耕耘的垂直领域，不能给予更多的精准扶持，没有办法吸引更多目标用户，也没有办法实现适合自身的商业变现。

除了上面添加其他元素的二次创新实验法，还有 5 种方法可以帮助我们实现内容创作的差异化，找到适合自己的内容创新之法。

乘法策略

乘法策略就是将我们已有的内容分解后，针对其中一个部分进行复制。这种在原来基础上以乘法的方式进行的改动就是创作内容的创新。比如，

我们创作的是知识类的短视频，主要讲述的是历史文化方面的知识，应用乘法策略的具体操作如下。

第一步，我们分析一下内容的创作模式：针对历史事件、人物，解读事件过程，得出结论，给予启迪。

第二步，我们选取其中的一部分，在复制后进行改造。比如从历史事件或者人物入手，进行复制，变成两个历史事件交叉，或者不是讲述单一历史人物，而是将两个人物或多个人物作为背景，找到突破口，就构成了历史平行事件的讲述、人物关系的交织往来。这样的讲述相比单一切入历史事件或人物关系就是一种创新。

第三步，想象一下采用复制办法之后，真正实现的难度有多大。其实，后者的重点就是前期要做好文案工作，将涉及的历史事件与人物关系捋顺就可以。

第四步，前期做文案工作时，明确用户对哪些有关联的事件、人物感兴趣。

乘法策略在我们重新将内容的一部分复制之后，得到的不只是数量的复制，更会开启全新的讲述模式。

减法策略

减法策略就是分析已有的创作模式，然后将其中的组成部分进行详细分解，最后将原本必不可少的组成部分删除，变成新的内容形态。比如，我们现在准备创作一档剧情类短视频，主要内容是张三和女友的日常搞笑记录。

第一步，我们分析得出创作模式是：事件开始＋误会、猜疑引发冲突、矛盾＋剧情反转＋秀恩爱＋感情秘籍分享。

第二步，我们可以删除其中一部分，比如事件开始。

第三步，将创作模式直接改为：误会、猜疑引发冲突、矛盾＋剧情反转+感情秘籍分享。减去故事的开始，直接抛出冲突，可以瞬间抓住用户的注意力，让他们继续看下去，可以说悬念非常足。

第四步，减去原有的内容组成部分构成新的内容形式，想要实现，只需要在后期剪辑时更换一下讲述顺序即可。

通过减法策略，我们在原来的基础之上构建了新的内容形态。当你将作品的每一部分清晰分解之后，就会更清楚自己创作的思路，更容易做到重新组合。但是，这里需要提醒的是，我们删去的部分不应是创作的核心功能，更不应该是最次要或可有可无的部分，而应该是处于中等位置的组成部分。

如何衡量？如果我们删去的组成部分可以变成全新的内容形态，那就是一种加分行为；如果删去之后与原来相比逊色太多，甚至出现数据表现、用户反馈不如从前的情况，那就是错误的减法策略。

前文提到的剧情类创作形态，如果将其中的冲突、矛盾部分删去，那么整个故事讲述的方式就不会成立，后面的反转设置也不会成立。同理，如果将内容设置中的"反转"删除，只是平铺直叙讲述一件事，整个内容的吸引力会大幅下降，也不是明智的二次创新。

除法策略

除法策略是把我们已有的内容形态、模式的某一部分继续分解为多个部分，然后再以全新的方式将分解后的部分进行重组，组成一种新的内容形态。比如，我们主打的是美食教程类的短视频，按照步骤可以分解如下。

第一步，美食教程的视频组成部分是：选取用户喜爱的家常菜肴+采集、购买食材的过程+详细的制作步骤、流程+成功作品展示+食用展示。

这是一个标准美食短视频的制作流程，由一道家常菜肴入手，有条件的创作者会自己采集食材，然后在制作美食的过程中传授烹制过程的注意事项，大功告成之后会通过镜头语言展示作品的魅力，最后是享用的过程。

第二步，我们分解已有的部分，进行重新组合。比如可以将用户喜爱的家常菜肴分解成不同场景下的用户饮食需求、目标人群的美食需求，如"儿童、老人营养餐＋制作流程"，也可以改成"朋友聚会适合吃的美食（以人数作为创作前提）＋详细制作流程"，或者将最后的食用展示直接拆分成美食展示，围绕美食的具体做法进行全方位展示。

第三步，当我们将原有的组成部分更加细分之后就会分解出新的内容形态。这些内容形态恰恰是在细分之后得出的答案，获得的目标受众更加垂直。

以上三种策略，其实可以算作同一种方法，不一样的地方就是具体改造的流程、方法。

当我们使用以上三种策略再次更新创作时，一般要遵循以下4个步骤。

（1）列出自己创作内容的组成部分。

（2）选择其中的组成部分，以重组、添加等形式进行调整。

（3）想象一下，这样调整的结果是什么，会带来哪些不一样的东西。

（4）如果调整之后的结果有价值，我们还要思考具体的可行性，能否实现。

一专多能策略

所谓一专多能策略就是通过内容组成的各个部分与目标用户的需求相结合，形成之前没有的内容组合新形式。比如，我们现在主打的是三农类的短视频，记录分享的是创作者居住的小山村的风土人情与奇闻逸事。

第一步，我们分析得出自身创作的三农类短视频模式是：农村奇闻逸事＋展示过程＋得出结果。目标用户的需求就是对于用户而言，能从我们创作的内容中得到什么，可以将其预设为价值、猎奇、人情冷暖等。

第二步，当我们将内容的各个部分分解出来，再将目标用户的需求分解，可以将两者中分解后的内容进行组合，比如这一期的三农内容是以"猎奇"为主打,主要讲述大山深处的一种神奇植物,那么我们的内容就可以单独重新组合成这样的形态。如果在我们常规的拍摄过程中,遇到了家长里短的事情,可以将人情冷暖作为主打的内容卖点。

第三步,通过前期内容各个部分的组合与用户的需求,可以让我们非常精准地围绕目标用户创作出其喜爱的作品。而且,在每天的三农日常拍摄中,也会将拍摄的各种日常生活片段真正应用,而不会将其白白浪费。

第四步,围绕内容的重新组合,想一下真正实现的难度在哪里,然后真正解决实施。

其实,一专多能策略是一种"倒退"模式,是从用户的目标需求中找到视频中的价值点,围绕用户的需求将每一期内容做成用户喜爱的作品。

属性依存策略

属性依存策略就是重新组合原有内容组成部分与用户需求之间的联系,让原本看似没有直接关联的元素组合到一起,形成一种创新的内容组合模式。比如,我们创作了一档分享生活小技巧类的短视频,具体分析如下。

第一步,我们得出的创作内容的组成部分是:生活场景难题+解决技巧展示+展示满意结果。对于用户看似与内容没有直接联系的是:使用什么手机,在什么场合下最想展示自己,晚上容易失眠怎么办……其实,我们很容易联想到很多看似与内容关系不大的用户需求。

第二步,我们要重新组合这些内容中的各个部分与用户的多种需求,找到两种元素之间的纽带,就是一种全新的内容表达方式。

从用户需要手机入手,我们可以针对某款手机的使用技能,告诉大家某项功能可以帮助我们解决哪些问题。

围绕在什么场合下最想展示自己,我们分享的技巧可以是在众人聚会时方便、快捷制作的美食,或小魔术等,可以让自己赢得掌声,活跃现场气氛。

针对晚上容易失眠，分享的技巧可以是某个运动技能的展示，它能起到睡眠辅助作用，也可以是室内场景的布置技巧等。

属性依存策略就是让原本看似没有直接关系的变量之间形成内在关联，形成一种有针对性、有需求的内容表达新形式。

当我们采用这种策略做内容创新时，我们内容的变量是可以在选定的领域中进行适合内容的选择，而围绕用户的变量则是他们日常生活中的多元化需求，从这两类变量入手，找到二者之间相关联的因素并建立联系。

二次创新实验法也被誉为站在巨人肩膀上创新，即我们在框架内思考内容形态的创新，基于已有的成功或是已经得到验证的模式进行策略性的思考、分析以及重新组合。

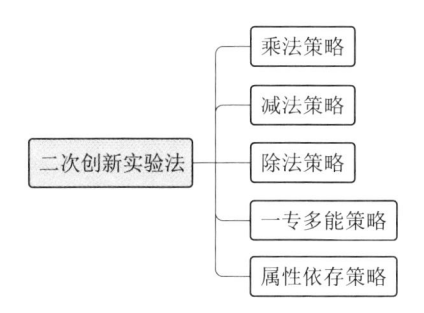

```
                    ┌── 乘法策略
                    │
                    ├── 减法策略
                    │
    二次创新实验法 ──┼── 除法策略
                    │
                    ├── 一专多能策略
                    │
                    └── 属性依存策略
```

04 教你学习爆款短视频内容创作法

选题：短视频九大正确选题法

在短视频创作中，选题意味着创作的方向，代表着对外传递的观点与立场，更代表着可以带给用户什么价值与输出。我们选择什么内容选题，则代表着我们可以塑造什么人设与内容定位。

在创作选题之前，我们要了解自己服务的用户群体，通过这个群体的用户画像、成长路径了解他们的内容需求，真正以用户的需求为参考依据选择创作方向。

站在内容创作角度而言，我们平时可以从日常积累、借鉴爆款、紧跟同行、抓住热点等方面寻找选题。

但是，对于新手而言，通过准确借鉴爆款、紧跟同行与抓住热点找到适合自身的选题，并非一件易事。这需要循序渐进的学习与磨炼才能真正找到创作方向，否则我们可能成为热点创作的"炮灰"，毕竟对于相关平台主推的活动及大众关心的热点，参与者众多，平台只会有针对性选择自我评估质量优、用户喜爱的作品，新手的粉丝数也好，播放量也罢，自然无法与高手相提并论。

短视频的本质就是通过内容建立人与人之间的连接，连接的背后是信任、依赖、陪伴。所以，我们创作内容的初衷是与用户建立信任与代入感。只有如此，创作才会实现创作者与用户之间的深连接、重信任。

站在与用户建立信任感与代入感的维度，我们可以将选题方法分成九种。以自身内容定位、换一种角度重新解读已有的选题素材，我们会发现找到合适的选题也很简单。

说故事

无论我们是站在用户角度,还是以借鉴爆款、关注同行的方式获得经验、启发,采用说故事作为选题的切入方式都可以向用户传递自己想表达的观点与价值。说故事,就是用故事思维看待世界、与世界沟通,是帮助我们决胜未来的一种重要思维能力。

当我们通过各个渠道获取创作方向、灵感后,可以套用一下:是否可以用说故事的方式将其表达出来?用户是否可以更好地接受、认可?当我们用故事思维讲述一个选题时,就会带来不一样的展示效果。

有位教育类视频的创作者对外传递儿童教育成长的知识,每一次都会围绕儿童成长中遇到的难题提供解决方案。最初展示的方式是真人出镜解读问题,然后给予答案,但是一直不温不火。之后,他改变了创作思路:每一次都用故事的方式作为选题的切入点,不仅播放量飙升,点赞量、分享量也日渐增长。所以,这位创作者每次选择选题的前提,除了参考常规的热点、需求等维度的依据,最重要的选择标准是故事思维。

当我们以故事思维作为选题方法时,要注意以下两点。

第一,故事选题需要用具体的人物、场景。当我们采用故事思维作为选题的切入点时,不能只是讲述虚无缥缈、没有根据和出处的故事,而应该有具体的场景、事件、人物,通过细致、真实的故事代入,增加所述观点的说服力。

第二,故事选题秉承一近一远原则,且有认知基础。一近,就是以我们身边的家人、朋友、同事等的故事作为切入点;一远,就是以曾经发生的历史事件、名人逸事等作为切入点。这两点,都要遵循用户有一定认知基础的原则,也就是说出来大众都知道,而并非风马牛不相及,那样故事的切入就没有意义了。

设问题

设问题选题法的本质，其实就是当我们遇到选题时采用逆向思维思考，就能看到选题另一面的价值。当我们以设问题作为选题的切入方式时，也会轻松让用户进入我们设置的思考路径，引起重视与思考，并且用户也愿意带着探究的心理跟随我们找寻问题背后的解决方案。所以，当你手中准备了一些选题，但不知所措时，可以用设问题的方式反向思考问题的另一面，然后用设问的方式作为内容讲述的方式。

例如，情感类视频的创作者一般会以男女相处之道、情感困惑解答为主要创作内容，一般针对具体场景中的问题，给予解决方案。但是，采用设问题的方式，会让原本普通的选题有不一样的答案。创作者用"女朋友有什么用处"作为选题的方向，一下子让问题拥有了脑洞大开、开放式的答案，继而让作品成为爆款短视频。

当我们以设问题作为选题切入点时，要在正常选题中多问几个为什么，采用逆向思维的方式用疑问展开，让用户跟随问题路径一步步找到答案。

谈情怀

情怀指的是人的心境或情绪，外在影响或内在心理活动都会对我们的情绪产生影响。简单来说，情怀就是表达情感。当我们选择选题时，可以提前问一下自己：通过这个选题可以帮助用户营造什么情怀氛围？是否可以通过情感的营造让用户对内容产生共鸣？以谈情怀的方式作为切入点，可以找到触动用户内心深处的力量，通过内容让我们与用户建立信任。

一位音乐类视频创作者经常以"音乐＋真人出镜"的方式发布作品，每次的选题虽然会采用当下流行或是大家熟知的音乐，但是整体效果并不太好。

当他以谈情怀的方式作为选题的切入点时，将音乐换作曾经广为流传的经典金曲，搭配旧时代的视频风格，唤醒了很多人对于往日的回忆，进而赢得了大家的喜爱。

谈情怀就是换一个角度思考我们的选题，看看它们是否可以用情感的方式代入，进而成为创作的主要方向。

创悬念

创悬念就是我们找到选题后通过设置悬念来讲述内容，而不是平铺直叙地直接给出答案。这种选题方式就是面对选题时要提前问一下：是否可以用悬念的方式讲给用户听？是否可以采用倒叙的方式层层揭秘？

有位拍摄 Vlog 记录日常生活的创作者平时会提前准备一些日常生活的选题，往往采用第一人称的方式记录，或围绕目标执行，中间也会有亲戚朋友出现。之后，他采用了创悬念的方式，每一次事先会自问，这个选题可否先设置悬念，然后吸引用户观看。

比如，有一期的主题是记录自己第一次当家教的经历，在内容中先展现几位家长围着自己的镜头，并不告知真相。接着真人出镜说自己第一次当家教的经历带给自己很多感悟，随着视频内容的层层展开，最后终于揭开真相，原来是孩子们特别喜欢他的教课方式，孩子的家人们希望他继续做家教，但是创作者还有其他安排，对方以为有其他问题，就出现了开头一群人围着他的那一幕，让人浮想联翩。

权威解读

权威解读就是用自身过硬的知识背景、专业水平或是从业经验作为内容主打，围绕具体的问题给出属于自己风格的答案。

当我们选择以权威解读作为选题时，可以过滤掉很多看似热门、热点实则与自己无关的内容，而是专心在自己的领域中耕耘，这样才能赢得用户的信任。比如，健康类视频的创作者往往可选的健康选题比较多，但是如果有的选题与自身的知识背景、经验水平不匹配，那么采用这个选题，非但不会给自己的账号加分，还会慢慢减少用户对自己的信任。

权威解读背后的本质是信任，也就要求我们在选择选题时要围绕熟悉的领域垂直深耕，以专业的姿态给出有自己风格的解决方案，如此才能获得越来越多用户的认可。

反"权威"解释

与权威解读中的自身先天优势背景不同，反"权威"解释就是换一种思维找到解决问题的方法，采用这种方式可以为自身差异化定位服务。比如，生活类视频创作者多半会以生活技巧作为选题方向。有一位创作者采用了反"权威"的解释方式作为选题标准，创作了"用了30年蚊香支架，原来都用错了"的内容，围绕传统使用蚊香支架的方法提出了质疑，采用另辟蹊径的方法，短时间内点赞量飙升到百万。

反"权威"解释就是换一个角度看待选题，提出不一样的观点、看法与见解，在相同内容饱和的前提下不至于出现内容无人问津的尴尬，也会因为独特新颖的解读获得用户的青睐。

用细节说话

用细节说话就是当我们面对一些选题时不要只从宏观直观角度切入，可以从具体的细节入手，发现不一样的选题角度。比如，某明星大婚的新闻成为一时的热点，作为情感领域的视频创作者往往会从嫁人标准、什么时间结婚合适等传统的选题方向切入。但是，有一位情感领域的创作者则从热点事件中发现，该明星大婚当日，其前女友也现身婚礼现场，围绕这个细节，她创作了"当我们分手后，该如何相处"的内容，不仅提出了自己的见解，也传授了男女在感情中告别曾经、迎接未来的办法，瞬间赢得了众多用户的喜爱。

当我们以"用细节说话"的方式创作选题时，不要仅仅停留在选题的表面，而要通过深挖隐藏的细节重新找到不为人知的一面，帮助自己拓展新的思路，带来差异化的解读与答案。

以"用细节说话"作为选题的依据，一定要深挖与事件有关联、不可或缺、能引起共鸣、思考的细节，然后以以小见大的方式创作内容。

数据论证

数据论证的选题方法就是我们以数据论证的逻辑方法证明自己表达的观点、见解，让用户在理性的思考之下重新认知世界或者得到新价值。比如，知识类视频的创作者以数据论证的方式创作"如果地球上只有100个人"的内容，按照数字区分让你看到了这个世界的多样性：5个在北美，9个在拉美，欧洲10个，非洲16个，亚洲59个，澳洲仅仅1个；说汉语的12个，说西班牙语6个，说英语的5个，剩下的六七十个要用其他7 000多种语言……以地球只有100个人为假设数据，以不同维度作为前提，将这100个人区分开，让我们大开眼界，看到了世界的多样性。

采用数据论证的方式选择选题，一方面可以采用清晰直观的逻辑讲清、讲透一个复杂的观点、问题，另一方面可以让用户极易领悟创作者传递的价值。

示范效果

经常在网上购物的人都会因为完美的卖家秀而动心下单，也经常会在一些直播间看到卖家亲手示范某款商品的益处后迅速购买。其实，这些都可以理解成示范效果。这一点也是我们选择选题的重要方法。

以示范效果作为选题的方法，就是结合自身的定位以亲身经历、测验、示范等方式向用户传递有价值的信息，拉近彼此之间的距离，增加信任感。

请注意，示范效果选题法在内容上可以用视觉的方式呈现给用户，在观看体验上可以帮助用户更好地做抉择。

当我们采用示范效果选题法时，结果未必一定是出其不意的，但必须是总结到位、有价值的信息。比如，服装、美妆类的创作者采用示范效果证明技术优秀或产品优质，对于选题的把握时机要便于视觉语言展现，且是大多数用户最关心、最有需求的内容。开箱类、测评类视频的创作者最后呈现的未必是优秀的商品，但结果要客观、公正，力求通过自己专业的水平给用户一定的参考依据。

其实，我们创作短视频的选题方法有很多，最有效的方法还是懂得活学活用，用不同的形式找到适合自己的选题。

这九种选题方法不仅在形式上有变化，更多的是让我们不只是简单借鉴爆款、蹭热点，而是站在自身角度通过内容与用户建立信任感、代入感，背后是对于选题的准确把控。它们帮我们找到选题的来源，并对其准确把握，这一点，非常重要。

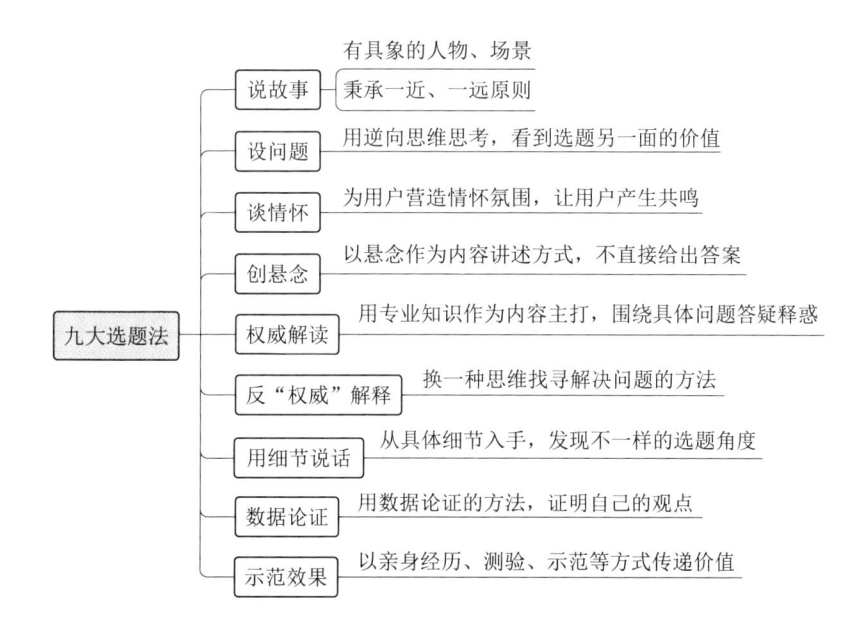

```
                    ┌─ 说故事 ─┬─ 有具象的人物、场景
                    │         └─ 秉承一近、一远原则
                    ├─ 设问题 ── 用逆向思维思考，看到选题另一面的价值
                    ├─ 谈情怀 ── 为用户营造情怀氛围，让用户产生共鸣
                    ├─ 创悬念 ── 以悬念作为内容讲述方式，不直接给出答案
       九大选题法 ──┤
                    ├─ 权威解读 ── 用专业知识作为内容主打，围绕具体问题答疑释惑
                    ├─ 反"权威"解释 ── 换一种思维找寻解决问题的方法
                    ├─ 用细节说话 ── 从具体细节入手，发现不一样的选题角度
                    ├─ 数据论证 ── 用数据论证的方法，证明自己的观点
                    └─ 示范效果 ── 以亲身经历、测验、示范等方式传递价值
```

素材：短视频素材来源优劣分析法

创作短视频是一个持续生产优质内容的脑力、体力并重的创造过程。其间，不能仅仅凭借"三天打鱼，两天晒网"的心态看待创作，更不要依靠"灵感乍现"的想法换取优质内容的持续产出。

优秀的创作者都不会拥有随心所欲的创作想法，而是拥有一套选择素材的方法。只有充分准备好各种素材、视频资料，才不会陷入创作中"无米下锅"的尴尬境地，而是有计划、有安排、有准备地创作适合平台、用户喜爱的作品。

对于短视频内容创作者而言，可以从以下4个方面寻找合适的短视频素材。

各个平台内的热榜、热门

当我们创作短视频内容时，可以首先根据各个平台上有关热点的位置获取创作素材来源。比如，快手App的"快手热榜"、抖音的"热点榜"、B站的"热门"。

在这些位置可以快速获取整个平台用户关注的热点话题，围绕这些热点还会有热度数值的呈现，让我们清晰看见哪些热点快速上升、哪些热点日渐下沉、哪些热点适合我们创作等，让作品结合热点就可以得到平台用户的关注，也可以成为我们日常创作选取素材的重要渠道与途径。

在平台上搜索相关的话题词

当我们发布一个内容时需要填写标题、文案介绍，然后还要搭配和内容匹配相关的话题，这些都有利于作品得到精确分发。同理，当我们为创作短视频选取素材时，也可以通过在平台内搜索相关的热度话题词，依据热度选择创作方向，找到创作的内容来源。

比如，当我们创作与美食相关的内容时，可以在平台上输入"美食"，然后查看与美食有关的话题，如 Vlog 美食记、美食教程、自制美食、美食分享等与美食相关的话题，选择其中一个话题，查看该话题下最近播放量高、受用户欢迎的短视频，并从中选取适合自己的创作方向。

我们在抖音 App 上搜索"美食"，然后查看"话题"，会发现下面有很多与美食相关的话题。我们选择抖音美食话题，可以在"综合排序"中以"最新发布、最多点赞"进行排序观看，如果以最新发布为选取标准，我们可以查看最近发布的一些美食内容，看看有哪些美食内容数据表现较差，就不要将其作为选取素材的参考依据。

当我们以"最多点赞"为条件选取查看时，就会看到最近一段时间内有哪些美食内容数据较好，有哪些内容用户更喜欢，接着可以选取两方面都比较好的内容作为选取素材的依据。

关注同领域内的创作者参与的话题

当我们选取素材时，也可以关注与自己同类的创作者，看看他们最近在创作什么类型的视频，各方面的数据表现如何，以及大家参与讨论的各种话题是什么。

通过关注同领域的创作者的话题、内容，可以让我们察觉在该平台上用户喜欢与不喜欢的内容，避开创作陷阱。但是，在关注同领域的创作者的话题时，要注意以下两点。

第一，要关注对方最近一段时间发布的内容，将其作为选取素材的参考依据，之前发布时间太过久远的作品尽量不要作为参考标准，因为这类内容的数量或许接近饱和，即使采用，参考价值与意义也不大。

第二，关注同领域创作者发布的内容，是为了找到创作方向，不要照搬照抄。同质化内容不会得到平台的更多推荐，而且还会因为涉嫌抄袭收到下架警告，或被封禁账号。

评论中的热点话题、建议

当我们寻找短视频素材时，来自用户的建议、话题都是非常好的素材来源。当我们发布短视频内容之后（或者其他创作者的内容），优质内容往往会引发用户的共鸣与倾诉，大量的评论内容都是来自用户最真实的感触和经历分享，那些用户点赞量最多的评论往往是大家都认可、喜欢、肯定的内容。围绕这些内容进行二度创作，更容易获得用户的喜爱。

以上就是在创作短视频时选取素材经常使用的4种方法，可以帮助我们在面对素材时找到正确的选取方法与途径。但是，不管通过哪种途径与渠道获取素材，一定要分析素材的优劣，因为并不是所有素材都适合，需要依据一定的前提与标准，准确找到适合自己的创作素材。

短视频素材来源优劣分析法

1. 选取素材基于数据反馈

无论我们从哪个渠道寻找创作素材，都要基于数据反馈。基于数据反馈，就是在寻找素材时要从内容的热度数值，内容的播放量、点赞量、分享量等多个维度去衡量：一方面，选取数据较高的素材作为创作方向；另一方面，在看到数据比较差的内容素材时要规避，不要让自己陷入创作的深坑。

我们之所以通过数据反馈的方式选择素材，主要是因为各个平台的算法推荐都是基于数据的呈现判定内容的优劣。当我们依据数据反馈选择素材时，选择的素材就是已经得到验证的内容，是平台推崇的优质内容。同时，数据好的话题、内容都是用户关心的热点，表明这类内容有巨大的需求空间，我们选择创作这类内容可以获取目标用户，更可以得到用户的喜爱。

2. 选取素材基于效果转化

除了有关内容数据的反馈外，对于短视频素材的选择可以基于效果的转化。如今，各个短视频、视频平台基本都开通了付费投放、商业化变现、电商带货等多种功能。可以说，最初只有较大粉丝量的创作者才会具备，如今随着平台商业化的成熟，这些功能都已经下放到更多创作者身上。可以说，创作、变现的门槛越来越低，我们可以基于平台成熟的功能进行效果转化的测试，以此寻找适合自己的创作方向。

基于效果转化，我们可以从内外两方面进行选择。

从内选择就是针对自己在创作中以效果转化为参考依据，确定下一次素材选择的重要来源。比如，如今不管是在快手，还是在抖音上都有为内容付费投放的功能（快手：作品推广；抖音：Dou+），可以使用较小的金额进行投放，测试内容的受欢迎程度，以此判断下次是否要将内容继续作为创作来源。

除内容投放之外，还可以通过内容电商变现、带货等方面的转化测试内容的优劣，决定是否继续创作这个系列的内容。

此外还可以参考平台上的其他同类内容在效果上的转化，作为自己创作方面的依据。

这里需要注意，不同平台的测试标准都不一样，不能将一个平台得出的结论应用于所有平台，而应该有所侧重。

3. 选取素材基于自身内容定位

"适合自己的，才是最好的。"无论是选择数据维度，还是效果转化，都要站在选择适合自身定位的角度选取素材。内容的不断输出，是为了打造自身 IP，也是为了围绕整个自身定位展开创作，而不是简单为了获取流量而做内容。

第一，围绕自身定位，可以过滤掉纯流量素材。有些素材在播放量、点赞量等各项数据上都比较不错，我们可以将其作为素材选取的方向，但是一定要围绕自身定位，毕竟有的内容特别受用户喜爱，但是与你自身定位的方向不符。如果只是从纯流量方向看待，对于我们自身而言也是不合适的。比如，我们是"旅行＋美食"类的内容创作者，通过数据反馈寻找到一个平台上很多用户喜欢一款家常菜的创作教程。虽然数据喜人，但是如果我们拿来作为创作方向，就与自身的定位不符。随着长时间的耕作，账号垂直性降低，除了不会得到平台的更多推荐，目标用户群体也会减少，自身账号 IP 的价值也会降低。

吸引用户的注意力，创造更多的流量对于每个创作者而言都非常重要，但前提是必须适合自身的内容定位，而不是单纯为了获取流量而做内容，让自己的创作失去方向，也就失去了存在的价值。

第二，围绕自身定位，才是二次创新的开始。当我们通过各种渠道选择素材时，以围绕自身定位为前提，才可以创作适合自身的新内容。

例如，一位财经知识创作者平时对外输出内容的主旨是将枯燥难懂的财经知识转化成小白用户都可以理解、通俗易懂的财经知识。他在创作过程中发现最近平台的热点是围绕银行降息的新闻，也了解到其他财经知识创作者的相关内容获得了较多用户的喜爱。于是，他从自身定位角度切入，将银行降息这件事以自己擅长的方式讲述出来，最后得到的效果不错。这就是站在自身定位的角度，可以将同样的素材拿来供自己所用，而且恰到好处。

同样，如此操作也才是内容二次创新的开始，将素材围绕自身定位所用，创作内容不会走偏，更不会失去当下可用的热点，一举两得。

对一个优秀的短视频创作者而言，除清楚短视频素材来源与优劣之外，在实际的创作中对外输出的内容量很大，这个时候建立素材库，既可以提高工作效率，又能保证内容输出的稳定性。

素材库

素材库的作用是方便短视频创作者进行有针对性的选择与参考，提高创作效率和质量。

如果你喜欢系统化分类，可以利用"印象笔记"或是"有道云笔记"两款记录工具，将收集的素材分别按照标题、选题、封面、简介、背景音乐、试错记录等多种类别进行记录，将每一个类别设计成独立的笔记模式，遇到合适的内容可以随时添加进去。

如果你喜欢根据不同媒介工具的形态收集素材，可以采用手机备忘录、微信收藏夹、手机相册、锤子便笺、手机截屏等方式随时随地记录要收集的内容，让自己在创作时可以及时查看，减少整理工作带来的烦琐。

这两种收集素材的方式，既可以根据自己的实际情况进行选择，也可以同时选择两种模式。

如何建立和使用自己的短视频内容素材库呢？

1. 标题

标题对于短视频的创作非常重要，而且短视频标题的模式化、套路性也很强。当我们准备素材内容库时，一定要收集各种标题，方便在创作时分析、学习、借鉴。

优质标题的来源渠道包括自己账号运营中的所有爆款标题、同领域创作者账号中的爆款标题、平台内首页推荐短视频内容的标题、通过其他渠道学习时介绍的标题技巧模式等，这些都可以及时收集并保存下来，方便自己在创作时随时翻阅。

平时收集完标题之后，并不是收集完毕就结束了，而要在平时多利用自己的碎片化时间阅读这些标题，培养自己对标题的感觉，还要仔细思索一下"这些标题为什么会受到用户喜欢，好在哪里，如果是我会确定一个什么标题"，通过不断思考加深好标题的应用习惯。

这里提醒一下：当我们收集标题时，不要在意其内容的优劣，很多时候一个好标题与内容的优劣并不成正比。

2. 选题

选题是我们选择以什么方向、表达什么观点、传递什么价值等进行创作。提前确定各种选题，可以减少持续输出内容的焦虑，更可以有计划打造长久的系列价值输出，对自身的 IP 塑造有极大作用。

对于选题的来源，我们可以选择自身爆款选题、平台推荐的爆款内容选题、同领域创作者的爆款选题以及当下大众关注的热点选题。

当我们选择好选题后，先不要马上创作，而是要先问问这个选题与自己的定位是否一致、同类的选题有多少个、选定的选题是否可以换一个角度解读。

当我们选择选题时，面对看似同样的事件、现象或者人物，其实完全可以换一个角度重新解读，避免雷同。

3. 封面

封面是创作视频的重要一环，优质的封面不仅可以吸引用户的注意力，还可以成为展示内容的窗口。

对于封面的收集，我们可以从各个平台首页、推荐页收集，对那些一看就想点开的封面，可以直接截屏保存。

同时，也可以选择那些播放量、点赞量、分享量等数据表现较好的内容的封面，这些都是经过实践验证的，是我们可以继续参考、借鉴、模仿的。

当我们使用这些封面素材时，要在平时的创作中深刻领悟这些爆款封面的价值，了解爆款封面的元素，通过仔细分析让自己形成采用爆款封面的创作思维。

4. 简介

简介是我们创作完短视频之后的文字介绍。优质的内容简介可以让平台的机器抓住作品的核心关键词，并将其匹配给目标用户；同时，优质的内容简介也可以成为吸引用户注意力的利器，让用户产生观看的欲望。

对于短视频内容简介的收集，可以查看各种爆款短视频的文案介绍并记录，还可以从不同平台上收集爆款短视频的简介并分门别类整理，也可以查看同类创作者爆款短视频的简介文案。

当我们使用简介文案时，可以先针对自己的内容撰写文案，然后对照收集的爆款文案进行比对，查看两者之间的区别，让自己慢慢找到撰写爆款文案的方法。

这里需要提醒一下，不管收集多少爆款短视频简介文案，一定要分析出这些简介的组成部分与其中的关键词，让自己可以在创作中活学活用。

5. 背景音乐

一段优质、恰当、合适的背景音乐可以为视频内容增色加分，成为用户喜欢的内容不可或缺的因素。

对于背景音乐的收集，我们可以从平时在各个音乐 App 上按曲风进行收集，只需要添加相关内容的关键词就可以轻松完成。另外，我们在收集背景音乐时，一定要收集一段时间某个平台上使用频率比较高的音乐素材。

当我们使用背景音乐时，一定要跟自己的内容搭配得当，也就是什么内容搭配什么音乐，只有如此，才能真正发挥背景音乐的魅力。换言之，在使用背景音乐时一定要根据内容意境搭配，这就要求在平时的闲暇时间或是创作时多留意其他创作者使用背景音乐的技巧，也可以在选择搭配音乐时，在平台上搜索一下，查看其使用热度有多少。

6. 试错记录

试错记录就是我们在创作过程中要及时记录走过的弯路，比如创作中犯下的错误、什么选题导致播放量低下、什么内容审核没有通过等。还要不定期查看一些同类创作者的内容中那些数据表现较差的作品，避免自己犯同样的错误。

在创作的路上，学会正确的方法非常重要，知道哪些方法是错误的更加重要，这可以帮助我们少走弯路。我们在实践时，可以在创作内容之前核实自己是否犯了别人犯过的类似错误，如果有，及时纠正，不要浪费创作时间。

俗话说："手中有粮，心中不慌。"对创作而言，"粮"就是丰富的素材来源以及方法，只有准备妥当，才不会在创作之路上陷入焦虑，这会让自己具备持续产出优质内容的能力。

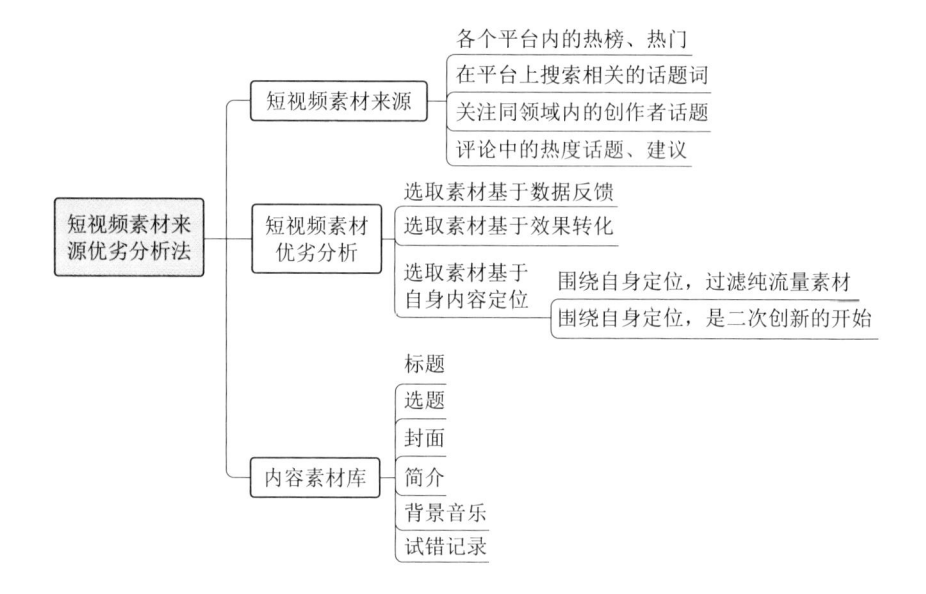

```
短视频素材来源优劣分析法
├── 短视频素材来源
│   ├── 各个平台内的热榜、热门
│   ├── 在平台上搜索相关的话题词
│   ├── 关注同领域内的创作者话题
│   └── 评论中的热度话题、建议
├── 短视频素材优劣分析
│   ├── 选取素材基于数据反馈
│   ├── 选取素材基于效果转化
│   └── 选取素材基于自身内容定位
│       ├── 围绕自身定位，过滤纯流量素材
│       └── 围绕自身定位，是二次创新的开始
└── 内容素材库
    ├── 标题
    ├── 选题
    ├── 封面
    ├── 简介
    ├── 背景音乐
    └── 试错记录
```

创作：短视频创作选题 5+3+5 思考路径

对短视频创作者而言，刚上手遇到的最大的难题就是选题。选题就是创作内容的方向，只有方向正确，创作的内容才不会跑偏，更不会出现自己的作品播放量差、无人问津的尴尬。一个优质的选题是短视频内容创作的根本，只有真正掌握选题选择及创作技巧，并围绕自身短视频的定位，才能在短视频创作之路上捷足先登，快人一步。

对于短视频选题的把控，可以使用短视频创作选题 5+3+5 思考清单，从个人角度、平台视角、内容切入三方面，不同维度、不同视角全面掌握如何确定选题、如何运用好选题，才能对内容的创作起到事半功倍的效果。

个人角度

第一，身份属性：我们的职业是什么，一直在哪个领域深耕。当我们创作内容时，在选题上可以考虑以身份属性的角度切入，通过自己的职业进行选题思考，如工作中经常用到的知识是什么，我们在工作中可以解决什么问题，哪些知识、技能是我们在工作中经常运用的，我们在工作中有哪些独特的经验总结与体验。

当我们带着这些问题清单入手后，就能快速选择适合自己的选题，并制作一套有助于个人 IP 打造、用户喜爱的优质短视频内容。

第二，个人优势：我们一直擅长主打的优势是什么。个人优势就是差异化的选题创作模式，找到自己在工作、生活中最擅长的技能，思考围绕自己的技能会得到哪些人的认可与需求，自己的技能可以帮助大家解决什么问题，或者带来什么启迪与价值。

当我们以个人优势作为创作选题清单时，可以轻而易举找到自己的创作优势，在短视频中将自己具备的技能无限放大，给用户带来真正有价值的内容与知识。当我们以自身具备的技能作为创作选题清单时，要明确作品会吸引哪些用户群体、能帮助大家解决什么问题、可以带来哪些启迪。

第三，兴趣爱好：我们最大的爱好与兴趣是什么，并且乐意与人分享。兴趣是成功的一半。通过以兴趣爱好的角度切入创作选题，可以清晰、明了、直截了当地发现适合自身的创作选题。

如果从兴趣爱好出发，首先要考虑和自己拥有共同爱好、兴趣的人关注、喜欢什么，和自己拥有共同爱好的人最想得到什么知识、技能，自己的兴趣、爱好还可以给哪些用户群体带来没有体验过的感受。

以自己的兴趣爱好作为切入点，更多考虑同一类用户群体关注、喜欢的内容，以及还有哪些用户群体想了解相关知识点。

第四，技能展示：现实生活中我们擅长的技能是什么，可以将其做成视频分享给别人。短视频的创作是用视频化的语言重新记录、分享自己的点滴，当我们以技能展示的角度切入，就要考虑现实生活中自己最擅长的技能是什么，有哪些技能已经得到很多人的认可，有哪些技能是很多人需要的。

当你想到以这些角度考虑创作的选题时，就已经比其他人更接近成功。短视频的创作就是通过有限的时间集中展示、讲述一类内容，而之前自己在某领域已经验证一些内容的成功，自己在确定短视频清单时更会如鱼得水。

第五，取得成就：我们在哪方面取得了优异的成绩并得到认可，可以在短视频领域继续深耕。如果你已经是某个圈子、领域里的达人，那么在短视频创作选题上，只需要多多考虑曾经自己的受众群体最喜爱的内容有哪些，点击率最高，转发量、评论量最多的是哪些文章，哪些内容是受众最想了解的就够了。

其实，这就是图文向视频过渡的过程。在确立内容选题上，只需要更多考虑受众想了解、自己曾经创造以及哪些内容是受欢迎的，从这三方面可以精准找到用户喜爱看的短视频内容。

以上是从个人角度出发讲述的5种选题思考清单，我们再从短视频平台的角度入手，看一看如何创作选题清单。从平台角度来看，可以分为三方面。

第一，热议的话题+不同角度的解读+符合自身定位。站在平台角度，我们首先可以考虑的是近期平台热议的话题。热议的话题代表着平台内用户的焦点与流量走向，是一种借力打力的创作方式，借力得当可以让自己创作的内容轻松脱颖而出。但是，不能单纯为了蹭热点而做热点，这只会让自己的定位越来越模糊、垂直度降低，而且极易让自己的作品淹没在浩瀚的作品里。所以，面对平台内的热议话题，重要的是有自己不同角度的解读，带来完全不一样的见解与分析，这才是最重要的一点。

除此之外，还要遵循一点，即符合自身的定位。具体而言，是自己面对平台的热议话题，进行不一样的解读，一定要符合自身定位，如此，才会真正体现自己的价值，才会在差异化的内容中产生辨识度，让用户更容易选择自己。

第二，选择最近同类播放量高，评论量、转发量最多的视频，以自己的视角重新解读或深入解读。当我们站在平台角度思考时，可以参考平台内的同类播放量高，评论量、转发量多的视频内容，分析这些受欢迎内容背后的共性，或者制作相似的选题清单，通过自己的视角重新解读或深入解读。

这里需要提醒一下，在选择近期同类播放量高的视频内容时，"近期"代表时间越近越好，比如昨天、前天，或者最近三天、一星期之内，不要找去年或者时间更久的同类内容。一是因为时效性低，受用户喜欢的可能性不大；二是平台的算法推荐机制也有调整，之前适合的选题未必适合现在平台的需求。

第三，平台内关键词搜索，看看热度有多少，可以作为创作方向。当我们创作短视频的选题清单时，也可以采用"关键词"的方式组建清单，方便创作内容。关键词就是同类视频中出现频率比较高的词语，在播放量高、转发量、评论量多的视频中，可以摘取标题中名词、特定词组作为自己创作选题的方向，进行不一样的解读。

内容角度

说完平台角度，我们再来看看自身创作的内容角度，看看如何创作选题清单。在这里，我们将内容分为 Vlog、美食、搞笑、穿搭、知识 5 类。

1.Vlog

用视频的视角记录自己的生活轨迹，是短视频创作中常见的一种方式，它门槛低、易上手，对于每一个人而言都是入手短视频创作很好的一种形式。当我们将自己定位为拍摄个人 Vlog 内容时，选择创作内容清单需要遵循三个原则。

第一，切忌流水账，而应该是日常生活的事件、价值、见闻等。当我们选择 Vlog 选题时，要避免记录自己的生活片段，而要记录一个事件，或是提供一次别开生面的见闻或提供有价值的内容输出。

所谓事件是指自己呈现的内容有头有尾，有开始有结束。在事件里，是谁、发生了什么、结果怎样，在较短的时间内呈现一个完整的事件，将其中的亮点体现出来。

第二，要放大人物的真实情感，如喜怒哀乐、悲欢离合。如果你将记录真实的生活作为创作的定位，那么在内容选题上要选择那些可以放大人物真实情感的事件，最好是喜怒哀乐、悲欢离合都存在，将自己在生活中真实的点滴感受以视频记录的形式展现出来，给用户留下真实、接地气、亲近的形象。

在记录真实情感时不用太顾及完美形象，要将用户当成自己的知心朋友，用这样的视角创作的内容选题就会得到更多"自来水"用户的青睐，进而让他们成为自己忠实的粉丝群体。

当然，有瑕疵也必须有优点，不能只是抱怨，而应该是一个人经历过低谷，拥有过烦恼，也有过追求梦想的迷茫，但是经过一番学习、自省后终于让自己越来越好。正能量是拍摄 Vlog 的底色，不能改变。

第三，有价值的输出。拍摄 Vlog，也可以是价值输出的分享，主要围绕自己在某个领域的看法、建议或问题的解决方案，让用户看过之后有所收获。

当我们选择有价值输出的 Vlog 时，针对内容选题一定要从具象、痛点、难点三方面考虑。具象是我们针对具体的事件、现象、热点、人物等，进行有观点、有态度、有想法的解读，让用户通过我们的视角可以看到这个世界不一样的一面。但是，一定要在垂直领域里深耕，最好不要今天涉足财经领域，明天谈论娱乐新闻，后天又说科技大事，要在一个领域里生根发芽。

2.美食

美食是短视频创作比较热门的品类，从内容角度而言，当我们选择创作内容清单时要紧扣三个方面：某个场景化的饮食需求，细分人群的美食需求，以及体验式美食的感受。

第一，某个场景化的饮食需求是指我们选择短视频创作清单时，要从大众在生活中具体的场景里找选题，比如减肥时要吃的食物、生病时要吃的食物、熬夜时要吃的食物等。如果细分下去会有无数的选题冒出来，这是从垂直的角度解决用户场景化的饮食需求。

第二，我们以不同人群的饮食需求作为创作选题的出发点，也可以更容易找到用户真正喜欢的内容。比如，站在婴幼儿的角度考虑饮食需求，站在老年人健康的角度考虑健康餐，也可以站在怀孕妈妈的角度考虑如何创作美食内容。

当你以细分人群的方式考虑选题时，就会轻易找到适合目标群体的饮食需求，可以精准围绕目标用户的需求创作有针对性的内容。

第三，体验式的美食感受，这类内容强调用镜头带着用户体验享受美食的过程，并对美食的整体感受给予评测。

当我们选择"评测式"美食创作选题时，着重在"体验"两个字上，以新奇、新鲜、新颖为核心，以体验用户没有吃过的食物为首选，或者某地名菜的方式进行选题。

总之，精彩的过程大于最后吃的结果。

3. 搞笑

搞笑类的短视频内容受到很多用户的喜爱，这类视频以轻松、诙谐、幽默的方式帮助用户释放生活压力。当我们选择创作搞笑类短视频内容时，可以选择热点话题的夸张解读、小人物的喜怒哀乐，以及具体问题的反向思考。

热点话题的夸张解读就是结合当下热点话题、事件，找到其中可以表达的诉求点，以夸张的方式表现出来，即热点+夸张解读。这里需要提醒一下，所谓的夸张不是没有意义的表演，而是可以脱离现实的具体表演。

小人物的喜怒哀乐就是站在人物的角度考虑哪些问题是面临的困难，将这些问题一并收集后，通过一件件具体的事情展现小人物的悲欢离合与性格。

具体问题的反向思考，是说在选择普通人面临的生活、工作、情感等问题时，进行逆向思考，可以带来出其不意的喜剧效果。

4. 穿搭

穿搭是短视频内容中女性用户很喜欢的内容，最直接的表现就是可以解决如何穿衣服、穿什么衣服的问题。面对这类内容，我们可以从两个方面进行思考。

第一，不同用户在具体场景中的需求。也就是说以不同用户在不同场景中的需求拟定选题，比如微胖的女性参加宴会如何搭配衣服、身材偏瘦的男性如何穿正装显得有精神等。围绕不同用户在具体场景中的需求，就可以诞生不同的选题，而这些恰恰也是用户最想看到的内容。

第二，季节更迭的穿搭服务。根据不同季节，围绕不同身材的用户给予参考建议，帮助他们明白自己适合什么样的服装搭配，这一点也非常重要。

当我们选择这一点作为创作选题时，要以"服务"的心态给出建议。涉及穿搭的每一个环节都会是非常好的选题，比如女性冬季大衣上如何用胸针凸显气质、春天围巾的4种正确系法等。

只有站在季节的角度，围绕用户穿衣的每一个环节创作，才能以服务精神得到用户的青睐。

5. 知识

知识类的短视频受众面广，因为这类视频可以直接帮助用户解决问题或是带给用户最有价值的内容。当我们在一个领域为了创作知识类短视频寻找选题时，要关注两点，即名人、热点事件的专业解读及帮助用户解决真正的难题。

首先，名人、热点事件的专业解读是在"蹭热点"的基础上发挥自己的专业性、权威性，通过解读一个个事件在用户心中塑造值得信任的形象，拉近彼此的距离。在寻找这些选题时，一定是可以用自身定位的专业知识解读热门事件，不能单纯为了蹭热点而做没有价值的输出，否则时间越长，自身的价值就会越低。

其次，不管哪个领域的知识短视频都可以从帮助用户解决真正的难题出发选择选题。这些难题可以是用户学习过程中的问题，也可以是学习一项技能的方法等，只要是这个领域里碰到的具体难题，就是优秀的选题内容。

以上就是我们在短视频创作时的 5+3+5 选题清单，可以直观解决我们在创作时不知创作什么内容的问题。这套方法也可以成为连续日常创作短视频设计选题的参考与依据。

其实，清单不仅可以让你做正确的事情，还可以让你减少犯错，避免走弯路。

一张手术清单，让手术感染比例从11%下降到0，一张建筑清单，让每年建筑事故的发生率降至不到万分之零点二，一张投资清单，让一个投资组合的市值竟然增长了160%。可以说，清单是让你把事情做正确的必要方式，让你有依据可参考、有目标可瞄准、有结果可追溯。

在短视频创作中，要想让清单发挥重要作用，还要遵循两点：第一，简单、高效、可测；第二，不断更新。简单，就是不用面面俱到，找到需要提醒我们的关键内容就可以。高效，指清单以结果为导向，强调效果。可测，指清单要具体，要有可操作性，不能太虚。

清单不是大而全的操作手册，而是理性选择后的思维工具，抓住关键内容比面面俱到更重要。清单应不断更新，要不断贴合实际情况，不能使用老黄历，即便最简单的清单，也要不断改善。只有持续改善，才能让清单有用，方便我们更加精准地创作优质的短视频内容。

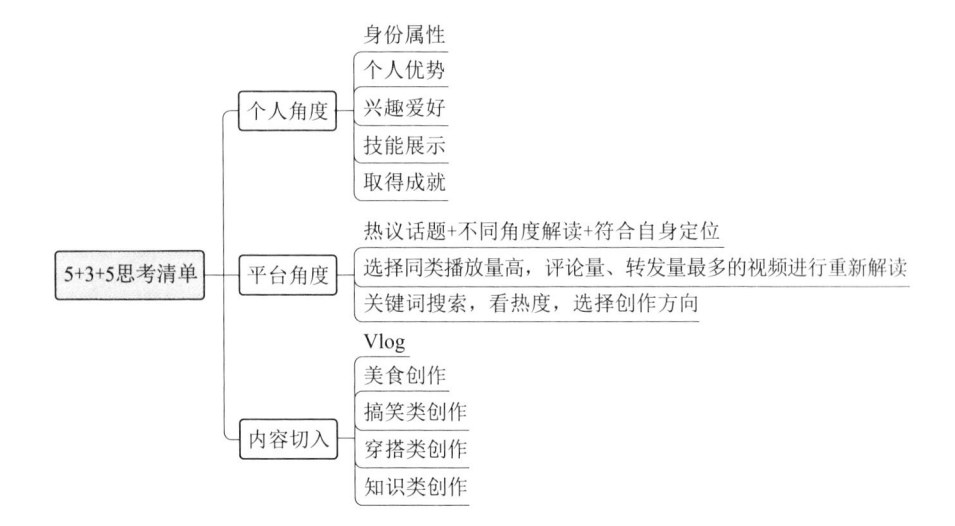

```
                        ┌─ 身份属性
                        ├─ 个人优势
              ┌─ 个人角度 ─┼─ 兴趣爱好
              │         ├─ 技能展示
              │         └─ 取得成就
              │
              │         ┌─ 热议话题+不同角度解读+符合自身定位
5+3+5思考清单 ─┼─ 平台角度 ─┼─ 选择同类播放量高，评论量、转发量最多的视频进行重新解读
              │         └─ 关键词搜索，看热度，选择创作方向
              │
              │         ┌─ Vlog
              │         ├─ 美食创作
              └─ 内容切入 ─┼─ 搞笑类创作
                        ├─ 穿搭类创作
                        └─ 知识类创作
```

标题：8个微创新标题公式，对号入座

一个合适的短视频标题不仅可以弥补视频封面信息的不足，还能吸引用户的注意力，凸显短视频内容的核心诉求，直抵用户的心理需求。

短视频标题往往是根据内容的差别设置不同的表达诉求，有的简单明了地讲述内容的重点，有的依托情感的表达让人产生疑问、肯定、提醒等体验。另外，标题最大的特点就是在较短的时间内，让用户判断是否继续观看，所以标题中的关键信息透露出的价值对于用户的抉择来说至关重要。

标题的种类有很多，但是并非无章可循，而是有一定的规律与套路。围绕已经在各个平台上得到验证的标题模式进行微创新，可以满足我们快速抓住内容的核心诉求，帮助我们瞬间抓住用户的注意力。

有8个微创新标题公式，当我们创作完内容之后，可以根据内容的诉求重点选择其一对号入座，轻松消除创作过程中拟定标题的痛苦。

数字标题

数字标题就是将短视频中最重要、最引人注目的内容以数据形式呈现出来，成为标题的主打卖点。直截了当透露的数字信息可以增强吸引力，提高用户的阅读量。

例如，"抓娃娃小技巧，2元抓3只娃娃"这个标题，如果从内容来说，就是通过创作者的方法讲述如何抓住娃娃的过程。如果仅仅把过程当作标题，那么呈现的效果就会弱化很多。当创作者在标题中添加了数字时，效果是"2元抓3只娃娃"，一下子击中用户内心的渴望，即希望用最少的投入获得最大的回报。

又如"16日下午，江西5天杀死3人疑犯落网"介绍的是权威媒体发布的一起社会事件。在视频中，显示的是外逃多日的疑犯落网的内容。通过数字标题，将事件的核心内容准确传递到位：什么时间、什么人、在哪里、结果如何。这种数字标题可以让用户瞬间接收所有重要信息，然后迫切点开看看具体内容。

再如"××大学要求学生必看的4本书""你想改变自己必读的5本书"，这类短视频的标题常见于知识、图书类标题之中，往往采用两段式标题，第一段是想改变的或者是谁能带给你的，也就是把背景交代清楚；第二段用数字直接强调肯定的结果，就是这几本书，而不是其他的，让用户内心有所期待。

当我们使用数字标题时，可以套用一个公式：

核心内容数字 + 带来的益处、效果、改变、结局（期许）

比如，一个美食类的创作者想要创作一个视频介绍做宫保鸡丁的技巧，那么短视频的标题可以是"制作美味宫保鸡丁小技巧，1个人吃了3碗饭"。其实，这里的数字传递的就是改变，会让人期待到底什么技巧会让1个人连吃3碗饭，然后就会点开观看。

又如，类似"5岁以上宝宝适合吃的开胃山楂糖"，这里的核心关键数字是"5岁"，带来的效果是"开胃"。还有"看明白这本书中的5个道理，我卸载了游戏，还清了欠款"，这里的核心数字是"5个道理"，带来的改变是"卸载了游戏，还清了欠款"。

这里需要提醒一下，公式中提到的益处、效果、改变、结局（期许）一定要与用户自身利益有关，只有这样，才会让用户期待点开观看。

人物式标题

人物式标题就是利用一些名人、明星、大V等的名字作为标题的关键词，作为内容对外的引子，吸引用户的注意力，达到阅读的目的。

这类标题集中在一些热点人物身上，比如有创作者发布的内容与演员吴京有关，是他在机场看到围观拍摄的人太多，提醒大家注意安全。创作者拟定的标题是"吴京，喊话要不要怼我脸上"，看似非常随意，但却传递了能引起大家猜测的事件信息，所以这则短视频在短时间内播放量飙升。

当我们使用人物式标题时，可以提前搜索一下人物的热度指数，看看最近是呈上升趋势还是下降趋势，以此判断是否要以这个人物作为标题的开端。

使用人物式标题，可以套用以下这个公式：

热点人物 + 事件的完整性

当我们以热点人物作为标题的主打时，一定要保持内容的完整性，也就是热点人物做了什么，前因后果是什么，对外传递了什么信息。不要只是热点人物的摆拍，这对于内容创作而言没有任何价值与意义。

体验式标题

体验式标题就是利用标题中的文字信息将用户带入特定的场景，让用户产生前所未有的体验或是精神上的认知、共鸣，以此达到吸引用户观看视频的目的。

一些美食的创作者会创作寻找各地特色美食的内容，比如一个人创作的短视频标题是"××带您品尝北京城国营老店，烧饼夹肉"，视频内容主要是以创作者第一人称视角去北京一家老字号的美食老店，重点介绍、品尝了烧饼夹肉。对于没有吃过这道美食的用户而言，十分有吸引力，带来的是视觉上的美食体验旅程。

体验式标题在旅行类的创作领域也很多见，比如"旅行途中体验一家自助餐厅，竟然一个服务员也没有""你有没有这样的梦想，想不想体验一把"等，都是通过视觉体验带来不一样的旅程见闻。

当我们选择体验式标题时，可以应用以下微创新公式：

内容＋地名、事物名称＋自我感受

体验式标题利用准确的内容信息与地名、人名、事物名称，可以让机器算法准确将视频推荐给目标用户，如今在各种本地化的内容中也是屡见不鲜。

当我们采用体验式标题时，可以利用上面的公式，这能轻松消除不知道如何拟定标题的痛苦。

疑问式标题

疑问式标题就是将创作的视频中用户感兴趣、有需求、想了解、渴望得到的信息以疑问句的形式抛出去，以吸引用户的注意力。比如，一个视频的标题为"年度十大笑梗集锦，你是否都看过"，内容是以盘点的形式将本年度流行的笑梗视频做成合集，让用户对于每个笑梗的出处进行细致了解，这里面包括的价值点就是"想了解"。

也有创作者在记录自己的日常生活时，以疑问的形式确定标题，如"这样走路怕会被打？"画面中男子径直走向了一家门店前的广告灯牌，然后在快接近时灵活绕开，让人猝不及防。有一种转折效果，让用户有兴趣了解到底发生了什么。

还有"你经历过这样的绝望吗？"的短视频内容，以搞笑的方式讲述了一只猫在地上捕捉手电射出的白光，无论如何都抓不到，这只猫顺势趴在地上不动了……这则视频用拟人的手法表达了一种人生的状态。

当我们使用疑问式标题时，可以采用的公式是：

> 带着疑问的语气诉说事实＋让用户感兴趣、有需求、
> 想了解、渴望得到的信息

比如 B 站上的一位创作者的动漫视频的标题是"4.3 分。7 月最烂动漫竟然是它？没想到"。疑问式的标题让喜欢动漫、渴望了解真相的用户愿意打开视频一探究竟。

恐惧式标题

恐惧式标题主打的往往是与用户自身利益相关的方方面面，比如健康、财产、学习、感情等，然后以失去的方式提出警告，让用户重视，以此吸引用户观看视频。比如，在健康的创作领域，一些创作者主要以饮食健康为主打内容，平时会以"医生提醒：这 5 种隔夜食物，再贵也不能吃"为标题，突出隔夜食物的危害，纠正用户平时的错误做法，唤醒大众珍惜健康的意识。

除了健康领域，在职场领域也有恐惧式标题，比如"职场中未来会淘汰 4 种人，有你吗？"视频内容详细分析了具体是哪 4 种人为什么会遭到淘汰，对外传递了价值。恐惧式标题往往会给用户一种紧迫感，让用户感知到如果不重视就会面临失去的危险，达到吸引观看的目的。恐惧式标题的公式是：

> 与用户紧密连接的价值、利益＋失去的后果、禁止的行为

请注意，恐惧式标题不一定就是危言耸听的标题党，利用夸张的词语、无下限的形容让用户产生联想，然后达到吸引用户的目的。

恐惧式标题以内容事实为依据，不会出现内容与标题不对等的场景，真正对外传递的是与用户自身有关的价值，这一点非常重要。

稀缺式标题

稀缺式标题以数量少、珍贵为前提，要么体现价值的不可或缺或者无人替代，要么就是在时间的维度强调失去的后果。这类标题内容经常会以"第一次""独家""仅有""首次"等词语作为提醒，对外传递自己的价值。

比如"独家揭秘××原始森林的真相""杭州西溪湿地7 000万豪宅里，7位数的名画是什么样子""你所不知道的娱乐圈，××：耍大牌都是家常便饭""揭秘本年度最具观赏性的韩国电影，口碑爆棚""成龙唯一一部最后'死去'的电影，其中连刘德华都是配角""刚准备好的照片，只发一会儿，赶紧保存"……这些稀缺式标题透露出数量少、珍贵的意味，让人瞬间就有了点开的欲望，不想失去这次获得有价值信息的机会。稀缺式标题的公式：

稀缺性关键词＋具体稀缺的内容（或表达稀缺性的词语）

当我们使用稀缺式标题时，一定要让用户真正感受到价值，也就是标题透露的稀缺性，需要与内容的价值相辅相成。

故事标题

故事标题就是通过故事的转折、新奇、意想不到等作为传递信息的方式，达到吸引用户观看视频的目的。故事标题往往会设置一个故事场景，通过具体情景带入，对外传递一种情绪力量。比如，一位创作者拍摄的内容是一家公司的场景，运用了故事标题——"5年前来这家公司面试，没想到对方嫌弃我能力不足，将我拒之门外。今天，我又来了，不过是来收购这家公司的"。

标题采用了对比的形式，将主人公的一番遭遇轻松描述到位，而且采用故事的转折方式吸引用户的注意力。

还有一位创作者发布了"一个都不能少！一只流浪狗跳进洪水勇救狗宝宝的故事感动了无数人！母爱伟大！"，点赞量900多万，成为一则爆款内容。

故事标题适用的范围较广，喜爱它的人也很多，其公式是：

特定场景、背景介绍 + 转折、新奇、感动、意想不到的结果

故事标题可以轻松让用户通过标题获得故事的完整性，但一定不能平铺直叙，而应有一个曲折与意想不到的结局，让用户在非常短的时间内，从非常短的内容中体会到情绪上的波动，如感动、愤怒、快乐、忧伤、共鸣等。

神秘式标题

神秘式标题主要针对用户的猎奇心态、对未知事物的好奇心，通过设置悬念的方式吸引用户，让其通过观看视频了解事情的真相。

有一位三农领域的创作者平时会记录自己在乡野村间的日常见闻，有一次记录了自己的捕鱼过程，他采用的就是神秘式标题："小伙发现鱼群，一网撒下去，拖上来才看到是什么大鱼，连摄影师都吓了一跳"，这条内容也成为他的一款爆款短视频。

还有一位创作者将自己的创业经历拍摄成短视频，其中一个标题是"农村小伙，40元收购29寸彩电，拆开后发现了什么，让他如此兴奋"，吸引了众多用户观看。

采用神秘式标题的公式是：

特定场景设置 + 神秘物品的作用

其实，在神秘式标题中一定要有一个特定的场景，然后重点突出神秘物品在其中的作用，达到让用户迫切想知道事情真相、结果的目的。

需要提醒的是，在采用神秘式标题时，内容不能故弄玄虚，而应该真正拓展用户的认知，通过见闻的形式传递有价值的信息，要不然会极大影响用户的观看体验。

当我们采用这8种微创新式标题时，一定要根据自身创作的内容活学活用，这样才能将标题的作用发挥到最大，也才能真正与创作的内容相得益彰，真正提高短视频内容变成爆款的概率。

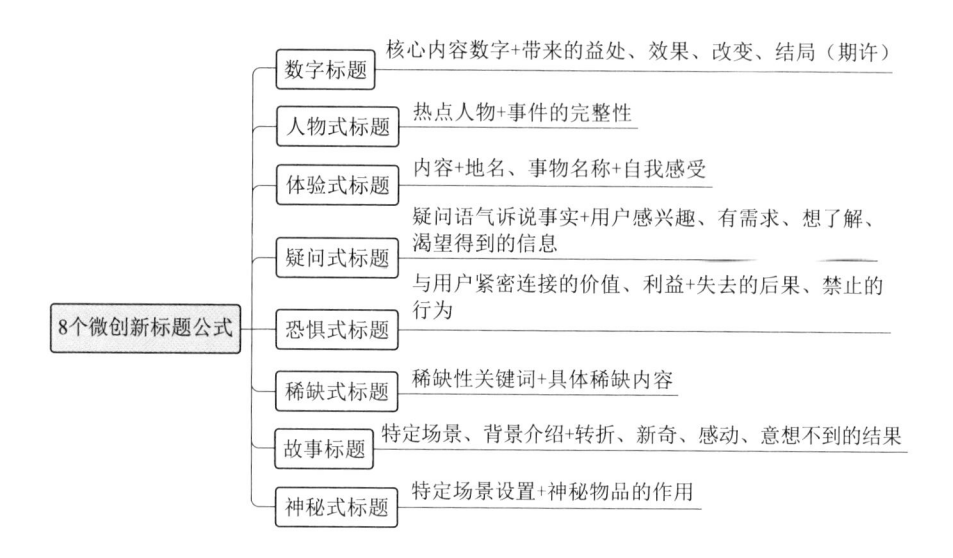

```
                        ┌─ 数字标题 ── 核心内容数字+带来的益处、效果、改变、结局（期许）
                        │
                        ├─ 人物式标题 ── 热点人物+事件的完整性
                        │
                        ├─ 体验式标题 ── 内容+地名、事物名称+自我感受
                        │
                        ├─ 疑问式标题 ── 疑问语气诉说事实+用户感兴趣、有需求、想了解、
                        │                渴望得到的信息
    8个微创新标题公式 ──┤
                        ├─ 恐惧式标题 ── 与用户紧密连接的价值、利益+失去的后果、禁止的
                        │                行为
                        │
                        ├─ 稀缺式标题 ── 稀缺性关键词+具体稀缺内容
                        │
                        ├─ 故事标题 ── 特定场景、背景介绍+转折、新奇、感动、意想不到的结果
                        │
                        └─ 神秘式标题 ── 特定场景设置+神秘物品的作用
```

封面：优质视频封面选择的 8 个技巧

在进行文字创作时，我们都明白"良好的开端是成功的一半"，所以都懂得开篇的重要性。同理，进行短视频内容创作时，良好的开端是首先映入用户眼中的视频封面。封面的选择，直接决定是否会有更大的推荐量，意味着是否会有更多用户点开观看。在短视频时代，封面是内容触达用户的第一扇窗口，也是短视频吸引用户注意力的第一步。当我们站在注意力的角度看短视频的封面时，会发现其中有章可循，并非一件难事。

悬念封面

悬念封面就是通过封面上吸引人的场景、画面、人物等方式让用户下意识产生进一步了解的欲望，并且迫切想了解事实真相，洞悉事件走向。

这类视频往往以吸引人的封面作为开端，但是内容中往往有始有终，有因有果，有答案，并非哗众取宠。比如，一位创作者分享了一个女孩在公园中玩浮垫的场景。女孩需要快速奔跑通过每一块浮垫才能跑到对岸，也就寓意着胜利。反之，如果奔跑途中出现失误则会掉入水中，变成落汤鸡。

这则视频的封面选取了女孩快速冲向浮垫的画面，搭配了"最后落水了吗"的疑问，形成了标准的悬念封面，短短几小时播放量就超过 100 万。在视频中，女孩在快速奔跑的过程中差一点落水，但是最后依然跑到了对岸，取得了胜利。这里的悬念封面就是对女孩是否可以到达对岸的疑问与期待，让人们迫切想了解最后的答案。

当我们选择悬念封面时，不要为了产生联想而故意选取与内容没有任何关系的画面，而应该是内容中的一部分，与自身的定位要一致，不能单纯为了吸引人而选择不相关的画面。

效果封面

效果封面是指短视频封面呈现的是经过加工、美化、创作等过程呈现出来的最美、最吸引人、最好的画面。这样的画面具有让人眼前一亮、赏心悦目的作用。比如，一些美食创作者会选择自己制作完成美食后的画面作为短视频开篇的封面，让用户在看到美轮美奂或是垂涎欲滴的美食图片时产生点开视频的欲望，达到吸引用户观看的目的。

除了美食类创作者，还有绘画、手工等领域的创作者也会将成品当作封面，以此吸引更多的用户观看。

这里需要提醒一下：当我们采用效果封面时，可以选取视频中的事物最美、最酷、最炫的一面，并搭配合适的文案。如果感觉视频中没有理想的封面图案，可以摆拍一张与内容相关的图片作为视频封面，前提是一定要与内容有关。

借力封面

借力打力源自太极拳法，即借助他人的力量，让自己受益。在创作上，我们可以理解为借助外界的热点、人物、事件等元素吸引用户观看，因为这些元素都自带流量，可以迅速抓住用户的注意力。很多创作者会将自己跟一些名人、明星的合影作为吸引用户的开端，也会将一些热点事件、人物作为封面主打元素，这些都可以成为吸引用户注意力的利器。

当我们选择借力封面时，可以蹭热点，也可以关联热点人物，但是所创作的内容一定要言之有物，就是说这些封面上的热点是内容的引子，真正的核心是自己的观点以及带给用户的价值，这一点至关重要。

猎奇封面

猎奇是人类的天性，同时也是一种通过寻找、探索新奇事物满足好奇心的心理。但凡跟猎奇相关的内容也非常受大众喜爱，比如探险类的影视剧、探索类的纪录片等都是长盛不衰的好题材。

对短视频创作而言，猎奇封面以新鲜、未知、稀奇弥补了用户自身认知世界的空白，给用户打开认识世界的一扇窗口。猎奇封面多见于旅行、三农等短视频内容创作，以创作者在旅行中奇特的见闻为主，以视觉冲击画面为主打特色。比如，一位创作者去一座海岛旅行，第一次见到如脸盆一样大的当地海虾，随即采用了自己双手捧着海虾的画面作为封面，起到夺人眼球的作用。

在三农领域，很多创作者在山间、河流等地域展示用户无法到达的地方，尤其是遇到没有见过的动植物、自然景象、风土人情时会采用猎奇封面，达到吸引人的目的。比如，曾经有位创作者在视频封面中以惊奇、惊喜的表情指着旁边的一个洞穴说自己发现了一种奇怪的动物。这个视频的播放量达到四五百万，点赞量也在短时间内飙升到百万之多。

当我们采用猎奇封面时，可以采用设置悬念的方式吸引用户，但是需要注意，猎奇封面可以起到噱头的作用，但是用户观看视频的体验不能差。换句话说，用户观看视频不能仅仅只是满足好奇的心理，还需要将事情、事件的来龙去脉，以及最后的结局呈现出来，最好具备知识性、价值性，这样才会提升用户的观看体验，继而做出关注、点赞、分享等行为。

故事封面

故事封面就是通过"图片＋文字"的形式瞬间调动用户的情绪、心理或是精神上的共鸣等，讲述角度往往以第一人称诉说亲身遭遇为主，容易让人信服，也容易产生极强的感染力。

一位创作者的本职工作是运输，平时与妻子在全国各地奔波。他拍摄短视频的初衷就是记录分享平时的工作。有一次，他发了一条短视频，封面是妻子躺在货车后座上睡着了。他在封面上写道："媳妇，上高速了，你来开吧，我实在困得不行了，还有 100 多公里就到了！"

这则短视频获得了众多用户的好评，这是典型的"图片 + 文字"的故事封面，通过场景化的片段记录，向用户传递了在外奋斗不易的感受，让同样在外奋斗的用户感同身受。

同样，一位以拍摄自身生活 Vlog 为主的创作者，则重点记录夫妻感情。有一次她分享了自己与老公争吵之后的内心感受，选择了故事封面：封面中一个憔悴的女人双眼含泪，文字内容是"打工小夫妻冷战了 7 天，心好累，妻子要气哭了"。这则短视频内容也在短短一小时内播放量突破百万，评论数量达到两三千条。在评论中，有的过来人为她出谋划策，有同样经历的人也细说自己曾经的情感经历等。

故事封面可以通过封面和相关文字信息向用户传递极强的情感力量，可以达到吸引用户注意力的目的。当我们使用故事封面时，一定要向外传递情绪的力量，包括快乐、悲伤、愤怒等，通过情绪的力量感染用户，达到吸引人的目的。

精彩封面

精彩封面指的是自己在短视频中最精彩的一瞬间或让人眼前一亮、心悦诚服的定格画面，可以吸引用户的注意力。

有一位爱好体育的创作者，平时的短视频记录的是展现自己力量和跳跃能力的体育活动，为了凸显运动带来的显著变化，他的视频内容一般都是完整的体育项目展示，同时也选择了精彩封面。比如，他在家中记录弹跳能力时，视频内容记录的是从一个砖堆轻松跳跃到院墙的一侧。其实，单纯看这样的内容，用户无法感知创作者弹跳能力的过人之处，而他在封面上选择了画面中一帧跳跃到半空的定格瞬间，顿时让人产生钦佩之情，同时也会让人带着疑问点开观看，想要了解创作者到底是如何做到的。

精彩封面之所以能够产生吸引力，主要是因为能让人产生佩服与可望而不可即的感受，带着疑问观看内容。

这里需要提醒一下，千万不能哗众取宠，选择一张与核心内容没有关系的噱头封面，单纯为了吸引用户点击，而真正的内容与封面没有一点关系。

这样的封面会违反平台管理的规则，如果有用户举报，轻则下架，重则封号。

人设封面

人设封面其实就是采用真人出镜的方式在封面中传递情绪、信息，以吸引用户。人设封面一般都是由短视频创作者或者核心人物以露脸的方式出现，搭配相关信息，可以让内容具备统一性与完整性。比如，一位汽车类创作者，在每一次的视频封面上会搭配自己与这次主讲车型的图片。如果创作者是一位女性，还可以围绕不同的车型搭配不同的穿着，以彰显统一性。

也有一些创作者会在封面放上自己的一些夸张表情，以衬托内容的趣味性，吸引更多用户观看。B 站上的创作者"罗翔"在自己"细数柯南中黑衣组织的五大罪行"一期内容中，视频封面刻意放上了 PS 过自己头像的黑衣人来吸引年轻的用户。

其实，采用人设封面要注意以下两点。

第一，加深用户的印象，提升自我 IP 塑造。当我们经常使用自己的头像作为对外输出的语言时，其实就是一种自我品牌输出，可以加深用户对我们的印象，可以提升自我 IP 塑造。不过，个人形象的出现不能随心所欲，而应该与内容、人设有关，个人形象的外露是为了辅助内容，起到真实、可信的作用。

第二，采用人设封面，要保持内容封面的统一性。如果我们采用"人设＋内容"的方式作为封面的主打，那么每次尽量都要采用这样的方式，或许可以根据每次内容的不同有所调整，但是一定要形成固定的露出方式，目的就是提升我们在用户心中的品牌价值。

另外，在创作过程中，有时候会因为一条内容受到用户的欢迎，有很多用户会点开创作者的主页，继续翻看其他内容。这时，如果我们的封面主题都采用了"个人＋内容"的露出方式，就会呈现视觉上的统一性，给用户留下好印象，促使用户关注我们。

重点信息封面

重点信息封面就是将内容中的核心信息以关键词的形式挑选出来，然后用醒目的字体向用户传递重要信息，达到吸引用户观看的目的。比如，一位科技创作者在讲述 A 国黑客的前世今生时，以 A 国黑客与 B 国黑客曾经发生的较量事件为重点讲述内容，采用的封面就是重点信息封面，直接用宋体大号字、三段式标题写明重点信息：A、B 两国世界大战、8 万 A 国黑客攻陷 B 国首都，成功插旗。

简单明了的核心信息，直截了当的事件内容，快速直抵用户内心，迅速抓住用户的注意力，这则稍长的视频内容没过多久播放量就飙升到千万次。

当我们选择重点信息封面时，需要总结内容的核心信息，然后以关键词组的形式简单明了地放在封面上，主要以内容的信息量吸引用户观看，提高播放量。

对于重点信息的选取，需要注意以下两点。

第一，内容展示的完整性。当我们以文字作为信息传递的媒介时，需要保持内容展示的完整性，也就是不管是两段式标题，还是三段式标题，最后呈现的都是完整的事件、信息。比如，上面的例子中提到的内容就是从"谁做了什么""因为什么""结局如何"三方面进行概括，尽量不要故意带着悬念去讲述，这会被判作标题党，而且也非常影响用户的观看体验。

第二，封面中的关键词要有热度、有趣味。当我们总结出内容中的关键词后，还要再次在所属平台上搜索查看词语的热度，确认我们创作的内容是大多数人感兴趣的，而不是太过冷门或已经被平台禁止使用的。

这样一方面可以让我们提高内容的数据指标，提高内容成为爆款的概率；另一方面可以避免辛苦创作的内容无人问津，如果因为其他一些原因导致内容无法通过审核，也得不偿失。

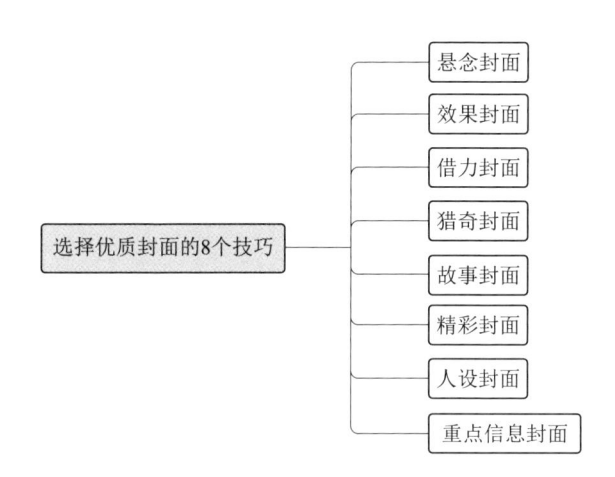

```
                              ┌── 悬念封面
                              ├── 效果封面
                              ├── 借力封面
                              ├── 猎奇封面
   选择优质封面的8个技巧 ─────┤
                              ├── 故事封面
                              ├── 精彩封面
                              ├── 人设封面
                              └── 重点信息封面
```

模式："拉片法"——从爆款短视频中找到背后运营的秘密

拉片子是影视专用术语。简单来说，就是对一部电影进行梳理总结的过程。具体来说，就是逐格逐段地分析影片。拉片子的意义就在于通过细致深入地观摩、解剖一部片子，整体而全面地把握它。

拉片子就是以专业眼光来"看"电影，是学习电影制作、影评写作、影视剧创作最好的方式，可以让我们更加透彻地了解电影每一部分的结构，可以学习摄影、故事讲述方式、故事节奏把控等内容，是创作者学习影视创作的必修课。

拉片法之所以被影视初学者奉为学习宝典，是因为它通过切瓜式的方法将影视分为若干部分，每一部分的剧本结构、表达方式、主要作用、人物冲突等清晰可见，这让学习者更容易分门别类地学习其中的创作技巧。

同理，拉片法更适用于短视频创作，对从事短视频的创作者来说，它具有非常实用的指导价值：第一，拉片法帮助短视频创作者掌握已经得到验证的创作模式；第二，拉片法让创作者看清楚整体内容的讲述节奏，吸引用户的注意力；第三，拉片法可以让创作者认清楚那些成功短视频的细节；第四，拉片法可以让创作者看清受欢迎的短视频背后的运营秘密。

如何才算是正确的短视频拉片法？短视频拉片法就是围绕一个或多个数据（播放量、点赞量、分享量等）反馈好的短视频类型，对开场、发展、高潮、结尾详细分析，最后总结出该类短视频创作的运营方法。

开场

短视频的开场往往承担着内容发生的环境、人物关系的起点、交代事件的缘由等任务。开场可以分为戏剧性开场与叙述性开场两种形式：戏剧性开场就是通过介绍人物或者事件完成任务；叙述性开场就是通过叙述性内容完成主要任务。

比如"央视新闻"在快手上发布了名为"巨大的火球升起，俄罗斯一加油站发生爆炸"的短视频，播放量达到 1 500 多万次。视频刚开始就是巨大的火焰升起，并伴随着巨大的爆炸声，接着才介绍整个事件的后果及原因。这就是典型的戏剧性开场，以事件作为开场，瞬间吸引用户的注意力。

创作者"何同学"在 B 站上发布了名为"我拍了一张 600 万人的合影"的视频，收获了 900 多万的播放量。视频的刚开始就是以叙述的方式作为开场，先介绍了自己使用的拍摄设备，然后告诉大家自己想要做一件什么样的事情。其实，这种看似平淡的叙述留足了悬念，让人有继续看下去的欲望。

戏剧性开场的特点是：热开场，动作居多，具有吸引力，可以瞬间吸引目光，以悬念为前导，以提供答案、解释为后续。叙述性开场的特点是：冷开场，叙述居多，概括全部剧情，以推进剧情为主。

戏剧性开场以动作性事件作为开场，可以瞬间成为热闹的开场，成为吸引用户注意力的利器，但是不能哗众取宠，成为故弄玄虚的标题党、骗取流量的伪内容。叙述性开场多以平静叙述作为开场方式，阐述一个观点，表达想要完成一项任务，让用户跟随自己的内容一起见证事情成败或阐述、解释的过程。当采用叙述性开场时，虽然开场平淡，但结尾往往具有升华、启迪的作用。

发展

在短视频创作中，发展承担着内容的递进以及推进的作用，同时也承担着整个内容的中间腰部作用，有承上启下的重要功能。

具体来说，发展在戏剧性开场与叙述性开场中的作用不一样：在戏剧性开场中，发展的作用是解释、释惑，将已经确定的叙事中心快速向前推进；在叙述性开场中，发展主要为了推进事态走向，吊足观看者的胃口。

比如创作者"红星新闻"发表了一篇题为"女子骑自行车掉入积水中，危急时刻他们出手相助，不顾跑丢的鞋子奔向女子"的短视频，在抖音上获得了 1 600 多万人的点赞。这是一则以戏剧性开场的短视频，视频长度为 21 秒，前 4 秒直接展现女孩骑车掉进了不知深浅的积水中。视频以戏剧性中的热开场直接吸引人，留下悬念，让人期待。"发展"中，在一旁的一个男子赶紧前来搭救，搭救中手中的雨伞也掉落一旁。同时，与该男子一同的女性同伴也放下电动车，顾不上打伞伸手搭救……

在戏剧性开场的短视频中，发展的作用就是使内容快速推进，不用过多交代更多人物与事件的信息，比如掉落积水坑的女子年龄多大，搭救的两个人为什么正好在一边聊天谈话等，这些信息不是用户关注的，大家关注的焦点是两个字：救人。

创作者"天津一家人"在快手上发布了"婆婆说谁先吃到硬币钱就归谁"的内容，播放量达到 6 000 多万。这则视频时长 13 秒。视频画面显示，儿媳与婆婆坐在餐桌边准备吃饭，桌上有一盘芹菜香干、一盘鱼香肉丝，还有两盘饺子。另外，桌子中间放了 100 元，还有一个纸杯。视频开场，两人都准备快速吃饺子，第一个在饺子中吃到硬币的人将获得桌上的 100 元。婆婆不动声色地开始吃饺子，儿媳也在准备吃饺子比赛……"发展"中，儿媳突然放下筷子上的饺子，假装涂口红，趁婆婆不注意将另外一只手中有磁力的小东西放入旁边的纸杯中，拿起纸杯开始扫描盘中的饺子……

在叙事性冷开场中，"发展"的作用不是快速推进核心、主题已经明确的事实，而是以期待的心态看待事态的走向。在"发展"这步中，并不会给出最后的答案，依然要让用户充满期待。

高潮

在短视频创作中,高潮部分的主要作用是凸显整个故事的完整性,也就是有因有果的解释,给予答案,戏剧性开场与叙述性开场的高潮部分的最大区别是,前者是定性答案的层层分解,后者是开放式答案的一锤定音。

比如创作者"红星新闻"发布的"女子骑自行车掉入积水中"的视频,是以戏剧性的热开场方式作为开端,开场中直接展示一个骑车女子在大雨天不小心掉入积水坑,在"发展"中,路边的一男一女跑过来施救,但是没有显示落水女子被救上来。

在内容的高潮部分,从马路上又跑过来一名男子准备施救落水女子,恰好这时女子被之前的两人从水坑中拖拽出来,从马路一边跑过来的男人又冒雨跑了回去……

在高潮部分,给出了准确的故事答案,让期待终于有了归宿。同时,高潮部分也给予了观看者巨大的精神冲击,这里面是满满的感动,当然也会有其他心理情绪。

在戏剧性开场的高潮部分,我们看到了故事的答案,或者给予答疑解惑,期待的感觉戛然而止。同时,也会伴随着巨大的心理活动溢出,有感动、欣喜、收获、满意、唏嘘等。

在叙述性短视频内容中,高潮部分的作用则完全不一样。

在"发展"中,我们举例说了婆婆与儿媳PK(对决)谁先吃到饺子里的硬币的内容,故事以叙事性冷开场,发展中儿媳假装吃饺子,用涂口红作为掩盖,将手中具有磁力的小物件塞到纸杯中。

在内容的高潮部分,则是显示儿媳直接拿着有磁力的纸杯扫描盘中的饺子,瞬间就找到了包有硬币的饺子,并将饺子放到口中,这也代表儿媳最先找到了饺子里的硬币。

在叙述性内容中,高潮部分的作用则围绕主题、核心给出答案,与戏剧性开场中的答案不一样，它是一种不明确的答案，即先抛出没有定性的问题，然后再给出答案。戏剧性开场中的答案是先抛出明确答案，即先抛出定性问题，然后展示分解过程，这是两者最大的区别。

结尾

在每个短视频中，结尾部分是整个内容的总结，可以升华氛围，强调深化主题、核心，增强整个内容的感染力。

比如一位创作者发布了上海东方明珠高塔被雷电击中的视频，这是典型的戏剧性热开场，结尾时创作者还将高塔被雷电击中的视频做成图片定格处理，再次深化了内容的主题，起到震撼作用。

以叙述性开场的短视频的结尾则是高潮部分的情绪、氛围顺延，达到将用户心中的情绪释放的目的，或者升华整个内容的主题。

前文婆媳吃饺子的内容中，最后的结尾是：儿媳通过巧妙的手段率先找到了藏有硬币的饺子，可是这一招完全出乎婆婆的意料，她看到儿媳找到硬币后表情非常惊讶，视频还搭配了夸张搞笑的背景音乐，释放了用户内心的情绪。

还有一些知识类的创作者会在结尾处将自己讲述的内容重点重新梳理一遍，强化知识点，还会强调自己提供的价值特点，让用户关注自己。

这就是按照开场、发展、高潮、结尾4种形式拉片子的过程，通过分析一个短视频内容的结构，可以搞清楚每一部分的作用，让自己在创作中少走弯路。

当我们使用拉片法时，可以分三次进行。第一次拉片，边看边感受，感受片子带来的直观感受。第二次拉片，结构拆分，整理笔记。第三次拉片，选出片中的重点场面进行细致的分析，并记录对于创作带来的启发。

在整理记录中，要对影片的情节结构、情境构成进行分析，把一份拉片记录变成一篇系统的分析笔记，这样才会对创作具有指导作用。

我们在创作时，可以选择与自己同类题材的短视频内容，选择一些数据反馈较好（播放量、点赞量、分享量等）的内容，进行详细拆分，看看这些受欢迎的内容背后隐藏的运营秘密，但是请注意，我们拉片子的目的是了解这些内容架构的组成，方便我们在这个基础上进行二次创新，千万不要照搬照抄。

具体我们可以按照以下表格设置的内容进行拉片子。

名称分类	时长	作用	台词	背景音乐	备注
开场					
发展					
高潮					
结尾					

当我们采用这个表格分析爆款短视频的结构时，可以将自己想了解的内容分类添加到表格中，然后庖丁解牛般将各个部分分解到位，详细了解爆款短视频内容的组成部分。

使用拉片法分析短视频，可以让初学者告别依靠主观感觉创作短视频的鲁莽，而是通过分析爆款短视频背后的组成部分，让自己有重点地学习、创新，这样才会创作出属于自己的爆款短视频。

使用拉片法分析爆款短视频时，还要掌握以下三个原则。

第一，戏剧性、叙述性可以灵活互换。戏剧性开场与叙述性开场虽然不同，但是在围绕创作内容时可以灵活互换，两者互换的前提是要围绕讲述内容的不同，以及围绕诉求的重点，决定是以热开场作为开端，还是以冷开场作为开端。

第二，拉片法同样适用于长视频的创作。现在的各个短视频平台上的视频长度，也从原来的几秒、十几秒、几十秒变成几分钟、十几分钟的长度，未来长短视频会并存。当我们想要创作更长的短视频时，采用拉片法分析爆款短视频背后的内容结构与运营规则，可以让自己看清楚每部分承担的功能与作用，也可以让自己少走弯路。当我们使用拉片法创作长视频时，也可以使用这样的方法针对内容的每一部分进行细分，然后围绕其中的每一部分进行重点研究。

第三，拉片法活用的基础是言之有物。拉片法是通过将短视频中的整体内容细分，然后围绕每一部分有重点地学习、创作。但是，我们要清楚一点，拉片法的目的是让我们更好地学习如何表达内容，如何更清楚地表达内容，我们一定要让自己的作品有诉求、有重点、有核心，只有这样，才有统一性、完整性，也才会有机会让作品成为爆款。

当我们将拉片法作为学习创作短视频的一种习惯时，会第一时间清楚那些受欢迎短视频背后的运营秘密。毕竟持续做出优质的内容才是我们成就自我的前提，也是我们在一个短视频平台上扎根开花的基础。

05 用互联网运营思路打造爆款短视频 IP

提升时长：四大步骤提升用户留存率

从事短视频创作，需要关注一个重要的数据指标，即用户时长。用户时长就是看用户在碎片化时间内对你的产品、品牌贡献了多少时间。因为用户在你的产品上贡献的时间越多，代表他在其他产品上消耗的时间就会越少，代表你的产品越有价值。本质上，关注用户时长就是争夺用户更多的注意力，只有如此，才能让平台在多元化的商业变现上实现全面开花。

短视频、视频平台更需要关注用户的停留时长，来实现平台价值的最大化。在短视频、视频平台上从事创作的创作者则同样需要关注用户停留时长，这可以带来以下两个好处。

第一，粉丝数量快速增长。当短视频创作者的某个作品成为爆款后，会通过自己的作品给账号带来大量流量。有很大一部分用户的关注路径是：通过观看创作者的爆款作品，进入创作者的账号主页，继续翻阅创作者的其他作品，如果连续的作品都让用户产生认同，用户则会果断关注创作者。这背后就是延长用户时长，让用户产生信任，也就加深了彼此的亲密感，使粉丝量快速增长。

第二，让普通粉丝转化为忠实拥趸。站在平台角度来看，普通用户转变为创作者的忠实拥趸就加大了用户对平台的黏性，延长了用户在平台上的时间，最后形成规模效应，会让平台的多元化价值发挥到最大，实现商业上的利益最大化。

站在创作者角度，用户每天停留在创作者账号上的时间越长，代表对创作者越依赖、越信任，账号的商业价值也会水涨船高。

所以，当我们从事短视频创作时一定要关注用户时长，这是平台的发展趋势，对自身IP的塑造也有极大益处。

准确来说，提升用户在我们账号上的停留时长，可以从以下 4 个方面入手。

账号内容的垂直性

垂直性是说我们从账号定位、内容打造上都需要在大众领域细分用户需求、细分内容上的差异化，找到目标人群，并在他们多元化的内容需求中，突出自己的优势。这一点对创作者和用户而言，都是一项积极正向的反馈。比如，有很多教育类的 App 在注册时会提前设置相关的教育问题让用户回答，只有回答正确，才能注册成功，也就是刻意设置了注册门槛。这么做的目的就是选择垂直用户，也就是自己产品的精准人群，而不是所有用户。只要服务好精准目标人群，对平台而言，就会创造巨大的价值。

对用户而言，可以选择的产品很多，如今不再需要大而全的产品，而是专而精的产品，让自己在遇到问题、有需求时第一时间想到选择，降低选择成本。

所以，当我们从事短视频创作时一定要保持账号及对外输出的垂直性，不用太刻意追求粉丝量的多少，而要从垂直化耕耘中培养出、筛选出属于自己的忠实粉丝，这将有助于我们快速实现商业变现。

保持我们账号的垂直性，具体需要做到以下两点。

1. 账号定位一个领域后，不要随意变动

我们在创作时，一旦选择好创作领域，就不要随意进入其他领域，而应精耕细作，稳定输出。比如，当我们选择了搞笑领域，就不要再进行美食创作，接着又进入美妆领域，最后又调整成旅游领域。

保持垂直性就要一个账号一个类型，一个类型就要做精、做细、做到极致，这样可以带给我们两个运营反馈：站在用户角度，只有看到同一类内容不断输出，他们随着查看这些内容会对创作者产生一定的品牌意识，之后就会产生极强的黏性；站在创作者角度，保持内容创作上的垂直性，

可以减少用户选择各种内容的成本，也可以减少用户逃离的成本，让用户更加喜爱我们。

所以，保持垂直性，除了内容保持一致性，我们输出的封面也要保持一致，比如采用真人出镜作为封面，可以一直采用这样的封面，不断优化封面。

在短视频领域中，在很多创作者的账号里，偶尔会有一两个作品得到用户喜爱，其他的则是杂乱无序的各种内容，直接导致粉丝黏性差、变现效果弱。优质的创作者则会保持各方面的垂直性，除了视觉效果赏心悦目之外，粉丝也随着创作者的垂直性停留时间越来越长，不知不觉变成了创作者最忠实的粉丝。

这直接导致了两个极端：有的创作者粉丝量不大，但是变现效果强；有的创作者粉丝量大，但是变现效果弱。

2. 保持垂直性，要在内容上精耕细作

垂直性是创作的方向，而精耕细作则代表在创作上的态度，就是要在垂直性上进行深挖，将内容在专业上、深度上进行有态度的创作。比如，与同领域的创作者相比，选择同样的选题要体现自己的专业性，不能浅尝辄止，简单应付，而要为用户提供更多的价值和意外收获。

当美食类领域的创作者围绕用户的需求提供一道菜的美食教程，提供简单的做法时，会考虑镜头语言、食材选择以及营养健康搭配，目的就是拓展用户的知识面，帮助用户获取更多的知识。

保持内容的稳定输出

除账号的垂直性可以提升用户的留存率外，保持内容的稳定输出也是非常重要的一环。保持内容的稳定输出就是我们在创作时对于每一次的内容创作都要认真对待，用自己最佳的水平创作，保证每一次对外输出的都是精品，只有这样，才能持续赢得用户的喜爱。

另外，保持内容的稳定性，要围绕"一个品类、一个群体的需求、一个固定的人"对外输出内容，不能仅仅为了一个噱头吸引用户，如此轻浮的创作态度只会让用户匆匆溜走。

例如，一位影视制作类的创作者根据SWOT法给予自己的定位是"生活场景+简单影视特效制作"，每一次的内容都是具体的生活场景，然后有具体的人物与之结合产生简单的特效，且每一次的输出都是同样的制作水准。没过多久，他就收获了一批专属粉丝。

一位汽车类创作者从用车的大领域细分切入，选择使用汽车遇到的具体问题，每一次都是以用车的具体问题作为输出标准，如果出现一款特别受欢迎的作品，很多新用户会进入创作者的主页，通过查看质量水准一致的其他作品，认为创作者可以带给自己更多的价值，就会果断关注。

一位生活类创作者会记录平时自己打鱼的点滴，只不过他对外输出的内容稳定性差，而且不一致，虽然分享了很多作品，但是关注的粉丝并不多。

有一次，他创作了如何正确撒网的视频，看得出创作上非常用心，不仅多角度拍摄撒网的注意事项，还刻意追求撒网的美观，封面上漂亮的撒网动作让人瞬间就有继续观看的欲望。但是，这位创作者主页上其他作品的创作水平不一，有的只是拿手机随便记录一下河边的景色，有的是自己用鱼篓捞鱼的场景……因为无法保持内容的稳定输出，所以虽然他的账号的点赞量超过100万，但是真正关注的人不到10万人，两者相差甚远。主要原因就是即便有的内容成为爆款，但是当进入的新用户看到其他参差不齐的内容时，也就只会给看到的内容点赞，而不会关注他的账号。

视频内容质量不一致也会让创作者陷入一个坏循环：众多内容水准参差不齐，看到某一个视频受欢迎就会认为这类视频是用户喜爱的，就会创作这类视频，长此以往，对个人IP价值没有多大益处。

保持内容的稳定输出，要从整体IP打造、自身定位来考虑，不能指望一个内容成为爆款，其他内容无所谓好坏，如此下去，这样的账号不会有丝毫价值。

保持与账号内的粉丝良好互动

当我们在创作时，保持与粉丝的良好互动，这样用户会提出更好的建议，对于我们打造自身的短视频 IP 也会有积极正向的反馈。

一款互联网产品在设计之初，会非常重视种子用户的感受与体验，会根据他们的反馈进行优化、迭代、更新。正是因为听取了这批用户的建议与意见，才让更多与之志同道合的用户加入其中，成为产品的拥趸，并推荐给其他人，从内心期盼产品能够越做越好。

其中有陪伴感的作用，更是因为互联网产品与用户的良好互动让用户感受到了尊重、认可与价值。同时，当产品拉近与用户的距离时，也提升了用户对于产品的黏性，更提高了用户留存率。

所以，当我们创作短视频时不能简单地将自己当作一个创作者，而应把自己当作一个运营者，通过互动加深彼此的关系，增加亲密感，这样可以留下这些忠实用户，了解其真正的需求，提高我们的变现能力。

保持与粉丝的互动有以下两个具体方法。

1. 通过评论区的互动拓展内容的外延

当创作者创作一期内容之后，会有很多用户在评论区围绕内容进行评论，表达自己的观点。站在内容运营者的角度，当我们分析这些评论时，要优先处理对于内容的一些评论，就是通过互动拓展内容的外延。比如，有的用户针对内容传递的知识有不明白的地方，我们可以给予明确解答，或者提供有方向的答案。

如果内容无法将一个知识点讲完，可以在评论区中以补充的形式进行展示，拓展知识的深度。这样有助于加深与用户的强连接，让用户对创作者产生更强的信赖感。

2. 通过评论区互动为用户答疑释惑

因为每个用户的自我接受程度都不一样，或许在我们看来内容已经十分浅显易懂或者直截了当地说明了核心思想，但还是会有一部分用户产生各种各样的疑问。他们会选择在评论区提出自己的疑问，希望创作者给予解答。

这时，我们不要站在创作者的角度认为问题太幼稚，或者说问题不值一提，毕竟每个人的接受程度不一样，站在为用户答疑释惑的角度来说，每一次针对具体问题进行回复，其实不仅是帮助用户找到答案，而是在互动中通过答疑让双方产生良好的信任感。

在答疑过程中，创作者可以有自己的语言风格，也可以选择大多数用户想了解的内容给予解答。

但是，请注意，一定不要在评论区与用户争吵或者互相诋毁。看似你非常明智，只是针对一个黑粉的捣乱做出反击，其实有更多的用户会通过你的言行观察你的个人风格，这将直接取决于他们是否继续关注你。

对于评论区中的黑粉，没必要特别在意，他们的存在对于创作者来说未必是件坏事，他们的存在可以激发更多信赖你的忠实用户与之斗争，也会促使那些喜欢你的人更加依赖你。

分级管理，建立 RFM 模型

RFM 模型是互联网运营人员经常使用的一种工具，可以帮助我们厘清互动用户的真实情况，让我们了解与付费用户的真实互动频率，确定有针对性的运营方案。R（Recency）即第一次消费，F（Frequency）即消费频率，M（Monetary）即消费金额，这三个要素可以帮助我们简单衡量用户互动的频率以及准确选择有价值的用户。

简单来说，RFM 模型是对那些付费用户的消费情况进行价值判断。对创作者而言，付费用户是我们十分看重的群体，毕竟从事内容创作的最后，是要把忠实粉丝转化成付费用户。只有让用户对于我们的内容产生付费行为，才是连接的最重要的一步。

当我们通过 RFM 梳理出付费用户后，可以通过建立社群的方式以点对点的形式进行精准维护，或者给予集中式的问题解答等，目的就是通过在互动中提供价值的方式留存付费用户。

具体的做法，可以通过短视频内容吸引一批忠实用户，然后引流到私域流量的社群，以免费的方式多沟通交流，同时建立付费模式的社群，通过晋级的方式进行转化，接着通过 RFM 模型重点留住付费用户。

只有站在提升用户时长的角度运营，才可以让付费用户越来越多。提升时长的背后，是彼此的陪伴，更是日积月累的信任。

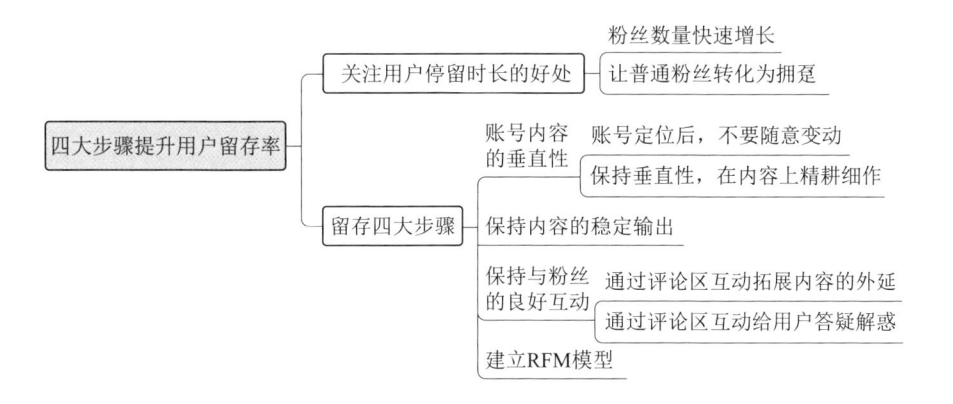

```
四大步骤提升用户留存率 ──┬── 关注用户停留时长的好处 ──┬── 粉丝数量快速增长
                    │                      └── 让普通粉丝转化为拥趸
                    └── 留存四大步骤 ──┬── 账号内容的垂直性 ──┬── 账号定位后，不要随意变动
                                   │                  └── 保持垂直性，在内容上精耕细作
                                   ├── 保持内容的稳定输出
                                   ├── 保持与粉丝的良好互动 ──┬── 通过评论区互动拓展内容的外延
                                   │                    └── 通过评论区互动给用户答疑解惑
                                   └── 建立RFM模型
```

点赞认同：5种方法提高用户点赞量

短视频内容成为爆款，站在短视频平台的算法推荐角度来看，得益于各项数据指标的完成，然后才会将内容推荐给更多的用户，也才会匹配更大的流量。点赞是数据指标重要的一环，是算法衡量作品优劣的重要标准。

站在用户角度，点赞的行为代表了对作品的喜爱、支持、肯定与认可。点赞的设置，是一项双向的回馈功能，算法会根据点赞数量判断对作品的推荐数量，而用户通过点赞的行为也会看到越来越多同样的精彩内容。

提高点赞量的前提，就是塑造优质的内容，站在内容的角度提高作品的点赞量。

"钦佩法"产生点赞的力量

对外传递价值的内容往往会得到用户的认可，这类内容在展示成绩、才华、能力时，会让用户产生钦佩之情，然后做出点赞的行为。钦佩之情分为以下三种。

1. 过人之处的展示

一位创作者记录了一位练习体操的小女孩连续空翻的场景，视频中，小女孩从远处跑来，之后双手撑地快速向前空翻。刚开始还用双手撑地，之后她开始接连空翻，几十秒的视频内容看了让人十分佩服。

这则短视频短时间内的点赞量超过百万。这就是典型的过人之处的展示，对外展示专业技能、过硬本领，非常容易获得用户的青睐与佩服，接着就会产生点赞的行为。

请注意，过人之处一定是比别人优秀、超过别人的地方，而且在创作内容时，只要能衬托自身优秀的内容就要浓墨重彩地表现出来，这样更容易获得用户的钦佩。

2. 目标方法的传递

当用户通过创作者的视频感觉有收获时，往往会给予点赞。所以，当我们想要提高视频的点赞量时，可以采用目标方法的传递。

目标方法的传递就是在对外传递某一类的知识价值时有针对性，有具体的实施步骤，不要让用户看着觉得有道理，但是依旧不知道该如何下手，一旦对于价值信息的接受开始打折，点赞的行为也就会减少。

有一位母婴类知识的创作者围绕宝宝辅食问题，创作了相关内容，让人看了感觉颇有道理。

同样，还有一位母婴类知识创作者也是主要围绕宝宝健康的内容进行创作，她每一次也会从用户关心的问题出发开始创作，并且在每一次的内容中都会给出具体的操作步骤，方便用户简单上手操作。

果然，后一位母婴创作者的作品点赞量明显胜过前一位同领域的创作者，因为她有具体的方法，可以让用户上手应用，不用过多思考，直接带来价值。

3. 正能量的故事

在短视频领域，与正能量有关的故事往往会得到用户的喜爱，并给予点赞。正能量的故事中闪现的都是人性的光辉，或是平时生活中感人的点滴小事，这些感人的行为可以触及用户内心最深处的情感，哪怕平凡之人的举手之劳也能感动我们。

这里需要注意，正能量的故事中要有故事细节，而并非简单一带而过。越鲜活、越有细节的故事越容易感动用户。

"共鸣法"获得用户青睐

共鸣的第一层意思是指物体因共振而发声的现象，第二层意思是指由别人的某种思想感情引起相同的思想感情。我们这里提到的"共鸣法"指的是围绕目标人群需要解决的痛点，给予准确的答疑释惑，以此获得用户的认可、赞同，并让其点赞的方法。

"共鸣法"可以分为以下三种。

1. 问题：围绕用户具体的痛点给予解决

"共鸣法"就是围绕用户具体的痛点给予解决，在为用户答疑释惑后赢得用户的喜爱。

一位情感类内容创作者以人生哲理作为切入点进行创作，不是简单的情感抒发，而是围绕用户在日常生活中遇到的情感困惑给予解答。比如，"为什么对一个人越好就越不会被在乎？这是我听过最让人心酸的回答"，这条短视频的点赞量达到近200万。用户对于内容中小和尚与老和尚的简单对话，瞬间明白了困扰自己多年的问题，曾经以为是自己因为不够好或某种原因导致的结局，继而开始自暴自弃，但是看完视频之后顿时释然了，并非自己不够好，只是对方不珍惜。

围绕具体的问题，给予解答，可以准确帮助用户解决难题，得到用户的点赞。

请注意，具体问题要来自大多数用户的困扰，是一个广泛性的问题，且每次只针对一个问题解答，而不是多个问题一起解决。

2. 角色：围绕具体的用户群体

围绕具体的用户群体就是我们创作的内容要首先吸引具体的人群，比如针对的是90后年轻人的成长，而不适用中老年群体遇到的困扰。在这里，有选择，就是有针对性。

当我们选择好具体的用户群体后，列举出他们在哪个方面会遇到什么具体问题，给予答案。

汽车类的创作者在创作内容时可以选择买车、用车两大领域进行细分创作，有一位创作者在用车领域选择了汽车保养的一系列选题，再次经过分析，发现购买一二十万元车型的人比较多，而且这部分人面对的很大问题是在保养汽车时并不了解真正需要做哪些项目，都是4S店让做什么就做什么。这位创作者分析出具体的用户群体诉求，给出了相应的答案，这个系列的短视频的点赞量比之前高了许多。

3. 联系：用户感兴趣的是跟自己有直接关系的内容

当我们使用"共鸣法"时，可以采用联系的方式，找到用户感兴趣的内容，也可以获得用户的喜爱并让他们给予点赞。短视频的本质就是注意力经济，用户只会对自己感兴趣的内容驻足，而平台的机器算法也只会对用户感兴趣的内容给予更多曝光。

创作与用户有关的内容可以分为与用户的自身利益有关、与用户的得失有关、与用户的成长有关。从这三方面入手创作内容，然后在标题上给予明确的提醒、警示，还可以在标题的文案上写出这些具体人群关注的关键词，以起到吸引的作用。比如，健康类的创作者细分垂直领域，主打的创作方向是减肥人群，围绕这个群体做出一系列相关内容，都是以跟用户有直接关系的标题、封面、文案辅助内容传递价值。

有一期的内容为"今天教你一套十倍减肥效果的运动操"，封面搭配的是一胖一瘦的鲜明对比。这期内容指向性强，用户感觉与自己有关，有近百万人果断点赞。

请注意，当选择跟用户有直接关系的内容时，可以在创作上以面对朋友诉说的方式，也就是要有目标感，让用户在看视频时觉得创作者在和自己说话；另外，标题文案可以使用"你"之类的第二人称代词，让用户感觉跟自己有直接关系。

价值法提高短视频点赞量

短视频要在用户的碎片化时间内，瞬间抓住对方的注意力，满足用户多元化的内容需求。其中，价值法以"有用、有价值"作为主打可以直接抓住用户的注意力，提升作品的点赞量。

价值法提高的内容都是可以直截了当、实用、马上能提供答案的解决方案、方法，而且还要具有可上手性、操作性、便捷性，降低阅读理解的难度，可以直接拿来就用。

有一位职场类的创作者主打的细分领域是职场中上班族使用电脑会遇到的困扰，比如无法开机、黑屏或是屏幕右下角的声音标志消失了……他会围绕具体问题给出快速、简单、易上手的方案，用户看完之后马上就能当场操作，快速解决自己遇到的小问题，且效果立竿见影。

这样的内容点赞量高的背后，代表大家对于"有用、有价值"内容的认可，点赞的背后就是收藏，以便不时之需。

当我们采用价值法时需要做到以下两点。

第一，直截了当地提出问题，给予解决方案，要条理清楚、简单易懂，越是清晰的表达越容易赢得用户的青睐、好评。

第二，内容要方便用户收藏备用。有些短视频平台点赞不仅仅是代表认可、赞扬，而且还具有收藏之用，方便以后在遇到相关难题时可以从平台上的点赞功能轻松找到。

其实，从心理学的视角来说，当我们遇到有用、有价值的信息时，从内心都会想先将其保留下来以便之后使用。

采用"反转法"提高点赞量

反转法就是当我们创作短视频内容时不要平铺直叙，直截了当公布答案，而是采用反转的形式，让用户看到出其不意、意想不到的结果。

有一位拍摄生活类 Vlog 的创作者记录了自己与女朋友相处的点点滴滴。有一期内容就是采用了反转法，视频的点赞量大幅提升。他创作的内容是"费尽千辛万苦，未来的岳父岳母终于认可我了，但是我却怎么也高兴不起来"。如果单纯从字面理解，终于千辛万苦得到未来的岳父岳母认可应该是一件高兴的事情，毕竟代表创作者与女朋友的关系更近了一步，但是他为什么高兴不起来呢？标题上的反转让用户充满了疑问与困扰，迫切想打开视频了解事情的真相。

原来，在内容中，故事中的"我"之所以得不到未来的岳父岳母的认可，是对方想让女儿找一个有前途的丈夫。"我"觉得自己距离对方的要求甚远，整日自卑、哀叹，但是女朋友一直给予鼓励，"我"终于通过努力进入一家知名大型企业工作。

当"我"将这个消息告诉女朋友的爸妈时，他们也非常开心，并邀请"我"去家里吃饭。

第一次去岳父岳母家，"我"心情激动、紧张，不仅让自己从头到脚重新装扮一番，还买了大包小包的礼物。"我"准备这次上门趁机提一下自己和女朋友结婚的事情。

未来的岳父岳母对于"我"的第一次登门也非常重视，做了一桌丰盛的饭菜。酒过三巡，"我"忐忑不安地提出了结婚的打算，以为对方会迟疑说考虑考虑。没想到，未来的岳父岳母马上答应："我们这次也是这个打算，希望你们早点结婚。"

"我"顿时有些喜极而泣，将桌上的一杯白酒一饮而尽。但是，随后他们的一个要求又让"我"瞬间的好心情荡然无存。他们要求结婚必须按照当地的风俗进行，不仅彩礼是个天文数字，还得有房有车，如果无法答应就不要结婚。

点赞量短时间内飙升到200多万，很多人还发表评论，针对此事发表自己的观点，也有过来人谈到自己当年也曾遭遇相似的经历。

当我们采用反转法时候，需要注意以下两点。

1. 反转的背后是思考、提醒、讨论

当我们采用反转法时，故事原本向着规定的故事线发展，没想到结局出人意料。请注意，千万不要为了反转而反转，为了转折而转折。反转是在之前的故事中就有了端倪，并非没有任何征兆，要让转折成为内容中的理所应当。比如，上面提到的故事，"我"未来的岳父岳母就是喜欢有本事、有能力的女婿，所以从一开始就希望女儿找到工作必须好的男人，那么转折中他们希望未来的女婿有房有车也就没有那么突兀与生硬了，而是理所应当的，因为他们看重的就是这一点。

反转的背后会带给我们思考、提醒、讨论，让用户在其中评论对与错、是与非，而不是简单为了搞笑而搞笑，那样没有任何现实意义。

2. 反转的背后是悬念

著名的电影大师希区柯克曾提出创作悬念的"炸弹理论"。有三个人在打扑克牌，牌桌下有一颗炸弹。如果你只是讲述三个人打牌，然后突然爆炸了，那么故事就毫无悬念。但如果你事先将炸弹的存在告诉读者，然后再展示三个不知情的人打牌，那么观众就会时刻担心炸弹什么时候爆炸。这就是炸弹理论。

炸弹理论的核心就是提前向观众展示一个危机的存在，但是剧中的人物并不知情，如果危机不排除，剧中的人物就存在危险，这就形成了故事的悬念与张力。这样的创作模式可以让故事的悬念十足，而且让故事最后充满反转，让用户获得优质的视觉体验。比如有实验类的创作者会围绕一个现象揭秘，就会采用悬念的炸弹理论，吸引用户观看，最后呈现反转的结局。

此外，一些搞笑类的创作内容也是如此，即提前告诉用户一件物品的特殊之处，然后交给内容中不知道的其他人物，希望看到对方的真实反应。这类内容也会得到很多用户的点赞。

"分享法"让社交圈的人给予点赞

分享法就是当我们创作出内容之后可以通过将内容分享到社交圈（朋友圈、QQ空间等）中，获得好友好评点赞后依靠口碑引流更多人的喜爱。

当我们采用分享法时，在视频启动初期可以帮助我们获得第一波点赞，进入算法推荐的第二波流量池（抖音平台），然后如果得到更多用户的喜爱则继续进入下一波更大的流量池，以此类推。

用分享法创作内容，需要做到以下两点。

1. 内容需要有价值，能解决问题，让人信服

会让更多人分享点赞的内容需要有价值，可以帮助用户解决问题，只有这样的内容，才会被用户转发到自己的社交圈，让社交圈内的用户看到、点赞。

其实，我们要清楚用户之所以愿意分享创作者的内容，是因为它们可以衬托用户在别人心中的形象。如果内容太冷门、低俗，没有人愿意分享；如果内容很优质，则可以让分享的人感觉有品位、有性格，更容易让人分享。

2. 分享时要有提示话术

在内容创作的最后，我们要引导用户分享我们的内容，可以采用一些提示话术，比如分享可以帮助更多的人、分享也是奉献爱心等。

请记住，分享话术的背后是让用户认为分享可以给自己带来什么、改变什么，也就是可以带来直接回报，不管是精神上的，还是物质上的，当然，契合内心的期许多一些。

数据显示，有提示话术的视频比没有提示话术的视频的点赞量高30%，而多出的这些点赞量恰恰可以让机器算法将视频推荐到更大的流量池中，让更多的人看到。

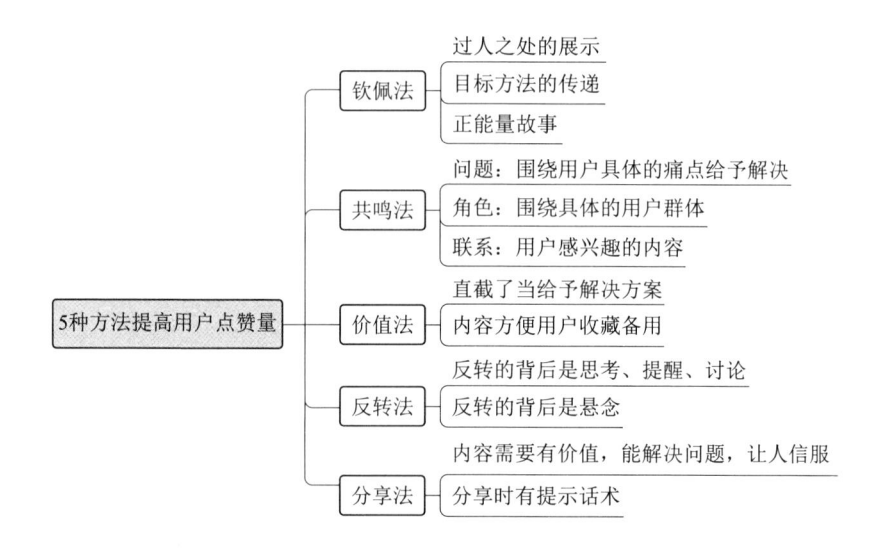

```
                              ┌── 过人之处的展示
                    ┌─ 钦佩法 ─┼── 目标方法的传递
                    │         └── 正能量故事
                    │
                    │         ┌── 问题：围绕用户具体的痛点给予解决
                    ├─ 共鸣法 ─┼── 角色：围绕具体的用户群体
                    │         └── 联系：用户感兴趣的内容
                    │
5种方法提高用户点赞量 ─┼─ 价值法 ─┬── 直截了当给予解决方案
                    │         └── 内容方便用户收藏备用
                    │
                    ├─ 反转法 ─┬── 反转的背后是思考、提醒、讨论
                    │         └── 反转的背后是悬念
                    │
                    └─ 分享法 ─┬── 内容需要有价值，能解决问题，让人信服
                              └── 分享时有提示话术
```

多频互动:"上瘾机制"建立有效用户信任通道,增加信任

在打造短视频IP品牌价值的过程中,互动的作用尤为重要,不仅可以让创作者从评论的互动中找到创作的选题,还可以增加彼此的信任,拥有一批拥趸,助力提升IP价值。在短视频创作者与用户的互动中,评论是最直接、最有效的互动形式,评论可以增进感情、消除误会、加深了解。

如今,各个内容平台都十分重视粉丝的力量,也就是鼓励创作者拥有专属的粉丝群体,打造自己的IP品牌价值。比如,粉丝带来的收益要比只是浏览内容的用户带来的收益高出许多倍,这会促使创作者在加强与粉丝的联系上下功夫。

通过评论建立有效的用户信任通道,增加信任,多频互动,"上瘾机制"可以帮助我们快速找到其中的技巧。上瘾原指对某些人或事呈病态依赖,但在此处,可以理解为用户对于一款产品养成的使用习惯。

美国作家尼尔·埃亚尔和瑞安·胡佛在《上瘾》一书中提出了让用户对产品上瘾的模型,具体可以分为四个步骤:第一,吸引用户的注意力;第二,刺激用户行动;第三,在用户行动之后,不断给用户奖励,让用户在使用产品之余,能有相应的获得感;第四,让用户在使用产品的过程中不断投入时间和精力,增加用户和产品的黏合度,促使用户对产品上瘾。

以上4步构成了一个用户对一款产品持续不间断使用的过程,最终让其养成使用习惯,并且每天都会让使用这款产品成为日常生活的一部分,不可分离。

站在用户对一款产品上瘾的角度,当我们创作短视频时,利用评论

的互动方式让用户对我们的内容形成上瘾，对我们塑造的人设高度认可，对我们的 IP 形成高度信任，就可以实现我们在短视频上多元化的商业变现。

吸引用户的注意力

吸引用户的注意力，从产品端来说，就是要让用户对我们的产品产生兴趣，让用户主动体验我们的产品。对于短视频创作来说，为了吸引用户的注意力，提高互动的频次，可以采用对象法与情感需求法。

1. 对象法

对象法就是我们创作的内容要将用户当作倾诉对象，或者将用户当作内容中一个人物。我们可以采用提问、询问的方式将用户引入特定场景、情境，针对具体的问题表达看法，增加互动频率。

一位搞笑类的创作者以第一人称、第一视角的方式，将观看视频内容的用户当成倾诉对象，讲述"方便面有时也不方便"，主要内容是："你们吃过方便面吗？你们知道方便面最大的缺陷是什么吗？就是一包方便面不够吃，两包方便面吃不完……"

内容虽短，但是因为采用了对象法，将用户当作倾诉对象，这种看似对话的方式可以激发用户的倾诉欲望。有人表示赞同，有人反对称自己三包都不够，还有人谈到方便面一定要煮着吃，然后再放一个鸡蛋才好吃……

这则短视频内容采用了对象法，将用户当作倾诉对象，然后还将用户引入一个规定的情境，拉近了彼此的关系，也开启了创作者与用户的互动。

需要提醒一下，当我们采用对象法创作时，可以在内容结束时，刻意留下与内容相关的问题，问问大家如何看待。这样的问法，可以激发用户更多的评论留言，让他们表达自己的看法与观点。另外，在评论区中不要单纯为了互动而互动，而要围绕具体的话题展开观点输出，这样也可以激发更多的用户表达自己的看法。

2. 情感需求法

情感需求就是用户在观看短视频时会将自己的情感寄托其中，比如看了之后会喜悦、开心、愤怒、沮丧等，而围绕这些情绪可以设置内容中或评论区的问题，吸引用户积极留言互动。具体的操作可以采用五问法。比如，我们要创作一个关于职场类的短视频，就可以这样问：

- 用户为什么需要这样的内容？是为了晋升、加薪、成就自我价值。
- 用户为什么希望得到这些？获得这些可以让自己更快乐。
- 用户为什么想要获得快乐？这样的人生才有价值与意义。
- 为什么要让人生更有意义？每个人的人生只有一次，必须珍惜。
- 为什么一定要珍惜？因为失去让每个人都没有安全感。

最后得到的答案是害怕失去，害怕没有安全感。围绕这个重点，我们就可以在内容的最后或评论区中以职场中最怕失去为话题，展开沟通交流，相信会有很多人乐意分享自己的感受与观点。

刺激用户行动

刺激用户行动就是在产品上瘾模型中通过动机与能力两个机制刺激用户开始行动，动机就是用户有足够的愿望使用产品，能力就是让用户轻松驾驭产品，也就是降低产品的使用门槛。

在短视频创作中，动机就是用争议性观点刺激用户的表达欲望，能力则是降低用户参与评论的难度，让每个人都能参与话题讨论，进行充分的沟通与交流。

1. 争议性观点法

争议性观点法就是设置具有开放性、争议性的话题，或者对用户认知中存在的信息偏差进行重新解读，也可以旗帜鲜明地表达对于某件事的观点、看法。它的核心就是树观点、破常规，通过发散式问题吸引用户表达自己的看法。比如，曾经有一款手游风靡一时，有人说玩游戏可以提高问题处理能力，一时间众说纷纭，有人支持这个说法，也有人不赞成这个说法，公说公有理，婆说婆有理。一位健康类的创作者以此内容创作了围绕这款游戏为题材的内容，从健康角度提出了自己的观点——玩游戏并不会提高处理问题的能力。

当创作者将自己的观点亮出之后，在评论区发出追问，让大家表达自己的观点。顿时，很多人赞同该说法，也有很多人并不认可，其中有这款游戏的拥趸，也有抵制这款游戏的反对者。

对于这个有争议性的观点，往往不会有一个标准的正确答案，而是拥有可以站在不同角度表达自己观点的答案，毕竟每个人的实际情况不同，很难得到一个明确的结果。

其实，争议性观点的背后是让用户围绕问题自觉站队，自觉坚持自己的看法，越是如此，双方甚至多方越会产生激烈的争论，坚持自己的观点。

评论数量的增多也会被系统当作用户喜爱作品的参考依据之一。

2. 能力施展法

能力施展法即降低用户参与评论的难度，让每个人都有参与的机会，也就是让每个人都可以施展自己的能力参与评论，而不是设置评论门槛，将用户挡在评论之外。比如，一位科技类的创作者围绕 5G 创作了一期视频内容，从 5G 的前生今世到发展进程，再到未来展望都仔细讲述。

如果从这个角度切入，评论门槛很高，会直接将很多用户挡在门外。创作者在与用户的互动中，在内容的最后提出了围绕 5G 与个人的直接关系问题："请设想一下，你觉得 5G 未来带给你最大的改变是什么？"对于这个开放式的问题，用户在看完视频内容之后就会根据自己的想象畅所欲言，开始描述 5G 带给自己的最大改变，这就降低了评论门槛，可以让用户不用因担心说错话而不敢发表评论。

获得奖励

在一款产品中，要不断给予用户奖励，让用户在使用时有额外的获得感。这一点，游戏产品的表现尤为突出。比如，有一款手游产品，游戏用户每消灭一个对手，拿到MVP（最有价值玩家），甚至体验到超神的感觉，产品都会给予极强的奖励回馈，如语音播报或焦点展示。如今，玩家在消灭一个对手时，还会接受团队其他人的点赞奖励。

所有的游戏产品正因为拥有健全、体验极强的虚拟奖励回馈，才让用户对产品欲罢不能。在短视频创作中，我们也要运用奖励机制吸引用户评论，并多跟我们互动，增加互动频次。

1. 物质奖励

物质奖励，简单易懂，就是通过派送一些礼物、奖品的方式激励用户评论，提高用户与自己的互动量。比如有的创作者会在内容的评论区置顶自己根据内容设置的问题，或者直接发评论，许诺第10个、20个、30个等的留言者会得到礼品，或者直接从评论中随机抽取获奖人，并送出奖品。

请注意，当我们采用物质奖励的方式激发用户评论时，设置的奖品最好跟创作的内容有关。这样愿意留言评论的人都是对内容感兴趣的用户，这样的互动也会促进彼此的亲密性。

2. 精神奖励

精神奖励就是通过满足用户受到重视的心理，在创作的内容、直播、评论区中以点名感谢或者以其他答谢的方式给出的奖励。很多用户愿意与创作者互动，因为他们认可内容想深入交流，他们更重视精神层面的奖励与回馈。

创作者可以根据用户提出的中肯建议、有价值的评论，在自己的内容、直播、评论区点名鸣谢，要让用户感受到自己的建议得到了重视，他们会更愿意奉献自己对于内容的所思所想。

其实，很多时候创作者的选题方向来源也源于评论，有很多用户愿意分享自己的经历、见解与看法，也会有其他大量用户点赞表示认可，这就说明这类内容是用户喜爱的，我们完全可以拿过来作为创作方向，制作出来的短视频也会得到用户的喜爱。

让用户投入时间和精力

在设计一款产品时，往往会鼓励用户对产品投入一些有价值的东西，如时间和精力。比如，当你登录某款 App 时，总会要求你每天打卡，并给予一定的积分奖励。同样，如今短视频、视频平台会拿用户每天停留的时长衡量平台的价值，可见用户投入时间和精力对平台来说是上瘾机制关键的一环。

对短视频创作者来说，让用户投入时间和精力，就有了陪伴感。随着时间的增加，也赋予了我们的 IP 品牌价值。具体来说，可以用"选择式方法"与"情绪法"两个方法进行创作。

1. 选择式方法

选择式方法与能力施展法中开放式的问题不太一样，即创作者围绕一个有争议的话题表达自己的观点和看法，给出一定的建议，答案可以让用户从 A、B 中选择，就像硬币的两面，可以选择一面作为自己支持的观点。

一些健康类的创作者围绕胖瘦是脾虚体质还是脾湿体质提出观点，认为脾虚的人一定是瘦子，脾湿的人一定是胖子，然后抛出问题，让大家自行选择到底是脾虚还是脾湿。当用户真的用心选择时，就会付出自己的时间与精力，通过对号入座的方式阐述自己的观点。当我们采用选择式方法提高用户的评论留言数量时，要在内容中表达自己的观点。

这种观点肯定有人支持，也会有人反对，这也是正常的事情，不要单纯陷入与用户纯对话的方式，而是每次对话都提供有价值的输出。比如，当用户提出新问题、新质疑，不能单纯以攻击的方式回复，而要做出有价值的解答，这样就会吸引更多的用户信赖创作者，整体的留存率也会提升。

2. 情绪法

情绪法是说我们创作的短视频要体现情绪，比如开心、感动、喜悦、愤怒、悲伤等，因为有了这些鲜明情绪的传递，会让用户对内容产生共鸣，愿意花更多的时间表达自己的观点。比如，一位创作者发布了一则短视频，记录的是怀孕的妻子在高速服务区上完厕所后，出来怎么也找不到老公的车了，后来打电话才知道，之前两个人在车上因为琐事发生争执，老公一气之下丢下怀孕的妻子，一个人驾车而去。

创作者为这个视频所取的标题是"狠心丈夫丢下已孕妻子，还记得当初婚礼上的那些承诺吗"。这样的发问引发了很多人的情绪，有人愤怒，有人悲伤，也有人留言诉说自己在婚姻中遭遇的不堪往事。

当短视频激发用户的情绪后，他们会陷入这种情绪不能自拔，愿意花更多的时间表达自己的看法和观点。

请注意，当我们使用情绪法时要将自己的短视频定位、人设结合在一起，不能只是为了传递情绪而刻意传递，只有如此，才能得到精准用户的喜爱。

请记住，当我们释放的情绪与自身定位一致时，就是最好的状态。但是，如果创作者本身主打知识类内容，偶尔在大街上看到一个温暖的场景并记录下来，觉得可以传递感动的情绪，但是这个内容与自己的定位不符，就没必要上传。

上瘾机制就是通过4步模型吸引用户的注意力，让用户产生兴趣，然后做出行动构成内容的一部分，给予奖励的方式会让用户得到满足，最后让用户付出时间与精力对我们产生信任与依赖。

创作者想利用好上瘾模型，需要在平时的创作中做反馈测试。只有更好地理解用户，才能准确运用创作方法，提升互动频次，增加信任。

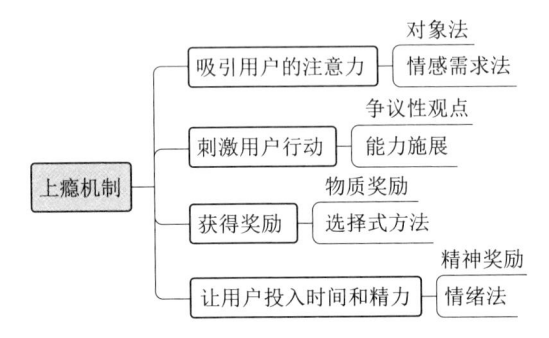

```
                          ┌─ 吸引用户的注意力 ─┬─ 对象法
                          │                    └─ 情感需求法
                          │
                          ├─ 刺激用户行动 ─┬─ 争议性观点
            上瘾机制 ──────┤                └─ 能力施展
                          │
                          ├─ 获得奖励 ─┬─ 物质奖励
                          │            └─ 选择式方法
                          │
                          └─ 让用户投入时间和精力 ─┬─ 精神奖励
                                                    └─ 情绪法
```

发酵分享：5 个技巧激发用户转发、分享

在短视频创作中，用户的转发、分享行为也是平台衡量作品优劣、是否受用户喜爱的重要参考数据。通过用户的转发与分享，对创作者而言，可以清晰知道什么内容会受到用户的喜爱，这对今后的创作方向有帮助。

用户对一则短视频内容的转发、分享的本质，是内容与用户之间的连接。换句话说，用户通过我们的内容可以共情，或产生代入感，"好的内容犹如一面镜子，让用户看到自己，发现内心深处未知的自己"。

短视频的内容可以让用户自发分享、转发的前提是他们对其认可并赞赏，是该内容可以站在自己的立场上成为"代言人"，要么表明自己的态度，要么传递自己的心声。

一则优质的内容可以处理好人与人之间的关系，作为中间的纽带，架起两者沟通、交流的桥梁，让用户认识创作者。所以，我们要站在用户的角度且表达对方的心声，激发用户转发、分享内容的原动力。具体来说，这有 5 个创作技巧。

触及内心深处，调动情绪的力量

在短视频的创作中，那些触及内心深处的内容会调动情绪的力量，更容易让人做出转发、分享的行为。在传播学中，能够唤醒人们的敬畏、怀疑、焦虑情绪的内容容易被转发。相反，那些悲伤、抑郁的情绪则不利于传播。所以，在各个平台上那些有关家暴或者老人被虐待的内容容易被分享和转发。在积极的情绪中，幽默、快乐、开心更容易被用户转发，毕竟带给别人快乐，也会让自己开心。为了让更多的用户转发、分享创作的内容，我们可以让每个人感受的某种情绪通过内容淋漓尽致地展现出来，

让用户感同身受。

一位生活类的创作者记录了自己在街头遇到的一只快乐的小狗,它在街头的一排矮矮的圆形围挡墩上跳来跳去,像一只小精灵,而且它从这一端跳过去之后接着会跳回来……这条短视频瞬间唤醒了用户内心最深处、最纯粹的快乐。这种情绪力量让每个人感到身心愉悦,然后希望将这份简单、纯粹的快乐传递给别人,所以就做出转发、分享的行为。

有一位正能量的创作者记录了自己在街头碰到一位蓬头垢面的打工者,他正蹲在街角啃馒头。创作者没有直接购买食物送给他,而是买了两份盒饭、一份饮料假装偶遇,将东西放下系鞋带,然后与他攀谈。创作者说自己要去取快递,先让打工者保管手中的东西,并留下自己的电话(装盒饭的袋子里有名片)。过了一会儿,打工者给他打电话问什么时候把东西拿走,创作者说那是送给他的,并叮嘱他注意身体,打工者的眼泪瞬间夺眶而出……

每个人都会有不如意的地方,但是一定要照顾好自己,不要放弃梦想。

这则短视频将感动的情绪淋漓尽致地渲染出来,创作者没有直接将食物给予对方,担心误会,等到离开后再说送给对方,既将食物送了出去,也保留了男人的面子,所以对方才会泪流满面。

对那些转发的用户而言,感动源于创作者的那份心意,感动源于打工者对事业的追求。还有一位生活类的创作者采用第一视角的方式记录了直上、直上、左右摇摆的娱乐项目,通过他的视角就能感受到紧张、刺激的氛围。这则视频让近20万用户转发分享,让没有亲身经历过的用户足不出户就可以感受到紧张、刺激的情绪力量。很多人之所以愿意转发,就是因为找到了情绪上的共鸣。

请注意,当我们以情绪的力量作为创作方向时,一定要记住一次只要传递一种情绪力量,要做到纯粹、集中。只有这样,才能表达核心情绪力量,放大内容中的情绪点,让用户深刻感知,然后自发转发、分享。

自我代入感让用户身临其境

当我们创作的短视频让用户有了自我代入感,可以对外传递自我心声、表达自我观点,或完全感受到自我得失时,他们就更容易做出转发与分享的行为。代入在数学中就是代换的意思,比如 A+B=C,当 A=1 时,就有了代入的产生。代入感,广泛来说,指在小说、影视作品或游戏中读者、观众或玩家产生一种自己代替了小说或游戏之中的人物而身临其境的感觉。比如,当我们阅读时会随着情节的发展和人物行为产生共鸣,让自己想起了往事或是勾起了难忘的回忆,与书中的人物拥有了感同身受的情感体验。这在观看一些影视作品时同样也会出现。

有很多文学作品、影视作品满足了很多人自我代入的情感需求,这种需求的背后就是心理学上所谓的补偿机制。每个人在自己的人生历程中都会遇到不如意的事情,但是总要找一些如意、快乐、令人愉悦的事情作为内心的抚慰。

一位情感类的创作者以代入感的方式创作了"爱一个人要有底线"的视频,站在曾经深爱一个人的角度表达了对爱的态度:"如果你心里有了别人,讲清楚,我退出;如果你不想爱了,讲清楚,我退出。爱一个人要有底线。"

这条短视频的转发、分享数量与点赞量接近持平,也就是说看完内容的用户不仅认同其传递的观点,也希望让更多的人看到自己对于感情的态度。这就是自我代入感,可以让用户身临其境,成为自己向别人表达观点的一种方式。比如,有的创作者会以具体的知名人物作为创作方向,目的就是通过具象的人物让用户产生对号入座的代入感,赞同传递的核心观点后给予转发、分享。

当我们使用自我代入感进行创作时,需要注意以下两点。

1. 情感代入

情感代入就是以主打情感诉求、个性态度、鲜明观点作为创作方向,让用户看完之后认同并愿意通过分享的方式，代替自己发声，表明立场。具体的方式就是以具体的场景介入具体的问题，站在一个立场上旗帜鲜明地表明态度，表明这就是自己的心声，这就是自己看待世界的态度。

2. 身份介入

除情感代入之外，身份介入也是一种非常不错的方式。身份介入就是将人按年龄、职业、位置、诉求等维度细分，围绕人群具体的多元化需求，表达态度，袒露心声，让用户看完之后感同身受。

分享价值：让价值建立个人对外形象

有一项数据显示，90%以上的调查者在分享信息时会考虑信息对接收者的价值。事实也是如此，在我们的社交圈中经常可见一些朋友喜欢转发有价值的知识。同时，当我们看到一些有用的信息时，也喜欢将其分享给自己熟悉的朋友或发送到社交圈里。

分享价值可以让价值建立个人对外形象，让别人通过有价值的内容与我们建立沟通渠道，同时也会通过不断分享有价值的信息，让社交圈里的朋友认为我们也是一个有价值的人，这就是用内容不断输出塑造自己在别人心中的个人形象。有价值的信息必须能解决用户的需求、痛点，或是围绕具体的问题答疑释惑，提出具体的解决方案等。比如，一位生活类的创作者围绕很多人平时衣服较多，在衣柜里整理不方便的痛点，巧妙使用衣架简单整理后，所有的衣物变得井井有条，而且收纳简单，取放方便。这条短视频让很多人看后感觉内容实用、方便，虽然没有亲身实践，但是看到如此有价值的内容也会选择分享、转发。

一位短视频创作者注意到很多人夏天喜爱吃西瓜，但是在切西瓜的方法上各有不同，要么不够美观，要么大小不一。创作者通过一个仅有 4 步的简单方法，瞬间让既美观又整齐的西瓜呈现眼前。这条短视频的转发量瞬间超过十几万，因为实用、有价值，很多人把它转发到自己的朋友圈里，告诉自己的朋友如何正确切西瓜。

当我们以分享价值的方式创作内容时，要注意以下两点。

第一，创作的内容要有垂直、专业、有价值。不要试图创作一条内容解决所有问题，而应围绕垂直领域的一个问题，给予专业、有价值的解决方案。只有这样，才能让更多的用户喜爱并转发。

第二，创作的内容以某一类人群的诉求为主打。当我们以某一类人群的诉求为主打时，就会看到他们面临的困惑、痛点、难点，给予解决问题的方法、方案，然后就能得到这类人的认同、转发与分享。但是，在创作时要先搞清楚两个问题。其一，这类用户的基数有多少？如果偏少，创作的内容也会偏冷门，不会有太多人感同身受。尽量选择人数多的受众群体。其二，提供给用户价值的内容是高频次的，还是偶然事件？我们一定要选择高频次的难题，因为这样，才会让更多的用户愿意分享，毕竟这是大家共同面临的难题。

共情效应：向往美好

共情，也被称为神入、同理心。很多大众事件之所以成为热点，就是因为这些事件的背后符合了大多数人的利益诉求，网友会对其产生同情、向往、激动、不满等情感。其中，向往美好是大多数人共有的诉求。

一位旅行类的创作者创作了国外某地风景如画的视频内容，搭配着令人愉悦的背景音乐，顿时让我们卸载了内心的压力，忘却了生活的烦恼，完全置身在如诗如画的风景里，幻想着可以在这样的环境中无忧无虑地生活。

这条短视频之所以被很多人转发，就是因为采用共情效应中的向往美好，让每个人都看到了生活最美好的一面，愿意与身边的朋友一起分享。

当我们使用共情效应中的向往美好时，需要注意以下两点。

第一，向往美好的背后，是暂时可望而不可即的仰望。不仅仅是旅行类的视频，生活、情感、工作上的梦想收获都可以实现共情效应，也是属于向往美好的范畴，它的背后是可望而不可即的仰望。每个人都有对美好的向往，这是人的本性。当我们创作内容时，要么围绕大多数人向往美好的共性特点，如事业成功、诗意生活等；要么围绕一类人群的需求，展现这类人最想得到、最渴望得到的东西，就是大家最喜欢的内容。

第二，向往美好的背后，是拉关系、选择站队的结果。亚当·斯密在《道德情操论》一书中指出，人们需要提升能设身处地体验他人的处境，从而感受和理解他人情感的能力。当我们选择共情效应创作时，可以采用"拉关系"的方式与用户站在一起，让用户觉得我们是"自己人"，代表自己说了该说的话，表达了该表达的内容。只有赢得用户的信任，他们才愿意分享你的内容，转发给同类用户。

所以，在创作时可以采用和朋友对话所用的方式表达，比如"当你最累的时候会选择去哪里？我往往会选择去这里"。通过"拉关系"的方式，让用户认为你说的都是他内心所思所想的美好未来，这样就会得到更多用户的分享与转发。

除了内容是用户向往的未来，还可以在沟通上采用对话或者刻意站在一类人的角度描述未来，这些都可以激发用户的共情心理。

乞讨效应：用示弱赢得用户关注

乞讨效应就是指人们善于争取，善于自我表现，善于主动沟通而得到领导赏识、他人关注、同情等心理效应的现象。

比如，在街边乞讨的乞丐往往都会扮作衣衫褴褛、可怜分分的样子，而且还会选择在闹市的街头将自己的悲惨遭遇展示给路人，同时还不停磕头作揖……这些都是为了获取路人的同情，达到获取钱财的目的。

乞讨效应在网络随处可见，有很多网民大多都有"罗宾汉"情结，只要看到涉及弱势群体的相关内容，不管事情真相如何，往往第一时间就会选择站在"弱势"一方，扮演"键盘侠"角色，这是因为乞讨效应会让人不由自主产生同情之心。

在短视频的创作中，乞讨效应可以用示弱的方式赢得用户的关注，对于内容中的人物遭遇也好、事件观点也好，通过转发分享表达自己的态度。

示弱不是在内容中以悲惨的方式让人刻意同情，而是以最真实的状态不回避喜怒哀乐，展现人物最真实的一面。比如，一位生活类的创作者通过短视频记录自己的情感经历，面对情感上的分分合合，她不会回避，而是以最真实的状态流泪、哭诉，表达内心最真实的情感。很多人在看后纷纷留言，还会把视频分享给身边的人，就是让别人看清楚感情对一个人的伤害有多大，或许自己也有过类似的经历，如今自己面对这样的事情的观点是什么，一定要一吐为快。

乞讨效应中的示弱也是不回避自己的缺陷、不完美甚至遭遇的各种失败等。这一类创作以 Vlog 形式居多，真正以记录自己在生活、工作、创业、情感上的遭遇为主。当我们不回避人生的种种经历时，用户就更愿意给予支持，以同情、支持的态度转发、分享内容。

我们在具体操作时，要注意两点：第一，不要刻意摆拍，而要以真实的状态示人，将当下那一刻的感受以视频化的语言淋漓尽致地展现出来；第二，示弱不是目的，而是我们在遭遇失败时依然不忘美好，没有就此偃旗息鼓，让用户真正认为给予鼓励是一种正确的选择，让用户对我们的内容产生陪伴感。

一句话，用真实留住用户，用态度赢得分享。

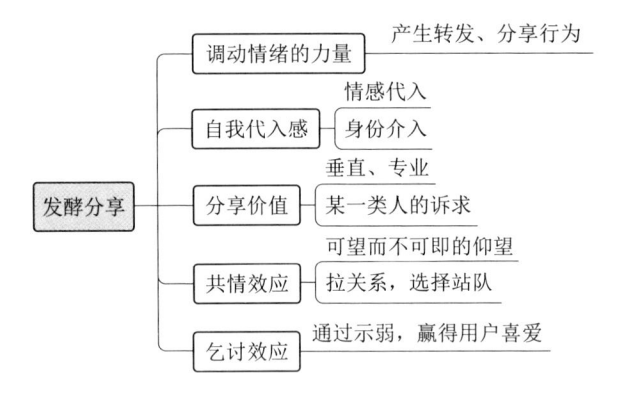

```
                         ┌─ 调动情绪的力量 ── 产生转发、分享行为
                         │
                         │                  ┌─ 情感代入
                         ├─ 自我代入感 ─────┤
                         │                  └─ 身份介入
                         │                  ┌─ 垂直、专业
         发酵分享 ───────┼─ 分享价值 ───────┤
                         │                  └─ 某一类人的诉求
                         │                  ┌─ 可望而不可即的仰望
                         ├─ 共情效应 ───────┤
                         │                  └─ 拉关系，选择站队
                         │
                         └─ 乞讨效应 ── 通过示弱，赢得用户喜爱
```

经验之谈：短视频 IP 不同阶段核心主打任务及避免掉入的深坑

很多从事内容创作的创作者认为只要将内容做好、做优，让用户喜欢就行了，跟这个目标没有关系的都是闲事，不用在乎。

其实，如今的短视频、视频创作在强调以质取胜的同时，更重视综合性，并非只是单纯的内容创作，其中也涉及明确的阶段性目标。只有保持与时俱进的学习能力，才不会让自己在创作的途中因疏忽而酿成大错。

在短视频平台发展初期，创作者数量不多，而用户需求量大，导致供需失衡，只要创作者简单拍摄一些视频就能获得用户的喜爱。随着短视频平台日渐成熟，用户的需求早已不是最初"粗制滥造"就能获得用户喜爱，而是要精耕细作、用心创作。有的创作者根本没有意识到这一点，依旧坚持自己的创作模式，没过多久就被后来者超越，粉丝数量涨不上去，播放量也日渐下降。

站在平台角度，不可能仅仅照顾一小簇大 V 或老用户，而是希望吸引越来越多的新用户，壮大平台用户规模，这样才可以让平台的商业价值最大化。也有一些创作者无法紧跟大环境、平台的发展趋势、目标，早期可以创作的内容到平台发展中期未必可行，但是依然没有察觉，经常会因为一些简单的小错误招致警告甚至封号处理。

在快手平台上，有一位知名的创作者早期利用一些话题的炒作吸引了众多粉丝，后期依然不管不顾，还在平台上采用这样的方式与人争执、对骂，没想到官方直接关闭其直播间，也对其进行了禁言处理。

在创作过程中，除要做好内容之外，更要明白在短视频 IP 打造过程中不同阶段的核心任务，以及其中要避开的深坑。

第一阶段：从 0 到 1 成长阶段

站在创作的角度，这个阶段是在探索创作的内容模式，以及调整自我定位，目标就是尽快摸索出用户喜爱、平台推荐多、适合自己的创作内容，然后保持稳定、有质量的输出。在这个阶段，对于创作者而言，最重要的是将全部精力放在内容创作上，多摸索，多学习，让自己尽快适应短视频创作，尽快摸索出一条适合自己的创作之路。

这个时期，一定要避免掉入三个深坑。

1. 不清楚平台规则，盲目跟风创作

很多创作者往往都具有惯性思维，在创作短视频时，认为接触一个平台就是直接谈内容，创作内容，认为这才是首要任务。其实，如今的各个短视频平台的运营规则已相当成熟，想要查看可以直接从用户手册中找到。

当我们在平台内找到用户手册和运营规则后，首先要记录平台内不允许出现的行为以及创作禁区，比如谣言、赌博、色情等诸多违法违规的内容，还要注意创作中不允许出现的一些恶意行为，如低俗、色情、炒作等。

这些内容在各个平台内的用户手册或者平台运营规则、社区管理规定中都有详细介绍，针对每一种不允许的行为都有具体的说明。

请注意，建议创作者在刚刚从事短视频创作时可以将这些规则详细了解一下，或者将重要的内容复制、打印、抄写一份，在进行内容创作时可以事先对比一下，免得因为不懂平台运营规则，使自己辛苦创作的内容连审核都无法通过。

2. 为追求内容上热门、成爆款，直接搬运、抄袭

初创者迫切想让自己的作品成为爆款，这种心情可以理解，但是绝对不能一门心思为了上热门、做爆款直接走捷径，搬运、抄袭其他人的视频内容。这看似是在创作上省事，但是有很多创作者在一开始就遭到了封号处理。

做短视频创作一定不要抱着侥幸心理。侥幸心理指的是很多创作者偶然尝试直接将别人视频中的所有信息进行复制，然后原封不动重新拍摄、剪辑，上传之后播放量比之前的作品高一些，错误认为只要每次复制就可以轻松搞定，时间一长，自己就会失去创新动力，一旦被原创作者举报，就会遭到禁言、封号处理，没有回头路。

互联网上对于文字内容的原创判定日渐成熟，通过一个平台的原创机制就能查到抄袭的源头，相信短视频、视频方面的认定也会越来越成熟。同时，各个短视频平台也会更加重视原创者的付出，给予更多的补助，鼓励每个创作者用个人风格化的原创内容吸引用户，打造个人IP。

3. 不关注创作细节，因为小失误造成大事故

在从0到1阶段，对于创作者而言，一定要关注创作细节，比如镜头语言的流畅度、字幕中是否有错别字、背景音乐是否影响了人声，视频片尾是否出现了某个剪辑软件的Logo（标识）等这些看似都是创作中的小细节，但是一旦不重视，就会造成大事故。

一位生活类的创作者主要围绕个人日常生活见闻进行创作。有一次，她创作了一期海外某地房价的内容，拍摄之前搜集了很多资料，还采访了当地的一些资深房产人士，但是上传之后一直没审核通过。后来她发现因为视频片尾出现了某剪辑App的Logo，被平台判定为不合格内容。

其实，类似这样的创作细节还有很多。要想避免出现这些小问题，就要像写完一篇文章发布之前要重新检查一遍一样，制作完毕自行检查一遍，看看有哪些疏忽、错误的地方，然后再邀请身边的朋友帮助自己检查一遍，这样可以消除很多自己察觉不到的小错误。

也可以运用对比法，就是当你创作完一个作品后，挑选同领域中数据指标表现比较好的一个短视频，看看它有哪些元素，为我所用。

第二阶段：目标明确、快速上升阶段

创作者经过第一个阶段的探索，度过了从0到1阶段的内容创作尝试后，自身已经拥有一定的粉丝量，也渐渐懂得用户对于哪些内容比较喜爱，哪些最初级的平台规则不能触碰。在这个阶段，最大的任务是继续稳定输出内容，让自己各方面的数据表现越来越好。

在这个阶段，对创作者而言，最大的挑战不是不懂得如何创作内容，而是没有与时俱进跟上平台的发展速度，依然采用之前创作短视频的思路进行创作，让自己掉入创作的深坑。

一位创作者以前在平台上创作时可以在内容中植入广告，平台并没有对其进行封禁处理，他就默认平台会一直允许这种行为。但是，运营短视频账号几个月后，他再次在内容中插入广告时，内容非但没有审核通过，平台还给了警告处理，之前带广告的视频也一并下架。

当他重新阅读平台的运营规则时，发现之前自己看到的内容早已更新了，目前这种创作行为是被平台规定为禁止发生的广告行为。如今，平台允许的广告方式是不允许露出产品信息，但是可以以生活技能的方式做内容传播，后续可以让用户在平台小店购买。

在这个阶段，对创作者而言，要明白自己的核心目标是快速发展，快速涨粉，而不是依旧沿用曾经的创作理念。如果创作者没有与时俱进，跟上平台的发展带来的新变化，就会面临大问题。

请注意，当创作者处在这个阶段时，一定要关注平台规则的更新，还要及时记录运营过程中自己及同类创作者出现的错误，平时利用碎片化时间多翻阅，避免自己犯同样的错误。

第三阶段：巩固发展阶段

巩固发展阶段指的是创作者经过一段时间的创作，粉丝量也由最初的急剧飙升开始平缓增长，内容的各项数据指标（播放量、互动量、点赞量）也接近稳定。在这个阶段，对创作者来说，最重要的目标是找到新的内容增长点，避免落入没有品牌意识的陷阱。

有一位美食类的创作大 V，由于新颖独特的美食内容吸引了众多用户。经过一段时间的创作后，他快速进入巩固发展阶段，整体账号进入平稳发展阶段，不仅在多个平台齐头并进，而且有很多美食类的产品与其合作，前景大好。在一次对外发布的内容中他依旧使用了新奇的道具制作美食，完全没有意识到会有年龄偏小的用户模仿，后来，有人因操作不当导致身体被烧伤。一时间，媒体争相报道，各个平台对于其账号进行了封禁处理。创作者也站出来解释，说自己使用的道具都是特别定做的，对于用户因模仿导致不良后果非常抱歉。

其实，当创作者进入第三阶段时，要保持之前用户喜爱的内容模式，又要在用户多元化的需求下寻找新的内容增长点，但是千万不能忘记品牌意识，那就是要评估内容可能对用户带来的隐形负面影响，并且提前做好预案。

这位创作者在早期不用太顾及自身的品牌形象，只需要保持内容快速增长就可以，但是到了这个阶段还没有意识到内容中新奇的道具是一把双刃剑，一方面可以吸引更多的人观看，另一方面如果有人模仿，就会造成不可预知的隐形危险。之前他从来没有在内容中写上"禁止模仿"字样或口头提醒不要模仿，一旦出现事故就是对长久以来积累的 IP 的致命打击。

请注意，在第三阶段，创作的深坑就是忽视内容中隐藏的危险。这些危险会直接对我们一直塑造的 IP 造成巨大打击。因此，一定要有品牌意识，多关注自己对外输出的内容的安全性，这是底线，一定要守住。

第四阶段：独立 IP 价值高

当创作者进入第四阶段时，就是经过长时间耕耘，已经不用依附哪个平台进行内容创作、深度变现了，自身已经成为所处领域独立的 IP，价值高，用户群体明晰，有合适的对接商品与商家。除了内容可以进行多元化创作，商业变现也不再仅仅依附某个平台，而是依靠品牌价值在全网受宠。

每一个短视频平台都会围绕自身的产品、用户及发展需求打造商业化生态模式，所以这对创作者来说，最初要依附在平台的模式之下进行创作、变现，并不会出现一个内容在全网得到同样的流量或变现结果。

只有当我们创作的内容真正具有了品牌价值，才能渐渐不受平台属性影响，真正收获依靠品牌带来的价值回报。比如，美食领域的创作者李子柒如今不单单是一个内容创作者，而已经是具有影响力的美食品牌。她已经不再依赖平台的流量变现与主推的各种产品变现模式，而是可以根据自己的选择有针对性地选择商品进行销售。

除此之外，"李子柒"这个品牌还经常参与公益行动传递正能量，甚至还在YouTube上传播中国文化，屡次被国内媒体点赞。

当创作者身处这个阶段时，要在网络上谨言慎行，不可随便发表过激观点，要将精力放在优质内容的创作上。对于可以增加品牌价值的公益、正能量活动多参与，对于可能对自身品牌造成损失、有影响、有争议的活动、合作坚决不参与，守住创作底线。

在互联网上有一个知名的搞笑类内容品牌，从早期到变成独立品牌仅仅用了不到两年的时间。在成为独立品牌之后，与其合作的商品众多，其中不乏一些年轻人喜爱的大品牌。但是，平时它经常以诙谐、幽默的方式说段子，以为什么事情都可以拿来调侃，竟然拿已故的民族英雄作为段子胡言乱语，触碰了互联网管理的底线，直接遭遇全网封杀。

当我们的创作进入第四阶段时，要格外重视品牌管理。这集中体现在日常内容的输出上，早期自身还没有那么大的知名度，没有人会太在意输出内容中的疏漏，一旦具备强大的影响力，要考虑对外输出的每一句话是否会伤害品牌，绝对不能疏忽大意。稍有不慎，将直接对辛勤打造的品牌带来致命一击，多年的心血也会付之东流，且没有回头路。

电影《蜘蛛侠》中有句话："能量越大，责任越大。"这份责任不仅是对大众负责，也是对自己负责。我们只有非常清楚自身处在哪个阶段，明白核心任务，懂得避免掉入的深坑，才能在创作上少犯错误，少走弯路，守住一路走来的成果，也才能让价值最大化、长久化，不至于半路夭折，而束手无策。

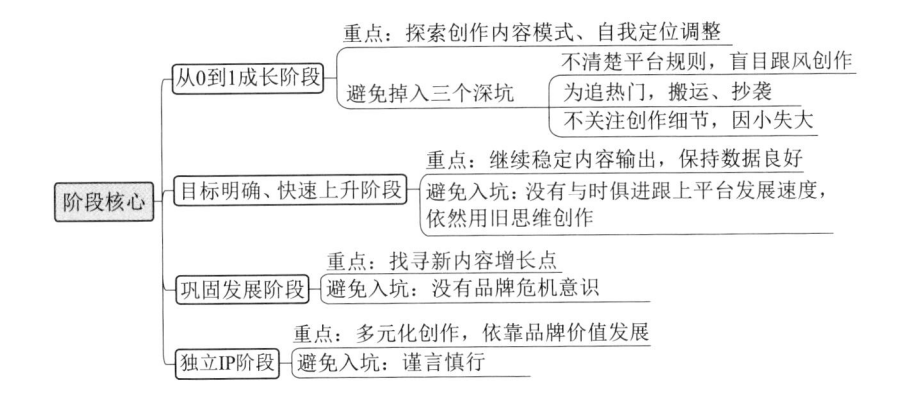

阶段核心
- 从0到1成长阶段
  - 重点：探索创作内容模式、自我定位调整
  - 避免掉入三个深坑
    - 不清楚平台规则，盲目跟风创作
    - 为追热门，搬运、抄袭
    - 不关注创作细节，因小失大
- 目标明确、快速上升阶段
  - 重点：继续稳定内容输出，保持数据良好
  - 避免入坑：没有与时俱进跟上平台发展速度，依然用旧思维创作
- 巩固发展阶段
  - 重点：找寻新内容增长点
  - 避免入坑：没有品牌危机意识
- 独立IP阶段
  - 重点：多元化创作，依靠品牌价值发展
  - 避免入坑：谨言慎行

团队组建：搭建高效短视频团队的三大技巧

短视频时代，创作的门槛越来越低，每个人都有机会通过自己的输出在互联网上占有一席之地，通过自己产生的影响力收获人生财富。在创作的途中，既可以通过个人的记录分享精彩的人生经历，也可以以集体协作的模式当作创业的起点，让短视频成为记录人生、改写人生的开端。

但是，每个人的起点都不一样，在踏上短视频创作之路时应该小团队探索进入，还是豪华队伍浩浩荡荡直接开工？每种选择代表拥有不一样的创作模式与风格，只有选择适合自身的模式才能对创作产生事半功倍的效果。

对于搭建高效的短视频团队有三大技巧，可以从创作的不同阶段、投入预算多少及目标效果三个方面切入，对号入座，循序渐进找到适合自身的团队模式。

创作的不同阶段

创作的不同阶段是说创作者在创作短视频的初期、中期、稳定期、矩阵期4个阶段，以不同人员的配置模式进行团队从小到大的培养过程，最终拥有一批忠诚度高、认可创作理念、志同道合的创业伙伴。

组建短视频团队，从时间维度入手，就是要让创作者在短视频创业之中的每一步都走得稳一些，看清自己真正的目标，并以最少的投入获得最大的回报。

1. 初期

刚刚开启短视频创作旅程时，作为创作者，没必要大张旗鼓或倾力投入，而应主要依托一个人或与兴趣相投之人结合，从自身优势、兴趣出发，以最少的投入慢慢探索找到适合自己的创作之路。这个时期，一个人可以集编导、摄影、剪辑、运营多种身份于一身，每个方面都要亲身体验，每个过程都要知晓，不仅要专，还要成为综合型的多面手。

在传统影像时代，视频制作是典型的工业流程，每个人只需要各司其职完成属于自己的任务即可，编导只需要提前策划好选题，联系好采访嘉宾，然后围绕录制内容进行全方面服务，不需要刻意考虑镜头语言的运用，也没有必要掌握剪辑软件的方法，更没有必要懂得后期的宣传方法。但是，到了如今的互联网时代，这一切都发生了变化。

作为短视频从业者或创业者，必须知道创作的各个环节，这是自我学习能力的提升，也是短视频时代的必然要求。所以，在短视频创作的初期，可以减少人员配置，将重心放在内容的打造上，完成从 0 到 1 循序渐进的过程，再慢慢添加人员。

在这个阶段要避免人员配置过多，应以最少的人员承担创作功能。这个阶段，创作者要了解平台、了解自我，也要了解伙伴。

2. 中期

当创作进入中期时，意味着创作者已经找到创作方向，也积累了一定的粉丝。在这个阶段，主要目的是快速涨粉，可以快速复制之前的创作模式，在创作细节上不断优化。

在这个阶段搭建高效的短视频团队，主要以提升效率为先，可以在编导、摄影、剪辑、运营 4 个环节中增加一两个人手，通过这样的互补配置加快创作速度。

在创作发展中期，对于合作伙伴尽量少设置一些管理框架，既可以约定以任务量作为回报标准，也可以拿美好的未来作为承诺条件，不能只是说说而已，还要落实到纸面上，增加彼此的信任感。

3. 稳定期

当创作进入稳定期时，内容创作模式已经成熟，粉丝群体已经固定，且来自各方面的收入也趋于稳定，短视频团队需要在编导、摄影、剪辑、运营4个环节有专人负责，每个人的工作标准是以完成设定的数据指标（播放量、涨粉等）综合考量，以底薪+提成的模式既保障员工的基本收入，也给予更大的激励力度。

同时，还需要注意一点，当创作进入稳定期后，一定要保障团队人员的稳定性，还要重点运营环节中的商业变现回报。这时，对运营人员的要求除在内容上保持常规化工作之外，更要重视通过内容在多元化商业平台上变现。

在稳定期进行人员考核，可以选用直截了当的KPI法（关键绩效指标法）。KPI，简单来说，就是围绕公司给每个员工设置的任务目标，进行多方面的考核，然后给予综合评定的结果。比如，在短视频团队针对不同的工种，设置的工作考核目标也不一样。具体来说，要事先与员工商量妥当并得到公司、员工的共同认可，最后以完成目标为标准给予奖励。

4. 矩阵期

矩阵期就是通过成功打造一个短视频IP，利用成功的创作经验快速复制多个同领域或不同领域的账号，在最短的时间内让打造的账号实现赢利，然后有选择性地让短视频品牌向独立IP领域进发。

在这个阶段，同时实现多个短视频内容的创作，要强调快速化、流程化、效果化团队协作，以树形结构管理模式作为人员管理架构，突出高效、清晰的组织架构。

具体而言，快速化、流程化、效果化是指团队在打造多个短视频账号时，规定好需要达成一定目标的时间，然后确立清晰明了的流程作业模式，让参与其中的每个人都知道该干什么，最终以结果说话，以实际效果判定成功与否。如果尝试不佳，果断放下，不要留恋，沉没成本不是成本，不要将损失无限扩大。

树形结构管理模式是指编导、拍摄、剪辑、运营、商务方面都要有总负责人，总负责人下面有对应负责具体账号的人员。这样就构成一个小组模式，每一个小组都要为自己主打的核心任务负责，对应具体的奖惩措施。这样的设置也可以统一目标，让所有人全力完成设定的目标。

在人员的目标管理上，可以采用 OKR 法（目标与关键成果法）。

OKR 的全称是 Objectives and Key Results，即目标与关键成果，是一套明确和跟踪目标及其完成情况的管理工具和方法。OKR 的主要目标是明确公司和团队的目标以及明确每个目标达成的可衡量的关键成果。简单而言，就是让团队内所有员工都围绕设定的目标共同工作，并集中精力做出可衡量的贡献。OKR 包括一个定性的时间指标，关键成果要用可以量化的指标衡量，目的是衡量这段时间是否达成了目标。

例如，站在公司角度，设定的 OKR 目标：

- O：公司第一季度的目标是打造三个超过 50 万粉丝的短视频账号；
- KR1：第一季度内三个账号的原创视频不能少于 XX 条；
- KR2：每月的粉丝指标需要达到 XX 万；
- KR3：全网短视频平台每月的各项数据指标达到多少。

根据公司制定的具体目标，然后每个小组根据自己负责的任务不同，进行统一的任务分解。比如，公司 OKR 中的一条是原创视频不能少于 XX 条，对于编导团队而言，要围绕具体任务拆分，就是将这些视频转化成多少选题等。

投入预算

前期投入预算的多少直接决定了搭建短视频团队的不同。如果前期投入较少，抱着尝试的心态边走边看，那么团队的规模不宜过大，只要配备创作中的重要人员即可。

编导的职责：懂得互联网上各短视频平台的创作风格，可以根据目标用户的喜好策划短视频选题；会撰写拍摄脚本；会根据数据思维创作合适的短视频内容；了解拍摄、剪辑的一些知识。

拍摄兼剪辑：可以根据编导的要求拍摄合适的影像内容；熟练操作市面上主流的剪辑工具，懂得各个短视频平台上流行的剪辑风格。

运营人员：负责全网自有账号的运营管理，如日常更新、粉丝互动，提升账号的各项数据；通过深度挖掘用户的需求反馈给内容创作的同事，通过线上运营活动、事件的方式提高账号的知名度与影响力。

当然，如果为了减少人员，可以暂时不设置运营人员，让编导成为集策划、内容创作、运营于一体的全能人员。随着内容创作的深入，再逐步添加其他工作人员。

如果前期预算充足，可以直接上豪华团队，可以采用"一人一专"的方式，也就是前期有策划人员搞定选题，有编导围绕视频语言进行影视化创作，定选题，写拍摄脚本，定场地，找人员，拍摄时有专门负责拍摄的导演把控全场，后期有专业的剪辑人员精心创作，最后有经验丰富的运营团队全网推广。

这里需要提醒下，即使预算充足，也要遵循运营思维创作。也就是说，要以运营在各个平台上采集的用户数据、反馈、平台运营规则等条件为前提，有针对性地让内容团队进行创作，不要陷入单纯为了创作精美内容而做内容，毕竟短视频的叙事方式与长视频完全不一样。至于这些人员的具体考核措施，可以参考稳定期、矩阵期的具体方法。

目标效果法

目标效果法就是以每个阶段完成的目标为前提，进行人员的搭建、配置的一种方法。就如短视频的创作之路，是由从 0 到 1 循序渐进的创作过程一样，目标效果法的初衷就是以设置不同阶段的目标为前提，每次完成一个阶段目标后，围绕业务发展的需求进行人员搭建、配置。比如，在短视频创作初期，最好寻找"一专多能"的合作伙伴，而不是"一专一能"

的专业人才。这样的模式既可以积累自身创作的经验，又可以在稳扎稳打的同时围绕需求进行人员配置，一举两得。

利用目标效果法进行团队搭建，需要把每个阶段的目标设置清晰，主要围绕粉丝量增长、视频各项数据指标达到多少、商业变现实现赢利等。简而言之，就是创作过程中围绕自身的发展情况设置不同的指标，以完成指标作为配置人员的前提。

其实，这样的方法在各个互联网创业公司中也颇为实用。比如，有很多如今声名鹊起的互联网创业公司，早期发展时业务层面仅仅以用户需求的一个细小痛点作为切入点，团队也仅仅是几个人的全能配置，不仅业务层面的事情要全部承担，就连生活中遇到的水电问题也要亲自解决。之后，业务逐渐成熟，收入增多，才会渐渐增添更多的人员。

同理，短视频创作也是一次内容创业之旅，需要我们通过完成阶段目标，有计划、有步骤地完成人员配置过程。对于如何找到适合自身的目标效果法，可以从以下三个方面考虑。

1. 以完成创作的阶段目标为准

创作者以阶段目标为标准，以完成情况为准进行人员的搭建与配置。

初期，人员配置无须过多，等到内容风格确立、自身定位得到用户认可后，再添加可以改变自身劣势及提高创作优势的人员，以小步快跑、快速迭代的方式稳妥前行。

中期，以设置打造账号需要增加的数据指标为标准，如三个月增加多少粉丝、提高作品多少播放量、点赞量、分享量等衡量作品的数据，进行人员配置。在这个阶段，作品的风格基本已经在各个平台得到验证，肯定拥有一定的用户，现在进行人员配置，只需要在原有的基础上进行优化，而不用屡次推翻重新再来，这可以减少失败的概率。

稳定期，此时创作的内容已经得到用户的认可，拥有大批拥趸，需要保持内容稳定输出，围绕用户的多元化需求及自身定位的外延拓展综合考虑，进行人员配置，以内容的创新再次吸引更多用户。

矩阵期，在这个阶段需要通过多个账号的打造，构建属于自身的内容矩阵，实现多品牌的诞生，创造更多的价值。这时要完成的目标是保证新账号孵化要时间短、速度快，人员配置会更加垂直化，而且分工更加精细，不会出现"一专多能"，而是一岗一人，围绕自身品牌的打造进行内容快速化创作。

2. 以完成阶段数据指标为准

在创作中，进行团队的搭建时，也可以以各个阶段的数据指标作为参考依据，如播放量、互动量、分享量、粉丝量等。其实，以数据作为参考依据的背后，是不同的阶段对创作者与用户都有不同的要求。

作为创作者，早期创作的短视频质量不可能尽善尽美，只是围绕用户需求的某方面切入，一旦获得认可之后，不仅需要提高创作的视频的质量，还要满足用户在自己领域内的多元化需求，所以之前的简单创作必定要变为精耕细作。

对用户而言，对创作者的期盼并非一成不变，毕竟如今在各个短视频平台上可供选择的内容太多，如果创作者的内容一成不变或没有创新，用户就会果断选择其他创作者的内容。

创作者与用户之间最清晰的沟通就是靠数据说话，这些动态的播放量、互动量、分享量、粉丝量的背后，直接透露了用户对作品的喜爱与否。当数据持续上涨时，考验创作者能力的不是偶尔创新，而是保证持续输出优质内容，这时更多专业人员的介入是最好的方法。

3. 以完成商业收入阶段目标为准

创作内容的最大动力，就是可以依靠内容的力量带给自身巨大的财富回报。同理，进行团队搭建时也可以以不同阶段的收入作为参考依据，一方面不至于让持续的投入没有回报，另一方面可以依靠创作获得收入证明持续投入的正确性。

以商业收入为阶段目标，创作者就要懂得自己之前尝试的创作之路已经走入正轨，如今只需要以团队之力继续深耕就能获得更多、更大的回报。在开始商业扩张时不要全面铺开大规模招聘人员，而应该围绕可以带来收入的最核心、最关键的人员进行配置，要么是可以使付费用户增加，要么是通过内容变现的能力越来越强。

之后，可以依靠阶梯式的收入攀升，再继续稳步添加其他人员。相反，如果创作中途出现了收入停止或减少状态，就要暂停新人员的配置，这表明创作已经出现问题，如果不重视，后续会出现不可逆转的大事故。

到底应采用哪一种模式搭建团队最为合适？其实取决于创作者的实际情况，还有站在哪一个维度进行思考、介入，只要对这两者能够充分考虑清楚，这三个搭建高效短视频团队的技巧就能对号入座，轻松选择。

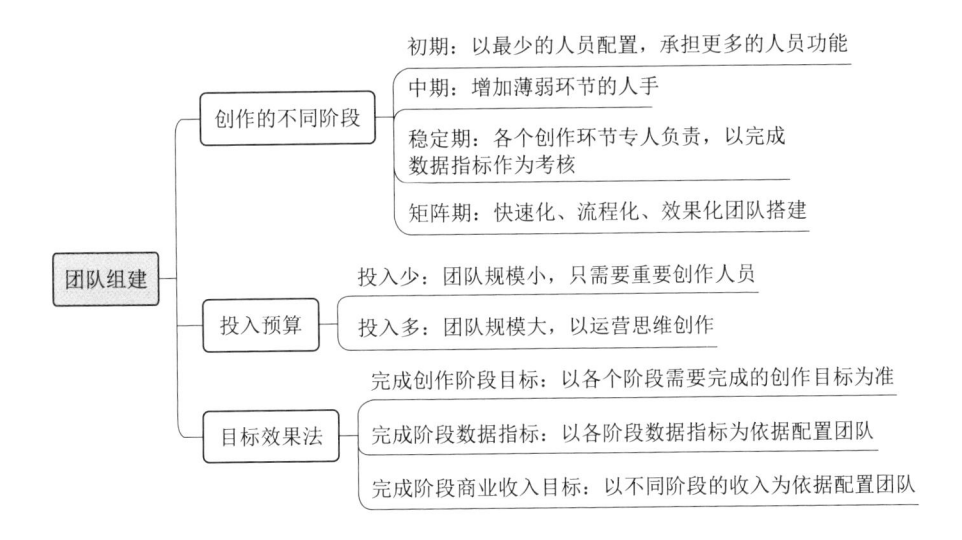

```
团队组建 ─┬─ 创作的不同阶段 ─┬─ 初期：以最少的人员配置，承担更多的人员功能
         │                  ├─ 中期：增加薄弱环节的人手
         │                  ├─ 稳定期：各个创作环节专人负责，以完成数据指标作为考核
         │                  └─ 矩阵期：快速化、流程化、效果化团队搭建
         │
         ├─ 投入预算 ─┬─ 投入少：团队规模小，只需要重要创作人员
         │          └─ 投入多：团队规模大，以运营思维创作
         │
         └─ 目标效果法 ─┬─ 完成创作阶段目标：以各个阶段需要完成的创作目标为准
                       ├─ 完成阶段数据指标：以各阶段数据指标为依据配置团队
                       └─ 完成阶段商业收入目标：以不同阶段的收入为依据配置团队
```

06 短视频变现模式

用户类别:"短视频+"背后的 4 种商业模式

短视频的创作原动力,就是希望通过创作内容、打造 IP 最终实现商业变现。短视频与传统的长视频看似是时长不同,但是在变现模式上没有任何重复与相似。传统长视频的商业模式较为简单,最直接、有效的广告模式就是影视剧的前后贴片,或者在内容中间插入广告,都是以时长不同的广告展示作为收入来源。但是,长视频最原始、最直接的广告模式在短视频上完全行不通。

一分钟以内的短视频内容较短,直接采用贴片的广告展示完全行不通,直接造成的后果是用户观看体验不佳。所以,如今各个短视频平台都不会采用这种模式,哪怕在视频内容较长的 B 站上目前也不会采用贴片的广告方式影响用户的观看体验。

短视频的商业模式是要依据自身的产品特性,以及连接的用户需求,也就是在用户碎片化的时间内抓住用户的注意力,借此打通自身的各种变现模式。所以,"短视频+"成为最合适的商业模式,以短视频内容作为广告介入的前提,将原本孤立的广告模式的利益最大化,实现商业模式的生态化、效益化、规模化。

站在"短视频+"的角度,就是将广告的模式进行重组、融合,在不改变内容形态的前提下保证用户的观看体验,还要实现收益最大化。而且,"短视频+"的出现,已经将传统的广告是广告、内容是内容的泾渭分明变为你中有我、我中有你,也就是"内容即广告,广告即内容",在创作的不断深耕中,找到适合自己的商业生态。

准确来说,"短视频+"的商业模式可以分为以下 4 种。

短视频 + 内容流量变现

短视频的最大特点就是能够快速吸引用户的注意力，并保持长时间的停留，也就是拉长用户的观看时间。这一特点与互联网赚取流量展示广告费的底层逻辑不谋而合，正是应了那句话——有流量的地方，就有商业模式的出现。

对短视频而言，内容流量变现主要是平台针对商家的广告按照 CPM（千人展现成本）、CPC（点击成本）、CPA（行动成本）等方式进行计费，然后平台与创作者进行比例不同的收益分配。

目前，创作者在 B 站上进行短视频、视频内容的创作可以直接采用流量变现的模式赚钱，只要参加官方的创作活动，就能真正依靠创作的内容实现巨大的收益。而且，这些创作的内容还具有长尾效应，只要有用户喜爱，平台就会持续不断推荐给目标受众。

B 站善于主推创作者的优质内容，只要创作者善于用心在内容上围绕用户的需求创作，就会得到更多的人观看。观看的人越多，播放量越大，广告展示的次数越多，自然收入也就越多。

在 B 站上的创作者"何同学"创作了一期与 600 万人的合影照片视频，讲述了如何采用科学的方法将自己和 600 万粉丝的头像合影，且还能让每个人清晰找到自己的头像。如此烧脑、有趣的内容在很短的时间内就让视频播放量超过 1 000 万。如果这期视频内容参与了创作计划，每一万次的播放量按照 10~30 元的价格计算，也会有 10 000~30 000 元的收入。

这仅仅是一条视频带来的流量收入，如果更新频率高一些或者全网分发内容，相信收入会更高。

除了在 B 站可以享受到内容流量直接变现带来的益处，在快手上只要参加官方的广告共享计划，就可以将广告放入短视频内容，通过流量的方式变现。

在短视频时代，除了 B 站、快手，还有西瓜视频、好看视频、爱奇艺、百家号、企鹅号等诸多内容分发平台支持内容流量变现，而且有一些平台的广告收益也非常高，创作者真正可以依靠流量变现的方式赚到第一桶金。

当我们选择以内容流量变现的方式时，一定要围绕视频质量的打磨下功夫。只有提高视频的质量，才能获得用户的喜爱，也只有获得用户的喜爱，才能提高视频的播放量，自然广告的展现次数越多，带来的收益也就越高。

短视频 + 电商变现

因为短视频内容的存在，创作者与用户之间建立了信任，才让电商变现成为现实，也让电商变现成为用户接受并喜爱的一种购物方式。因为信任，所以选择；因为信任，所以简单。创作者基于各种内容形式的创作与目标用户建立信任，在之后的电商变现中才会顺利推进，而且彼此的信任感越强，电商变现的回报越大。

如今在各个短视频平台上电商变现的模式都是在线上以电子交易的形式展开，如各个短视频平台与淘宝、京东电商平台合作，为其导流产生购买行为后的利益分配。同时，短视频平台也都开通了自己的电商店铺，如快手、抖音小店，快手小黄车、抖音购物车、抖店、直播卖货等，帮助创作者通过多种功能化的产品模块实现收益的最大化。

对快手而言，因为先天具有社区属性，用户与创作者之间的信任更加牢固，电商变现成为自身最大的优势。红人罗永浩于 2020 年 4 月在抖音首次直播带货，销售额突破 1.8 亿元，创下当时抖音直播带货的新纪录。与此同时，快手红人辛巴开启直播带货，当晚团队对外宣布销售总额超过 4.8 亿元，快手平台的直播带货能力可见一斑。

短视频 + 电商变现模式让用户可以直接通过直播销售账号内的商品，也可以围绕商品进行内容创作，比如在抖音上创作内容后可以连接相关产品，实现直接跳转完成流量的精准转化，继而完成商品的销售。

可以说，短视频+电商模式的出现真正践行了"内容即广告，广告即内容"的创作真谛，让原本泾渭分明的两者如今实现了完美统一。只要创作者与用户之间拥有信任，电商变现的模式就会成为创作者变现最合适的赚钱模式。

当我们选择采用短视频+电商变现的模式时，是源于用户的信任，所以在选择适合的电商变现模式时一定要珍惜这份信任。这份信任可以理解为站在用户的角度创作内容，用真诚的态度对待商品的选择，保证质量、保证良好的用户购买体验等，不能一味为了赚钱而忽视购买中存在的细节问题，导致因小失大。信任犹如积沙成塔非常缓慢，但如果选择了轻视，则会顷刻崩塌，且恢复艰难。

短视频+知识变现

互联网的出现带来了便捷，更带来了诸多选择。

以前我们获取信息的渠道非常单一，但是如今通过互联网查询信息更加便捷，选择也越来越多。而且互联网移动产品的诞生满足了用户多元化的各种需求，哪怕再垂直、细小的需求，也可以满足，这也就注定了将我们的时间切分得越来越碎片化，它们可以随时随地满足我们想要获取的信息需求。当短视频作为一种区别于文字媒介的信息载体以知识的属性出现时，更加受到用户的喜爱。

短视频的内容不仅仅是娱乐的盛宴，还可以是知识的海洋。只要创作者对外传递一点启迪、一种见解、一个道理等，就会让用户感受到价值。因为有价值的存在，短视频+知识变现成为创作者最好的赚钱模式。

其实，短视频知识的变现还得益于互联网将边际成本降低了，短视频内容知识可以被用户随意获取。

短视频+知识变现包括课程变现、社群变现、出版变现等，通过将传统中已经被大众接受的媒介购买形式再次与短视频组合，成为新的商业模式。

1. 课程变现

课程变现就是创作者将短视频中对外传递的知识，以系列课程的形式集结一起对外出售，让用户收获价值。课程变现适用于各个领域的知识创作者，只要有用户认可自身的价值，那么就可以通过创作系列课程的形式进行商业变现。

在快手平台上，有来自大山深处传递如何学习 Excel 表格的女孩，通过创作相关的课程每个月的收入能达到 6 位数；同样在抖音平台上传授照片拍摄技巧的创作者，通过创作具体的技巧课程销量也突破 10 000 单。B 站上的知识付费视频早已成了平台的赢利点之一，也是创作者的主要收入来源。

请注意，当创作者选择采用短视频＋课程变现时，要围绕用户遇到的难点、痛点，给予真正的解决方案，或者帮助用户获得某种能力，改善自我。

2. 社群变现

社群变现就是将创作者的目标受众用户从短视频平台导流到私域社交工具（微信、QQ）上，以建群的方式帮助用户解决难题、提供价值。这种方式可以通过社群付费咨询、付费课程、付费具体技巧等模式实现。

付费咨询就是将用户导流到私域社交平台后，以月费或年费的方式为用户解答问题、提供具体的解决方案，并规定每个月咨询的次数、时长等。

付费课程是面对私域平台上的付费用户进行有针对性的课程打造，以较低的价格售卖给付费用户。这利用了互联网边际成本低的特性，让更多的用户可以以最低的价格享受更优的知识服务，创作者的收益也会水涨船高。

付费具体技巧是针对用户需要学习的某一项技能、方法、诀窍，创作者专门录制视频进行销售。这种技巧没有时效性、局限性，只要有新用户进入社群，就可以进行持续不断的售卖。

短视频的出现让每个具备自身优势的创作者都可以通过多种知识形式实现人生价值，收获财富。短视频知识的变现，还可以线下付费讲座、一对一见面咨询等方式实现，只要可以真正向用户提供有价值的知识、见解，彼此的信任就会产生，商业模式就会诞生。

3. 出版变现

创作者将知识创作成体系化的内容以售卖图书作为商业模式，可以给自己带来长期的收益，并提高自身的品牌价值。

出版图书对创作者自身要求较高，需要自身具备专业的技能知识，还需要将所属的创作领域内容进行系统化、体系化梳理，成为一个可以让用户学习知识的媒介形式。

短视频领域可以做到出版变现，往往都是具有较系统的知识领域，比如学生教育、英语学习、技能培训等，通过图书出版的载体产生知识的二次价值传播，满足用户在线下多场景中获取价值。

短视频 + 内容广告变现

在短视频平台上，内容广告变现就是在抓住用户注意力的时候给予商品、品牌的展示、曝光，就是为了宣传品牌。

对创作者而言，在短视频内容变现中可以选择植入广告、接单广告、冠名活动三种形式，可以让创作者根据所处创作领域与自身定位进行具体创作并赚钱。

1. 植入广告

植入广告，浅显理解就是将某一种产品作为内容的一部分进行展示，不影响内容的完整性，也不会感觉广告属性太突兀。比如，有美食类的创作者在创作某一道美食的制作过程中，经常会对某品牌的食用油、餐具等给予露出，但是并不会影响整体的内容节奏与完整性，用户的观看体验也丝毫没有被影响。

旅行类的创作者每一期内容呈现的都是各地的风土人情，在其中也会展示与旅行相关的一些品牌用品，如帐篷、背包、防晒霜、食品等，这些都是植入广告的一种形式。

如今也有搞笑、剧情类的创作者在内容中提到休息时专门会打某款游戏，这也是植入广告的一种形式。

当创作者采用植入广告时，记得衡量是否合适的标准的关联性要强，也就是自己创作领域与广告品牌有关联性；商品为内容服务，也就是内容的完整性不能破坏，没有商品的植入，短视频也可以独立成为一个完整的内容。

2. 接单广告

接单广告就是利用平台的广告系统派发的商品广告进行内容创作的广告形式。随着短视频平台的日渐成熟，快手的快接单、抖音的星图广告等都成为创作者与广告主的沟通桥梁，让广告主找到合适的创作者，让各领域创作者找到适合创作的品牌。创作者根据商品的特性，并结合自身的定位进行"命题式"创作，最后获取收益。

接单式广告不仅要了解商品的个性诉求，还要围绕自身的内容定位，找到两者完美结合的平衡点，必须具有传播性、完整性以及欣赏性。接单广告的创作与广告界中的甲方、乙方身份有些类似，乙方需要完成甲方对于创作的各方面的要求才能获取收益。

请注意，当创作者选择接单广告时，一定要懂得内容的完整性，不能让用户感觉这期视频变成了商品宣传、展示，全是商品的优势宣讲、益处罗列等，还是要按照内容创作的节奏与方式将商品内容化，成为用户可以接受、喜欢的一种方式。

3. 冠名活动

"冠名"一词并不新鲜，更多用于影视剧、综艺节目及各种有影响力的媒介、信息载体。如今，在短视频领域，冠名活动更多是品牌商与短视频平台合作，然后由平台邀请具有影响力的某个或多个领域的创作者进行付费创作，目的就是吸引平台上更多的创作者加入。

冠名活动的参与，往往是以某个品牌对外传递的宣传语作为创作内容，相比于接单广告，创作的灵活度更大，要求也相对较低，只要符合冠名活动的基本要求就可以通过，并不会给自身的内容定位造成影响。

创作者参与冠名活动时，需要添加具体的活动标签，用官方平台规定的内容道具或者话术进行引导。在选择这类创作活动时，应尽量选择知名度高、品牌影响力大的商品，这也会在无形之中给自己的账号做信用背书，为更多大品牌的选择打下良好基础。

其实，内容广告变现的模式除了这三种，还有链接广告模式，就是创作者会在评论区内置顶放上某品牌的链接广告，目的就是给予品牌曝光、展示。

相信随着互联网技术的成熟，尤其是5G的到来及普及，短视频的广告模式还会推出更多新的商业模式。不过，对于创作者而言，不管选择哪一种商业模式，一定要找到能带给自己利益最大化且持续不断发展的商业模式，这才是通过内容变现最重要的一点。

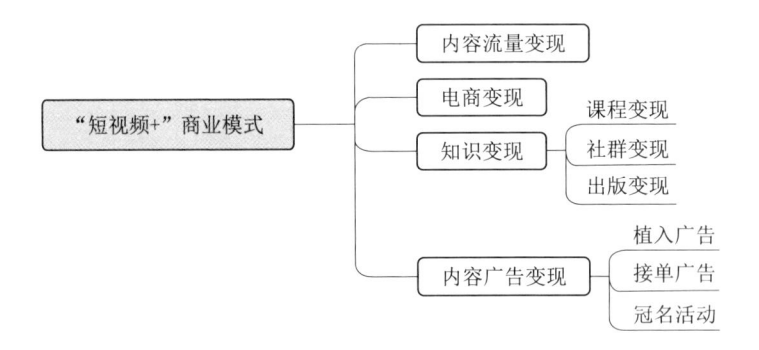

个人定位：短视频多元化变现的三大原则

短视频平台日趋成熟，从商业模式的最初摸索到如今多元化变现方式越来越多。可以说，不管我们在哪个短视频平台，都会有很多成熟的变现模式可以选择。不管选择哪一种，对创作者而言没有对与错，而是要选择适合自己的变现模式。

毕竟，用户的注意力是通过精彩的短视频吸引的，而创作者的注意力会因为变现模式太多而陷入困扰，精力有限，是全面开花，还是减少选择集中发力？在实际的创作运营中，是要尝试更多平台推出的商业新玩法，还是继续在已有的商业模式中深耕？具体转换的时间节点是什么？

其实，对创作者而言，如果没有办法搞清楚如何选择合适的变现模式，那最终辛苦创作的内容输出只会变成平台的一个活跃数据，只有懂得什么样的商业模式适合自己，创作者才能知道是忽略当下直接变现，还是深耕IP后拥有延迟满足。

当我们谈短视频变现时，一定要放在具体背景条件、框架范围以及计划安排内。只有如此，才能通过短视频收获价值最大化，也可以循序渐进地把握随着时间维度稳步赚钱的商业模式。

准确来说，创作者进行短视频多元化变现要遵循以下三大原则。

原则一：全面开花

全面开花的原则就是我们在初期创作时候围绕变现的一个原则，具体为多平台获取收益回报，尝试多种商业模式，目的就是减少前期投入，以及在尝试多种商业模式之后，找到适合自己的商业模式。

无论哪个领域的创作者在前期创作时，都没有稳定、持续的收益来源，也没有最适合自身发展的主阵地（平台），那么就需要不依赖某一个平台的商业变现模式，而是在多平台求发展。这一点，尤其适用于流量变现模式。

虽然都是短视频平台，但是在差异化发展背景下，推荐机制、用户喜好会略有不同，这就会直接导致同样的视频内容分发到不同平台会带来不同的流量，而单纯依靠一个平台带来的流量收益，肯定不如多平台流量带来的收益高。

这样的运营模式，可以带给那些新手创作者信心，也可以帮助他们解决实际的生活问题，最重要的是，多平台商业模式的尝试也可以让创作者渐渐知道哪个平台可以成为主要的发力阵地，毕竟持续、稳定的收入来源对于创作者来说至关重要。

全面开花的原则，其实也是一种探索适合自身内容的商业模式。通过多平台商业模式的尝试与实践，创作者能轻松知道在精力有限的前提下，如何保证自己的利益最大化，持续稳定才是创作者最关心的问题。

有舍有得，通过在不同平台上的商业模式探索，创作者可以重点选择适合自己的商业模式，暂时放下与自己不太匹配或者还没有取得巨大回报的商业模式，在保证有收益的情况下，继续进行内容的精耕细作，这对创作者来说是最稳妥的创作方式。

有一位创作者主要采用动漫玩具+剧情演绎的方式创作内容，创作时依靠新颖的切入角度和曲折的故事吸引了一批忠实用户。

他每一次都是将创作的内容分发到不同平台上，有一些平台的播放量高，有一些则很低，甚至有时候在一些平台会得到推荐，但是在一些平台上连审核都没有通过。这是因为每一个平台的推荐、审核机制都不一样，呈现的结果自然也不相同。

由于他非常喜欢创作，但是平时还要上班，只能利用空闲时间创作，于是会影响更新速度。如果他全情投入，那么一下子就失去了主要的收入来源。所以，他给自己设置了一个过渡期，一边工作，一边创作，还在各个平台上进行商业模式摸索。没过多久，他就发现当下最适合自己的就是参与平台的流量变现计划，这可以带给自己持续、稳定的收入。

一下子解决了收入来源问题，他辞去工作，专心投入创作，创作的收入远远超过之前的工资。与此同时，他也摸索出一些内容直接带货的模式不太适合自己，因为自己不能把控玩具的质量，在后续的销售中会影响用户的购买体验，直接导致彼此的信任度下降。

当创作者采用多平台分发内容时，一定要记得早期哪个平台收益多可以优先倾注更多的精力在这个平台上，可以多参与这个平台的活动，而其他平台则是辅助，只需要暂时承担分发功能即可。

原则二：主次分明

当创作者进入稳定期时，经历了早期的各个平台商业模式的探索，已经确定适合自身领域的商业模式不是一种，而是多种。但是，在多种商业模式并存的前提下，要分清主次，有一直持续不能丢的变现来源，也有加大力度主推的商业模式，每一种商业模式呈阶梯状。对于创作者来说，最终的目的就是将每一种商业模式变成收入增长点。

例如，张三是一名美食教程类的创作者，每一期的内容主要针对小白用户快速易做的家常菜技巧，简单易学，清晰明了，几乎看过教程的小白用户都可以轻松学会一道菜品。自创作以来，张三深受用户喜爱。

创作初期，张三采用交叉方针创作内容，就是每次创作一期内容之后，会将视频剪辑成横屏与竖屏两种形式，竖屏发在快手、抖音上，可以直接吸引用户，准备之后做电商变现；横屏发在 B 站、西瓜视频、百家号等众多内容分发平台，可以直接赚钱流量变现，其他的商业模式也在慢慢尝试。

进入创作的稳定期后，各个平台的流量变现收益已经非常稳定，成为创作的主要收入来源，张三就开始着手开发快手、抖音等平台上的电商变现模式。如今已经拥有一定的粉丝，每期的视频流量也非常不错，他就开始尝试植入式广告模式。

如果按照阶梯状商业模式排列，第一梯队是已经成熟稳定的内容流量变现，第二梯队是短视频平台的电商变现，第三梯队是刚刚开始的内容植入广告模式。三个梯队，投入的精力也不一样。第一梯队要保持持续，因为这种商业模式对于张三而言是得到验证，且是稳定的收入来源；第二梯队是在初期尝试过的商业模式，有效果，但是收益还不如内容流量变现，如今感觉有上涨趋势，所以要腾出一些时间尝试这种商业模式；第三种模式的量不会太大，且不能形成持续性，所以偶尔尝试一下，积累经验即可。

如此分析一番，创作者张三在创业稳定期的商业模式就非常清晰明了。这就是"主次分明"原则，让创作者知道当前对自己而言哪一种商业模式是最重要的，要守住，哪一部分是次要的，可以放到后面慢慢来。

很多创作者在稳定期会误以为商业模式都已经成熟，自己要尽快抓住所有商业模式赚钱。其实，最稳妥的方式是验证，只有经过验证、适合自己的商业模式，才是最好的。

另外，"主次分明"的变现原则还体现在创作者要继续发挥自己内容的核心优势，如此，才能实现收益的最大化。

在这个阶段，我们的内容早已得到验证，是用户喜爱的一种形式，那么就要将自己的内容特色发挥到极致，保持创作内容在所属领域占据优势。这种符合"二八原则"的创作方式可以让自己创作的内容的收益越来越多。

原则三：垂直深耕

短视频的未来其实是在细分、垂直领域中诞生更多小而美的 IP 品牌，它们服务自身专属的目标群体，形成强烈的粉丝黏性。无论品牌广告展示，还是电商带货，效果都会非常好，自然账号本身的商业价值也会越来越高。

所以，短视频创作者在进行适合自身商业模式的探索时，要从垂直深耕角度入手，为一部分或一小部分用户服务，真正挖掘他们的深层次需求。

哪怕仅仅是一个领域链条中的一环，一旦在用户心中建立认知，随着时间的推移，创作者带来的专属品牌就会深深扎根于用户心中，而各方面的变现模式其实也就拓展了。

有一位生活类的创作者从垂直细分领域入手，解决如今很多用户在上街买菜时不知如何挑选质量好、价格低的菜品的问题，刚开始主要传授简单明了的挑菜小技巧，通过搞笑剧情类的演绎向外传递了价格，尤其很多90后、00后年轻用户没有太多的做饭经验，但是通过学习这些内容，感觉自己掌握了很多生活技能。

很多人都感觉买菜是一个太过普通的生活场景，但是有太多人没想到买菜过程中存在一些不为人知的技巧和讨价还价的方法。创作者通过如此垂直的领域深耕，慢慢吸引了大批对其信赖的用户，经过他在内容中推荐的一些生活场景下的食品也成为用户购买的主要选择。这其中的信任，产生了大量的电商变现模式。

请注意，不要将垂直深耕理解成就是专门创作一些冷门、生僻的内容，这是错误的理解。垂直深耕是在一个大众领域细分用户多元化的需求，从中找到一个需求点与自己的内容定位进行结合，然后围绕需求进行专业化的内容创作。可以说，垂直深耕是帮助用户解决生活、工作、家庭、情感等诸多领域里遇到的具体问题，创作者给予越详细、越有价值的内容，用户越喜爱。

当我们进行垂直深耕时，其实就是以差异化的方式在用户心中植入自己的品牌。当用户遇到某类问题时，首先想到的就是我们，这就是信任，而信任背后就可以带来诸多适合自己的商业模式。

创作者在进行垂直深耕时，可以通过二次创新（微创新）模式，在大众领域将多个元素组合到一起，形成一个新的品类，这样就形成了自己专属的垂直领域。比如，手机创作领域十分广阔，很多创作者采用的是测评新手机的形式，也有创作者创作的是使用手机技巧的内容。如果我们进行垂直领域的二次创新，可以将手机＋摄影＋技巧组合在一起，那么就是专门创作讲述手机拍照技巧的内容。如果我们将手机拍照＋老人＋技巧放到一起，就是专门为那些老年人讲述手机拍照技巧的内容。

通过这样的细分，可以通过一个切入点慢慢深耕，再次进入这个庞大群体的多元化需求，那么随之而来的商业模式自然也是多样的，同时也是非常适合自己的创作领域的，自然也能给自己带来巨大的物质回报。

只有当我们把握住自身的创作定位，并结合创作中处于的阶段，懂得变现的三个原则时，才能在选择商业模式时不迷茫、不糊涂，不会陷入看到有些大V赚钱的新闻马上也要照搬、模仿，而是会冷静、理性地思考它们到底是否适合自己。最适合自己的商业模式，不是简单的拿来主义，而是通过在实践中摸索得来的。只有这样的商业模式才会持久，能让我们的收获越来越多。

内容消费：不同内容主打的变现模式（搞笑、美食、旅游、情感、美妆、穿搭）

短视频时代，每个创作者立足自身不同的定位与人设打造，对外输出有价值、有意义、有趣味的视频内容，与用户产生连接，形成信任，继而才有了合适的变现模式。

对创作者而言，只有站在内容定位寻求合适的变现模式，才会带来收益的最大化，也才会让自己在探索商业模式时少走弯路。同时，不同的视频内容也注定会拥有不一样的变现模式，或者说与某一个变现模式形成的强连接关系可以成为创作者主要的收入来源。

所以，当我们进行创作时依据不同内容的变现模式，有利于确立自身在变现之路上发力的重点，也有助于将内容变现模式发挥到最大化，自然得到的收益也将会更多。内容模式带来的商业模式的成功，带来的正向反馈也会给垂直深耕内容指明方向，真正到最后让内容为创作者塑造个人 IP 提供有价值的积累。

其实，依靠内容变现的背后，是深谙平台的运营规则，是懂得用户需求的结果，是用心输出内容的积累。变现模式是对创作者精耕细作运营的回馈，也就是代表运营正确与否的一项数据指标。当我们清楚不同内容对应着具体的商业、变现模式后，也就意味着在短视频创作上找到了捷径，找对了方向。

搞笑类

搞笑类的短视频创作往往是以幽默、诙谐、搞笑的剧情作为主打内容，在表达上结合夸张、反转等多重因素，目的就是带给用户更多的欢乐、开心。

搞笑类的内容几乎是所有短视频平台上用户最喜欢的短视频之一，年龄受众也是比较宽泛化、多重化，不太会集中在某一个领域的小众用户，而是大众都可以理解的生活逸事、职场趣事、人际关系、情感交往等，可以说涵盖了大众所能接触的方方面面。对于搞笑类创作，对应的变现模式有流量变现、付费连载、广告植入以及影视剧打造等。因为搞笑类内容依靠故事的吸引力与对外传递的快乐宗旨，所以自身的内容就是最大的卖点，也是决定变现模式的关键。

搞笑类内容故事性强，所以在各个短视频平台讲究时长、完播率的当下，搞笑类内容早期依靠流量变现可以直接赚到最重要的一笔收入。

付费连载就是以搞笑的方式＋故事的剧情变成长篇连续剧的形式进行售卖，用户只需要付费就能观看创作者最新的视频内容。

广告植入是目前已经得到验证且效果不错的变现模式，就是在不影响搞笑剧情的前提下，在内容中进行简短的品牌曝光。

影视剧打造就是搞笑类的内容具有了 IP 属性与价值，可以将其创作成付费网络剧在各大视频网站上让会员付费观看，这也可以获取不菲的收益。

搞笑类短视频的创作，与其他类别的内容不同，最大的特点是以极强的内容吸引人，让更多的用户因为观看内容而产生直接收益。对创作者而言，只需要每一次用心创作内容，带给用户更多的欢乐，对应的变现模式就不会中断。

提醒一下，搞笑类短视频内容最好有固定的出镜演员，这样对于打造 IP 可以起到事半功倍的作用。

美食类

俗话说："民以食为天。"同时，吃处于马斯洛需求层次的最底层，是每个人都离不开的生存基础。所以，对应的美食类短视频内容也非常受用户喜爱，无论是美食教程类的内容，还是美食店的探访等，都成为各个短视频平台上播放量较高的内容类型。

对于美食类短视频内容，对应的变现模式有流量变现、电商变现、自制品牌等，每一种变现模式的背后都与美食领域息息相关。

流量变现就是创作者在初期可以将内容分发到不同的短视频、视频、资讯平台，以广告展示量的多少获取收益。

在这个阶段，创作者刚刚起步，以流量获取收益可以直接解决早期没有收入来源的问题。同时，流量变现的多少则是创作方向的晴雨表，可以直接找到创作方向，成为快速涨粉的开始。

电商变现对于美食类创作者至关重要，其中包括内容带货、直播带货等，可以为美食类创作者带来巨大的收入回报，因为美食类的内容对外输出的是价值，随着时间的推移，创作者与用户的信任感也会与日俱增，用户对于创作者推荐的商品也会"先天性"给予信任，然后产生购买。

自制品牌是美食类的创作者在自身的 IP 价值大，与用户的信任感根深蒂固时，对以自身品牌命名的商品进行售卖。

这样的益处是可以降低商品的成本，可以得到更多的利益。另外，创作者也可以控制电商的每一个环节，保障用户的体验，不会损失与用户的信任。如果通过运营自身品牌打造食品领域中的一片天地，也会引来更多资本的注入。

旅游类

移动智能手机的普及让原本拥有较高门槛的拍照、录像"飞入寻常百姓家"，每个人随时随地拿起手机，就可以随手拍下所见美景并分享，这也就决定了通过短视频可以看到更多人的生活，而旅游类的创作就是用自己的视角记录、分享看到的大千世界。

旅游类短视频通过创作者的第一视角看到不一样的世界，被其中的见闻、风景、遭遇吸引。这类创作者有的以个人骑行为特点，有的以情侣、夫妻为主打，有的以拉车徒步为重点。这些旅游类视频的差别无非就是组合的元素不一样，目的都是带给用户新奇、新鲜、刺激的视觉体验。

这类视频对应的商业模式有流量变现、广告植入、电商变现等。每一种变现模式对应的也是创作的不同阶段，也有主次之分。

因为旅游类视频具有未知性与猎奇的属性，自然会吸引更多的用户观看，早期流量变现也是主要的收入来源。通过在不同平台上分发，聚集更多的流量，收获更多的收益后，就会逐渐积攒自己的第一批忠实用户。

旅游类的短视频内容最不能缺少的就是人物，是陪伴用户一路四处旅行的固定主角，通过他的遭遇，让用户感受到世界的另一面。这才能产生信任，也才能顺利过渡到之后的电商变现模式。

所以，当创作者进行旅游类的内容创作时，要知道如果没有固定人物，那么无论视频中的风景多么绚丽，都没有太大的意义，因为无法直接与用户建立信任感。

一旦用户追随创作者见证了在各地的旅行见闻以及悲喜遭遇，就会产生极强的信任感，对电商变现中的内容带货、直播带货等形式会形成正向的转化效果。在互联网产品设计中常常强调要有陪伴感，就是用时间的维度让用户渐渐习惯产品的存在，然后将产品变成用户生活的一部分，也就有了无可替代的作用。

其实，旅游类的短视频也是通过内容实现陪伴感，虽然隔着屏幕，但是彼此早就通过内容建立了信任，会让用户每天都期盼创作者的更新，有了无法替代的价值，自然在变现模式中带货会成为主要的收入来源。

请记住，当创作者经过旅游类内容的积累与个人品牌的打造后，电商变现将会成为主打的变现模式，其他的商业模式也会同时推进，但是并不会成为主推的变现模式。

情感类

情感类的短视频相对比较宽泛，可以是情感+知识的内容，讲解解决男女情感问题的方法、技巧，也可以是以情感+故事为主打的剧情类内容，还可以是图书+情感的图书知识传递等，更可以是情侣、夫妻日常相处的Vlog感悟等。

情感类短视频也是各个短视频平台上很多用户喜爱的内容，每个人都是社会与情感的动物，对情感类的短视频内容中的价值、共鸣、启发都会投射到自己身上，可以说情感类的短视频与大众的关联十分密切。

对于情感类的短视频主打的变现模式，可以依据不同的内容主体进行不同的主打变现。

当创作者是以情感、心理学方面的专家为人物主体，创作的内容是帮助解决男女相处过程中遇到的问题，给予实际、可操作的解决技巧时（这里体现的是"权威"二字），那么这种形式主打的变现模式可以是"咨询变现"。

因为每一次的内容都是以帮助解决用户遇到的难题为出发点，时间越久自然也就越会得到用户的信任。创作者可以直接通过平台上的付费咨询功能进行变现，或者将短视频中目标用户导流到私域社交工具上进行付费咨询。

当创作者主打男女情感剧情故事时，那么付费连载可以成为主打的变现模式。其中的底层逻辑是，情感剧情类的短视频内容适合进行长视频创作，如今将完整的故事分割成数个短小且上下连接的故事，就会让用户产生更强的购买欲望，这个道理就如同在网上观看付费小说。

当创作者以每次都挑选一本图书进行解读，带给用户情感上的共鸣与启迪时，那么这种创作内容更适合的变现模式就是内容带货。这是因为用户先接收图书中的价值信息，并认可这本书可以继续带给自己价值，所以就会产生购买行为。

当创作者是以拍摄 Vlog 记录情侣、夫妻之间的日常情感经历时，对外就是一个塑造个人 IP 的最好的方式。这种创作方式最适合的变现模式就是电商模式，无论是内容带货，还是电商带货，都是非常好的选择。对于用户而言，这也是乐于接受的一种方式。

美妆类

提起美妆，很多人会想到李佳琦，在短视频中或在直播间，他依靠给女性用户推荐口红，继而慢慢成为互联网上的带货大神。

美妆类的创作往往是针对女性在化妆、美容方面的创作，有的以如何选择不同的商品为创作初衷，也有的以具有强烈反差的化妆效果为内容主打，还有的是讲解个人在不同场合下如何通过化妆体现优雅、气质和魅力。

对于美妆类的创作，最显著的主打变现模式就是电商变现，这是因为美妆领域的属性就是与商品息息相关，无论采用哪种方式带货，都可以为创作者直接带来巨大的物质回报。比如，针对女性日常化妆、美容方面的创作，每一次的价值输出其实都是在帮助用户正确使用化妆、美容产品，同时减少选择商品的成本，也就是说可以让女性用户在脑海中对应"价值＝商品"，认为创作者推荐的商品是可信赖的。

我们在各个短视频平台上经常见到反差效果强烈的对比化妆效果作品，就是左脸是素颜，右脸是模仿某明星，看完之后让人感叹化妆技术太过强大。对于这种内容，不太适合较长视频的展示，在越短的时间内凸显反差，越容易赢得用户的信赖。

正因为具有这种反差效果，创作者推出的电商带货模式很容易赢得用户的喜爱，潜意识会认为创作者推荐的商品也会具有创作者在内容中展示的效果，其实这也是广告宣传的效果。

对于个人出镜这种视频方式，讲述自己在日常生活中面对不同场合如何化妆、美容，提升气质的内容，会让创作者的个人 IP 价值凸显，对电商变现中任何一种方式都会带来较好的转化效果。

穿搭类

相信很多人在浏览一些短视频时会看到一些用户的评论是追问创作者的："身上穿的衣服、裤子从哪里买的？给个链接吧！"

可以说，当我们看到搭配得当的装束时总喜欢问一下从哪儿买的，并记下如何搭配，这是因为爱美之心，人皆有之，每个人都有让自己变得更好的愿望，所以用户在面对创作者传递穿衣搭配技巧，帮助自己解决不懂搭配的问题时会非常欢迎。

对于穿搭类的短视频内容，最显著的变现模式是电商带货以及自有品牌打造。当然，这两种主打模式也要分清创作阶段。

电商带货主要针对创作者依靠内容对外传递价值，也在向用户推荐穿衣搭配的商品，让用户在得到价值的同时可以直接购买。可以说，这样的方式属于围绕目标用户进行量身定做的传递，直接就促成了商品的销售转化。

这里提醒一下，穿搭类的内容创作与其他内容创作不太一样，传递价值的同时也在进行带货，当创作者无法把控商品制作及销售的每一个环节时，一定要在选品上把控好，与质量好、口碑佳的厂商合作。

对穿搭类创作者来说，只有将电商变现模式变成主阵地，从用户多元化的需求出发，才会有更多用户信赖，继而可以打造自有品牌，真正通过自有品牌将收益做到最大化。

请注意，为了实现穿搭类内容在电商带货以及自制品牌上实现更大的收益，一定要注意：向用户展示穿搭效果的出镜人物的外形条件要好，这样展示的穿搭效果才会让用户喜爱，并产生购买行为。出镜人物的外表也可以很普通，经过穿搭形成强烈对比，这种反差效果也会刺激带货数量。

其实，短视频领域还有其他分类，但是无论围绕哪一种短视频创作，都有相应的主打变现模式。我们在做选择时要明确创作阶段，然后才能找到适合自身的主打变现模式。同时，围绕自身的变现模式，不能单纯追求短期必须获得巨大收益，越是如此，越会与适合自身的变现模式擦肩而过。

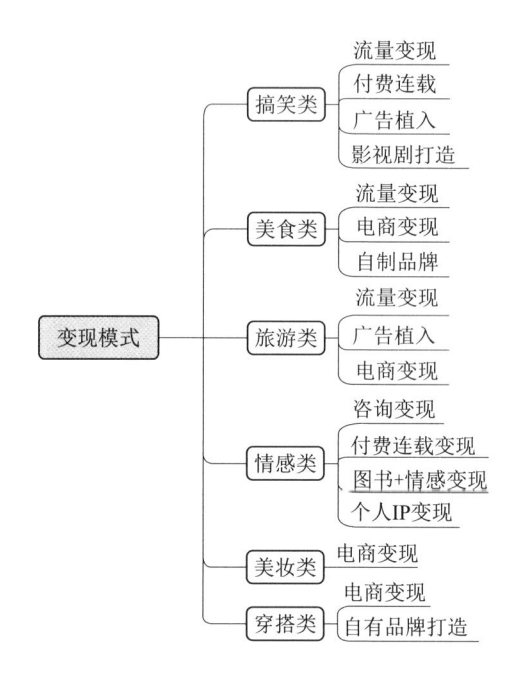

```
                    ┌─ 搞笑类 ─┬─ 流量变现
                    │         ├─ 付费连载
                    │         ├─ 广告植入
                    │         └─ 影视剧打造
                    │
                    ├─ 美食类 ─┬─ 流量变现
                    │         ├─ 电商变现
                    │         └─ 自制品牌
                    │
        变现模式 ───┼─ 旅游类 ─┬─ 流量变现
                    │         ├─ 广告植入
                    │         └─ 电商变现
                    │
                    ├─ 情感类 ─┬─ 咨询变现
                    │         ├─ 付费连载变现
                    │         ├─ 图书+情感变现
                    │         └─ 个人IP变现
                    │
                    ├─ 美妆类 ─── 电商变现
                    │
                    └─ 穿搭类 ─┬─ 电商变现
                              └─ 自有品牌打造
```

07 零基础短视频剪辑指南

图文转视频：视频化语言剪辑创作的三个公式

5G 的到来及普及让内容的视频化进一步提速与落地。视频化的信息与内容将成为大众选择、获取信息与内容的主要媒介方式，甚至有数据预测，未来几年线上的主要流量会向视频化方向，尤其是短视频倾斜。

人类一直通过不同的信息载体记录自己的情感、思考，先后出现了图腾、壁画、音乐、语言、文字、影像等各种传播手段，而在互联网上，我们通过文字、图片、GIF（动图）、视频等进行表达与记录。

每一个时代都有自己记录与分享信息的载体，而视频化的内容将是大势所趋，也会直接成为这个时代最重要的一种媒介形态。

如今，有大量的图文创作者已经开始向视频化内容转变，各个资讯、短视频平台也都在给予各种各样的支持，背后其实有两个原因。第一，短视频平台的日渐成熟，早已将大部分流量圈入其中，用户从最初喜欢看图文的内容开始转向视频化的内容。各个内容平台的转变，是为了不错过下一次的价值增长点。第二，对于创作者而言，最早可以依靠创作的图文内容赢得用户的喜爱，但是对于如今图文内容阅读量的持续下降，以及在图文领域中形成的寡头效应——被各个领域中具有知名度的创作品牌占据，中小创作者的创作机遇更多集中于视频化内容，这里有更多的用户观看，也有更多越来越成熟的商业模式。

同样，大势所趋之下，之前具有专业、深度和干货的图文创作者转型为视频创作者更有优势，他们懂得专业知识的输出，更明白如何赢得用户的信任。同时，由图文转型到视频创作领域，也丰富了创作者个人 IP 的价值，其生存能力和容错率进一步增强。

将图文转变成视频最好的方式就是用视频化的语言剪辑，这会成为视频内容是否受欢迎的关键。比如，我们之前在创作图文内容时可以围绕人物的内心进行描写，但是转变成视频化内容后，就不能依然只是利用字幕、旁白的方式叙述，而视频画面则是通过人物的行为，如大哭、大笑或者做一件小事表达内心的喜怒哀乐。这样的视频表达，可以直接触及用户的内心深处，让用户产生共鸣。所以，如何用视频化语言剪辑由图文转成视频的内容，成为用户是否喜爱的关键一环。具体来说，视频化语言剪辑创作有三个公式。

公式一：文字主导＋视频解释＋条理过程、深度总结

当图文创作者从文字过渡到视频，采用视频化的方式创作内容时，需要突出自身的优势，减少自己在视频剪辑上的弱势，最好的方式就是将文字作为主导，然后通过视频画面给予解释，在阐述的过程中要条理清晰吸引用户观看，最后结尾出现对于内容的深度总结，传递核心价值观点。

我们在进行短视频创作时，往往会选择提前将表达的内容形成文字，以便在录制过程中有所参照，也可以降低失误率，提升视频的整体流畅度。这样的方式往往以真人出镜居多，由出镜人物针对观点、价值提出自己的见解，视频画面的构成则是一镜到底，也就是全部画面由出镜人物占据，在剪辑上只需要将字幕做清楚，或者搭配合适的背景音乐就算大功告成。

请注意，我们在剪辑这样的视频时工作往往比较简单，视频画面就是起到辅助提示、提醒、圈重点的作用，用户之所以喜欢观看，往往是因为内容的价值感，以及出镜人物带来愉悦的观赏效果及其不错的表达能力，这些因素成为用户喜爱的关键。

如果是这样的创作前提，需要在剪辑上突出关键信息的重要性，采用贴纸、小特效的方式给予重点提醒，然后在人物表达上依据自己的定位加入一些鼓掌、点赞的音效，引导用户认可。

所以，当创作者的文字信息较充足时，剪辑可以成为配角，它的存在

就是为了辅助文字信息，通过用户可见的视频效果告诉用户记得关注，并降低用户的阅读门槛。

但是，并非每一个人都可以成为站在镜头前侃侃而谈的主角，对没有经过专业系统训练的图文创作者而言，想让视频内容成功，可以在创作初期剪辑上让用户不见其人，只闻其声，就是不露脸，只通过自己解说的方式向外传递价值。

这类内容也要强调文字的信息性强、价值高，在剪辑上要通过视频画面给予文字注释、解释，让用户从画面上可以得到较强的视觉体验。比如，在 B 站或者其他短视频平台上，一些从图文领域转过来的创作者会提前将要表达的观点通过文章的形式呈现出来，然后在剪辑时，通过画面给予文字一些匹配的背景、注解。

科技类的创作者在创作直播带货有关的内容时，搭配的视频影像是直播卖货的内容。同理，创作者在讲述相关内容时都会搭配与文字相符的影像。所以，当文字信息足够强、足够有价值时，剪辑的画面要作为辅助体现文字信息的优势。

提醒一下，如果以文字信息作为重点，要突出条理性，结尾一定要有深度总结，帮助用户捋清重点。

公式一的运用，核心在于以文字信息性强为前提，以视频解释为辅助，起到解释、注解、说明的作用，只有将文字创作方面的优势体现出来，才会让作品被用户喜欢。

另外，这种剪辑模式多用于知识类、价值类、观点类的内容传递，可以让用户更易接受相应的观点，得到共鸣与认可。

公式二：对象明确 + 情绪表达 + 言之有理

对于图文创作领域的创作者而言，无论在哪一个创作领域，借助热点也好，自己挖掘深度事件也罢，都要有自己的创作风格，也要有自己的写作态度、观点。因为对于各个平台而言，都喜欢、支持围绕事件有不一样的声音。在视频化的内容中，尤其是短视频领域里，也同样可以按照这种逻辑创作，但是在剪辑风格上却与图文表达完全不一样。如果我们遵循图文的创作方式，很难在短时间内抓住用户的注意力，而采用适合视频化的创作方式则可以缩短与用户的距离，增加信任感。

对象明确就是创作者在创作视频化内容时可以将屏幕外的用户当成倾诉、对话的对象，以谈话、聊天的方式推进内容，让用户通过观看视频感觉到创作者像是在跟自己说话、沟通。

情绪表达就是在创作表达中，遇到有情绪的地方一定要通过视频化的方式，如搞笑的图片、GIF，或者某一个影视片段淋漓尽致表达出来。一定要让用户感受到它们带来的情绪渲染。只有这种情绪引导，才会让用户更加喜爱创作的内容。

言之有理就是创作的内容同样也要表达有自己风格的观点、看法，而不是流水账式的平铺直叙。作为视频化的内容，最后强调的也要有价值，能帮助用户解决问题，这样的视频内容才会成为用户持续关注的内容。

一位财经类的创作者在图文领域的创作风格都是针对热点的财经事件进行点评，或者围绕用户关心的财经热点进行深度分析，以专业的解读成为用户喜欢、认可、信赖的基础。

当他由图文领域转入视频领域后，遵循的就是公式二的创作与剪辑风格，将自己的视频内容分为短版与长版，短版对应的是时长在60秒以内、竖屏，长版对应的是两分钟以上、横屏。短版会发布到快手、抖音等这种适合传播的竖屏平台上，而长版则会发布到B站、今日头条、百家号等平台上，每一次都针对用户关注的财经热点，以谈话的方式展开。为了得到更多年轻用户的喜爱，在表达情绪时还会引用二次元的一些视频片段，提升了作品的趣味性。视频内容每一次的专业解读依然让用户茅塞顿开、醍醐灌顶。

最初，他刚刚转入视频领域时，以为只要把之前写好的文章直接搭配一些图片，就能带来不错的流量。结果，运营了一段时间，非但没有播放量，而且屡次因为呈现的视频质量太低无法通过审核……如今采用视频化的剪辑风格之后，每一期视频的播放量都可能超过百万。之前在图文领域创作时，主要的用户群体是对财经感兴趣的某一类年龄偏大的群体，如今通过视频化的内容运营后，出现了大批 90 后、00 后的年轻用户，拓展了用户群体，也带来了更多的物质回报。

视频化创作一定要让用户感知到情绪的传递，因为用户需要通过这些情绪对内容表达自己的态度。这是一种引导，也是一种趣味性的表达方式。

在图文领域，用户可以通过创作者细致的文字描写来真切感受内容，而在视频领域，创作者可以提供更为立体化的视觉体验，这就是视频区别于文字的地方。

公式三：栏目化剪辑 + 预设目标 + 精彩结局

在图文领域创作中，很多时候创作者可以根据自己的风格进行创作，哪怕中途有一点跑题，只要快速回到创作主题上，往往也不太会影响对于整体内容的阅读。在视频化创作上则是完全不同，这需要在创作上按照一定的流程进行剪辑处理，如此才能给到用户更好的视觉体验。

由图文转视频，我们可以记住一个公式：栏目化剪辑 + 预设目标 + 精彩结局。

栏目化有两层含义：一是说栏目机制，电视节目被分门别类、定时定点播出，整个节目从策划到制作都有专人负责；二是栏目形式，借鉴了杂志对内容进行编排的形式，相关内容被串联成一个整体再播出。同时，栏目化内容也有固定的人物主持、内容主体明确、风格形式统一、定时定量播出的节目。

如今，在短视频创作中，我们也要学会用栏目化的剪辑方式创作视频内容。比如，每一期的内容中有固定的人物出镜主持，有固定的活动场所，每一期都有固定的主体内容板块，如汽车领域创作者的评测内容往往分为新车静态、动态、性能等板块，就是为了让用户形成固定的观看习惯。

在栏目化剪辑中，每个板块的内容都是整体内容的一部分，但又自成一体。不管从事哪个领域的创作，通过剪辑的方式实现栏目化风格时，要先弄清楚用户最关心哪些内容，然后将其设置成常态内容板块。

预设目标就是在内容中要先提出今天内容要解决的问题、达到的高度，要早早确立一个目标，让用户有所期待，必须从开始看到结尾，才会得到最后的答案。

精彩结局是说视频内容的结尾要呈现超越用户想象的结果，或者是令人意想不到的结局。只有如此，才能让用户感受到视频作品的价值，让用户通过分享让更多的人看到。

其实，如今不管是各个平台上的 UGC 作品，还是 PGC 内容，都可以通过每一次设置固定板块、预设目标吸引用户，最终呈现不一样的精彩结局。比如，有美食探店的创作者，采用公式三的创作剪辑方式，每一次的内容都采用栏目化剪辑，设置固定的三个板块，针对没有体验过的美食进行全方位评测。同时，在内容开始时会提前预设悬念目标，告诉这次体验的美食内容，让大家充满期待，最后在结尾时通过体验会带给用户不一样的评测结果。

如今的短视频创作，早就过了野蛮生长的阶段，进入精耕细作的时代，必须用视频化的专业创作方法，才能创作出用户喜爱的视频内容，也才能成功从图文领域过渡到视频领域，并且延续自己在图文领域的创作优势，少走弯路，成功找到适合自己的视频化创作之路。

Vlog、搞笑、美食：快影、剪映实操五大技巧

短视频的分类越来越垂直化，身处适合自己的领域精耕细作是一种创作态度，更是一种大势所趋。每一个类别的内容都有专属的特色，比如适合记录分享平凡人的日常生活的 Vlog，强调的是采用第一人称的视角看大千世界，带给用户不一样的视觉体验；而搞笑类的短视频则是以插科打诨、嬉笑怒骂的方式带给用户开心与快乐；美食领域以美观、实用的创作美食的方法带给用户价值；而情感类的短视频运用触及大众内心深处的情感故事、情感答疑等，帮助用户走出生活中的困境，获得力量。

除此之外，还有很多不同类别的短视频也有专属自己的特色。因为内容属性不同，决定了它们在剪辑风格上也会不一样，毕竟其中涉及的内容特色、凸显核心以及主打特点都不一样。如果说优质的内容是作品的灵魂，那么通过剪辑之后的包装则是帮助作品去掉冗余，让作品呈现最好的一面，帮助用户降低观看门槛，触及内心深处。

短视频的剪辑难度越来越低，尤其是各个短视频平台都推出了易上手、易操作的剪辑 App，如抖音推出了剪映、快手推出了快影，都是非常适合新晋短视频从业者及通过手机端创作短视频内容的人使用，而且掌握了其中的剪辑技巧对于内容创作可以起到画龙点睛的作用。

下面通过 Vlog、搞笑、美食三类内容创作，简要介绍一下快影、剪映的五大剪辑技巧。

Vlog

Vlog 作者以影像代替文字或相片，写个人日志，上传到内容平台上与用户分享。

如今各个短视频、视频平台都在大力推广创作者采用 Vlog 的形式记录自己的生活，让每个人通过记录分享自己的生活与工作，获得更多的关注，打造属于自己的个人品牌。

Vlog 记录的是属于个人印记的影像，创作上不仅要体现个人属性，还要体现叙事性，这两方面也是在剪辑上需要体现的重点。

剪辑 Vlog 短视频内容需要掌握五大剪辑技巧。

1. 添加字幕

当 Vlog 创作者在室外拍摄个人记录视频时，即使携带效果不错的收音设备，也避免不了深陷嘈杂的环境中导致说话声音受到干扰，为了带给用户更好的视觉体验，一定要在自己的视频中搭配上字幕，便于用户观看。

早期为摄制作品添加字幕是一件非常烦琐的事情，如今在快影、剪映上添加字幕非常简单。

在剪映上，将视频素材添加到 App 内，可以看到 App 最下方有"剪辑、音效、文本、贴纸、画中画、特效、滤镜"等选项，接着点击"文本"选项，会看到有"新建文本、识别字幕、识别歌词、添加贴纸"选项，再次点击"识别字幕"，稍等片刻，视频中的字幕信息就会全部呈现。

为了让用户的观看体验更好一些，可以针对某一段字幕进行点击，然后画面中的字幕就可以进行重新编辑，可以将字幕放大、改错、添加标点符号，还可以将字体进行样式处理，也就是转变成一些适合用户观看的字体，如新青年体、后现代体、拼音体等，可以依据自己创作的风格进行适当选择。

在快影上，将视频素材导入 App，可以看到 App 最下方有"剪辑、素材、调整、音效、字幕"5 个选项，点击"字幕"，出现"语音转字幕、加字幕、文字贴纸"三个选项，直接点击"语音转字幕"后选择字幕的来源为"视频原声"，稍等一下，视频中完整的字幕就全部出现了。

同样，当字幕中出现了错别字或者想改变字体或者字幕大小时，可以直接选择要改变的字幕，App 内的最下方会出现"编辑、动画、智能配音、花字、样式、删除、层级"选项，可以直接根据自己的需求进行适当修正。

2. 添加适合的背景音乐

拍摄 Vlog 视频，一段贴近内容的背景音乐非常重要，它不仅可以对整个作品增色，还能将作品中体现的人物心境淋漓尽致地展现出来。

在剪映上，将视频素材导入 App，选择界面栏最下方的"音频"，可以看到"音乐、音效、提取音乐、抖音收藏、录音"5 个选项。点击"音乐"，可以看到剪映中强大的背景音乐库，里面除了抖音上流行的音乐，也分门别类进行了细分，可以根据自己的选择直接添加。

同时，"提取音乐"可以从一段视频素材中提取音乐作为背景音乐。如果创作者在抖音上有收藏喜欢的背景音乐，可以直接点击"抖音收藏"。如果创作者想自创一段音乐放到作品中，直接点击"录音"就可以。

在快影上，将视频素材导入 App，然后点击操作界面最下方的"音效"，可以看到"视频原声、音乐、快手收藏、音效"等选项，直接选择"音乐"后，就可以进入快手音乐库，其中有快手当前最火的热歌榜，也有分好类别的各种背景音乐，如"经典影视""毕业季""萌宠""Vlog""流行"等音乐。

如果没有喜欢的背景音乐，可以选择自己收藏以及本地的音乐，直接将这些音乐插入作品即可。

3. 加快叙事节奏速度（变速）

在 Vlog 的拍摄中，经常会遇到的一个剪辑功能，就是加速叙事的节奏速度，让画面节奏加快，产生叙事性较强的感觉。在这里，就需要利用剪辑中的"变速"功能。

在快影中，将视频素材导入 App，在操作界面内倒数第二排中找到"变速"选项，点开之后会看到变速的速度。原视频的正常播放速度是 1X，当我们需要加快时只需要调高到 2X、3X，或者更高也可以。

想要将某一时间段内的视频加速，可以点击视频素材显示被黄色框圈住，然后拖动视频时间轴到需要加速的内容的结尾，再次点击操作页面中的"分割"，这样就可以只针对一部分内容进行变速功能的处理。

在剪映中，给视频添加变速功能也非常简单，只需要将素材添加到App内，点击操作界面下方的"剪辑"后，就可以看到"变速"选项。在这里，"变速"可以选择"常规变速"与"曲线变速"两种不同的模式。常规变速就是以倍率的方式加快视频素材的节奏，比如从1X到2X、3X等。曲线变速就是可以以不同的模型进行变速操作，比如"蒙太奇""英雄时刻""子弹时间""跳接"等模型，可以方便创作者在想传递相应的情绪、心境、氛围时，直接选取。

同样，在剪映中想要针对某一段视频素材进行变速，需要采用拖动时间轴的方式作为视频变速起始、结束的分割线，然后用分割功能直接裁剪，最后将"变速"插入即可。

4. 删减无用内容

对叙事性的Vlog来说，日常会拍摄大量的视频素材供后期剪辑使用，经常需要用到的一项功能就是针对素材无用的内容进行删减，留下围绕叙事主题的重要内容。

对这项剪辑功能的使用很频繁，很多创作者觉得剪辑是一道无法跨越的门槛，其实，在快影和剪映上可以轻松搞定。

在剪映上，添加一段或多段视频素材，先将所有素材完整看一遍，找出视频素材中拍摄出错或者跟主题没有多大关系的内容，点击后出现白色框将内容圈住，依靠两个手指可以放大、缩小视频内容的长度，然后将时间轴拖到不需要的内容上面点击"分割"，再次点击要删除的多余内容，当内容被白色框圈住后，操作页面最下方就会出现"删除"选项，点击之后，多余、无关的内容就已被轻松删掉。

当然，还可以直接按住视频的开始框，直接向后删除不需要的内容，这一招也非常方便。

在快影上，将一段或多段视频素材导入 App，与剪映的操作一样，也是先整体看一下视频的完整度，从整体上看看哪一部分内容需要删除。

圈定好需要删除的内容，也可以直接先点击多余内容所属的整体内容，出现黄色边框后，通过两根手指放大、缩小需要删除的部分。确定之后，点击操作页面下方左下角出现的"分割"选项，点击之后就会完成裁剪。再次点击需要删除的多余内容，最后选择操作页面右下角第二排中的"删除"，就可以完成删减多余内容的操作。

5. 空镜的添加技巧

很多创作者在拍摄 Vlog 时肯定会真人出镜，用第一视角带给用户自己的所见所闻。很多时候，适当增加一些空镜，可以突出内容的丰富性、多样性。

空镜，也就是空镜头，是指画面中没有人，可以作为氛围的烘托或前后内容的衔接，是创作者阐明思想内容、叙述故事情节、抒发感情的重要手段。

创作者在拍摄空镜时记得要从画面构图法上着手，体现出事物的美感。出去拍摄时可以多拍摄一些空镜头作为素材备用。

在快影上，将视频素材导入 App，从整体上寻找需要插入空镜的位置，然后按住空镜视频素材不放，会出现一个选项——"长按拖动改变播放顺序"以及所有视频素材的预览框。之后用手指按住空镜素材，出现视频素材变大时就可以随意拖动，然后将空镜素材内容拖到合适的位置，最后点击操作页面最下方的"√"就可以完成操作了。

在剪映上，将所有视频素材（包括空镜头）一并添加到 App 内，整体观看一遍后，判断需要在哪个地方添加空镜头。具体的操作是，用手指按住空镜视频素材，所有的视频素材都会呈缩放状态。这时不要松开手指，直接将空镜素材拖到适合的视频中间或者其他位置即可，非常简单就能完成视频空镜的添加。

搞笑类

搞笑类创作内容是各个短视频、视频平台上最受欢迎的内容之一，由于诙谐、幽默的风格受到不同年龄层的喜爱，尤其是出其不意的包袱笑料以及前后反差的结局让用户持续追捧。

搞笑类的短视频内容创作，最重要的是凸显夸张的效果与强烈对比的氛围。在剪辑上要凸显这两点，需要从音效、情绪渲染、动画、特效及画中画5个方面入手。

1. 音效

音效指的是由声音制造的效果，是指为增加场面的真实感、气氛或戏剧性而使用的声音。在搞笑类的短视频中经常会听到夸张的笑声，或者搞怪的音效，目的都是增加内容的戏剧效果。

在快影上，将视频素材添加到App内，选中需要添加音效的地方后，将时间轴拖到合适的位置，然后点击操作界面最下面的一排"音效"选项，再次点击"视频原声、音乐、快手收藏、音效、智能配音、录音"中的"音效"，就会出现热门音效，这里包含最新的短视频中有意思的音效。同时，音效库中还有热门原声、笑声、综艺、搞怪、提示、机械等众多适合多种场景的特殊音效。

在剪映上，将视频素材导入App，将时间轴拖到需要插入音效的内容素材上，点击App操作界面最下方的"音频"，之后再点击"音效"，会出现剪映上的音效库，有综艺、笑声、机械、BGM、魔法等各种不同的音效，选择合适的音效插入内容即可。

2. 情绪渲染

在搞笑类短视频创作中，常常为了引导用户对内容产生共鸣，会经常在作品中穿插大笑的视频片段，让用户在观看时有切身体会。比如，有一段搞笑的短视频内容是有人买菜算错账引发的搞笑场面，创作者在视频结束时插入了在影视中某明星大笑的视频镜头，引导用户对于作品传递的欢乐予以认同。

在视频中插入大笑或者其他情绪的图片、GIF 或者影视片段，可以采用 Vlog 中添加空镜的操作步骤，将视频素材添加到合适的位置即可。

3. 动画

动画是一种将视频中某一个画面进行特殊处理的效果，为的就是突出一种情绪、一种效果，引起用户的注意，或者起到烘托效果的作用。比如，有一则搞笑的短视频为了表达内容中人物的窘态，刻意将人物的表情进行放大处理，让人看了忍俊不禁。

在剪映上，将视频素材添加到 App 内，通过时间轴拖动到需要添加动画效果的地方。注意，这里需要将添加动画效果的素材利用分割的方法选出来，然后再添加动画效果，这样选出来的内容将更加精确、可控。

选中要添加的内容后，点击操作页面最下面的"剪辑"，然后看到"动画"进行选中。剪映中的动画有入场动画、出场动画以及综合动画三部分，每一部分其实都有预览效果，可以在选中之后再添加。

在快影上，将视频素材导入 App，同样采用拖动时间轴的方法选中要添加动画效果的内容时长，接着直接点击操作页面中"动画"，也可以看到入场动画、出场动画、组合动画三部分，每一个动画效果也都有预览的效果，可以选中之后进行添加。

4. 特效

特效与动画不一样，特效在影视中被称为人工制造出来的假象和幻觉，是为了凸显人物处于某种境地，如危险、开心、伤心等，并通过蒙太奇的效果表现出来。

其实，特效也被经常用到搞笑类的内容中，比如人物陷入幻想或者开心时就会被赋予一种特效，但是没想到随后产生了转折，让人捧腹大笑。

在剪映上添加特效效果，需要首先将视频素材添加到 App 内，然后将时间轴拖到需要添加特效的时长内，点击操作界面最下方的"特效"，会出现剪映中的特效库，有基础、梦幻、动感、光影、复古等，根据特效的预览效果选择一个特效插入内容即可。

在快影上，将视频素材全部导入 App，然后将时间轴拖到需要添加特效的时长内，点击操作界面中最下方的"调整"，就能看到"特效"，点击之后就进入快影的特效库，除了有当下用户最喜欢、最常用的特效之外，也有动感、装饰、基础、漫画、闪粉等多种特效可供选择。

根据预览效果选中一个特效后，直接加入内容即可。

5. 画中画

画中画是一种视频内容呈现方式，是指在一部视频全屏播出的同时，于画面的小面积区域播出另一部视频。在搞笑领域中，往往采用这样的剪辑模式，表达人物的多种心情与状态，也是一种常用的剪辑方法。

在快影上，将视频素材添加到 App 内，首先选中要出现画中画的时长，然后点击操作界面最下端的"剪辑"，会看到上方的选项中有"画中画"功能，直接点击后会跳转到手机相册，添加需要使用的视频素材。

当画面中出现两个视频画面时，可以将新放入的画面进行缩放，放到合适的位置，让两个画面同步播放。如果创作者需要编辑新植入的视频画面，只需要轻轻点击一下，在操作界面中就可以轻松编辑了。

在剪映上，将视频素材导入 App，在操作页面内最下端的选项中，看到"画中画"后，直接点击选择"新增画中画"，从手机相册中选取需要放置的视频素材。

如果创作者需要剪辑视频的长度，可以双击视频就会出现可以剪辑长短的页面。请注意，不要选择添加，否则在这一步是无法剪辑视频长度的。选取视频素材添加之后，同样可以依靠缩放功能进行大小调整，也可以单独再次对两个视频分开进行编辑处理。

美食类

美食类的短视频创作在各大短视频平台非常受欢迎，主要原因是每个人对美食都没有抵抗力，毕竟美食带来的治愈力是巨大的。在各类美食短视频中，短视频剪辑要从滤镜、转场、加速、慢镜头、定格 5 个方面进行剪辑，才能把握短视频剪辑美食的精髓。

1. 滤镜

在创作美食类短视频时，为了凸显美观效果，滤镜是必不可少的一道剪辑工序。滤镜主要是通过对内容画面的不同效果处理，让画面质量达到最佳的艺术效果。

在剪映上，可以针对所有的内容进行滤镜处理，也可以针对一部分内容进行滤镜处理。只需要将视频素材导入 App，在操作页面最下端选择"滤镜"，可以选择"新增滤镜"和"新增调节"。新增滤镜就是里面已经分类好的各种滤镜效果，比如冷盘、日食、夏日终曲、闻香识人等滤镜。新增调节就是可以针对视频的亮度、对比度、饱和度等进行处理。

在快影上，将视频素材导入 App，点击操作页面最下方的"调整"，可以快速找到滤镜效果。与剪映上的滤镜效果不同，快影上的滤镜效果分为人像、风景、胶片、美食、黑白、电影等，每个选择下面有细分的不同滤镜模式，可以选择适合自身创作的内容。同时，在选择一个滤镜效果后，还可以选择是将滤镜效果应用到一段视频内容中，还是全部内容中，方便创作者灵活把握。

2. 转场

转场是每一段视频之间的衔接，也可以称其为场景过渡。它是影视中一个完整的叙事层次，就像戏剧中的幕、小说中的章节一样，一个个段落连接在一起，就形成了完整的影视。在段落与段落、场景与场景之间的过渡或转换，就是转场。

在美食类的短视频内容中，经常会出现转场，目的就是更好地梳理内容的条理性，让用户更容易理解内容传递的价值。比如，美食类创作者在创作美食之前会亲自选取食材，而在选取食材的过程中会通过转场的效果，让整个内容更加有条理，而且非常顺畅。

在快影上，将视频素材导入 App，首先将视频的内容进行分割处理，每一段可以独立成为一部分，然后再将转场的效果插入其中。

将视频素材分割完毕，不需要从任何地方寻找选项，只需要点击两个视频中间的白色分割线，就会出现转场效果，这也是一个操作小窍门。

快影上的转场效果，包括经典、专业与电波三类，每一类下面都有细分的具体转场效果，如经典效果下有叠黑、闪白、叠化、模糊、左划变、右划变等，可以根据实际需求进行添加。

在剪映上，将需要的多段视频素材导入 App，或者将需要添加转场效果的视频进行分割处理，然后点击两个视频之间的白色分割线，就会进入剪映的转场效果库。剪映的转场效果库的素材比较丰富，有运镜转场、MG 转场、幻灯片、特效转场、遮罩转场五大类，每一类下面还有更多可供选择的转场效果。剪映的转场效果与快影不太一样，每一个转场效果都可以提前预览，也就是每一个转场效果通过小图预览，让创作者可以准确选择适合内容的转场效果。当选择好转场效果后，点击确认，然后有转场时长（0.1~0.5秒）的操作，创作者可以根据选择进行时长把控，最后点击添加即可。

3.加速

加速也是美食类创作中经常使用的一个剪辑功能，目的就是使冗余的制作过程加快，让叙事更加紧凑，让整个内容看起来更加连贯。加速功能在美食教程类的内容中使用得比较频繁。具体的操作与前文 Vlog 中加快叙事节奏中的加速功能是一样的，只需要在快影、剪映中使用"变速"功能即可。在这两款 App 中添加视频素材，然后将需要加速的内容时长确定好，点击圈住后，选择变速，进行加快处理就可以。

4. 慢镜头

在美食创作中，当创作者创作出美轮美奂的美食作品后，往往会采用慢镜头的方式凸显作品的美观度。

在剪映上，将视频素材导入App，利用时间轴拖动到需要添加慢镜头的时长进行分割处理，然后点击操作界面最下方的"剪辑"，再点击"变速"，看到"常规变速"和"曲线变速"，直接选择"常规变速"。现在视频的正常播放速度是1X，想要将视频内容变成慢镜头，只需要将操作键向左滑，向1X~0.1X的方向滑动，就可以将视频内容变成慢镜头。在调整过程中，可以先设置一个参数，然后点击上方的视频看看预览效果。如果合适，就可以点击操作页面最右下角的"√"确认。

在快影上，将视频素材导入App，同样利用时间轴拖动到需要添加慢镜头的时长进行分割处理，然后点击选中的需要转换成慢镜头的视频内容。此时显示已被黄色框圈住，然后点击操作页面下方的"变速"，可以看到此刻正常的视频播放速度是1X。如果想要转换成慢镜头，需要将操作键向左滑动，也就是1X~0.2X的方向，就可以实现慢镜头播放。

在这里，快影与剪映不太一样的地方，是创作者选择一个变慢数值后，视频会自动播放变慢之后的效果供预览欣赏。如果不合适，可以继续选择播放的速度，这非常便捷。

5. 定格

定格就是影视中的某个画面突然停止，用来突出某个细节，或者某个场面，目的就是显示食物的静态美。

在美食类内容创作中，创作者经常使用定格凸显美食的外在，通过定格与视频的一静一动配合，让整个画面显得更加饱满与立体。

在快影上，将视频素材导入App，利用时间轴拖动到需要定格的画面中进行分割处理，然后在操作界面的下方倒数第二排的最右端，可以看到"画面定格"，点击之后就可以对选中的视频画面进行定格处理。

在剪映上，将视频导入 App，也利用时间轴拖动到需要定格的画面中进行分割处理，然后再次点击选中的内容区域，将操作页面最下方的功能按键向左滑动，滑到最后面就是"定格"，点击之后就可以完成对所选内容的定格处理。

定格处理比较简单，可以围绕美食特写、某个细节进行定格化处理，凸显美食创作中的细节之美。

短视频的内容分类很多，每一个都有自己专属的剪辑特色，创作者可以利用业余碎片化时间多熟悉剪辑软件，多观看学习受欢迎的爆款短视频作品，了解受欢迎的剪辑特色，并将其运用到自己的创作中。灵活使用剪辑软件可以让自己的作品有更大的机会成为爆款。

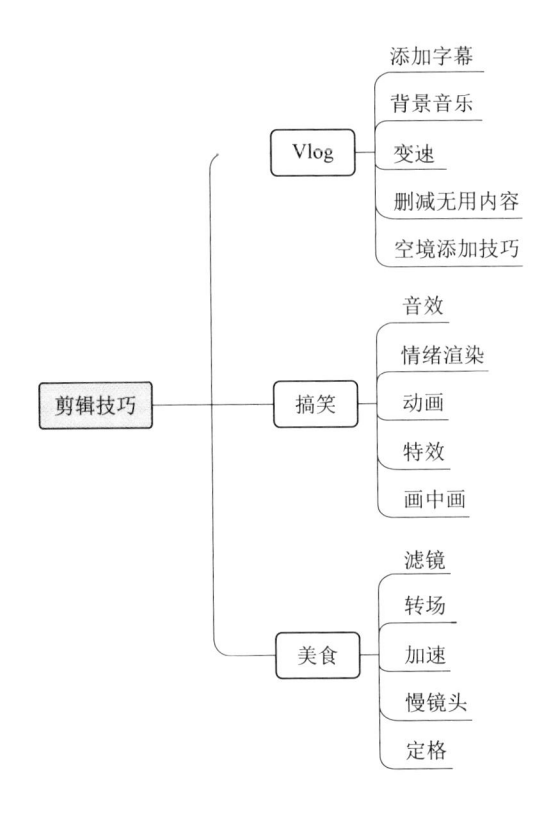

```
                        ┌─ 添加字幕
                        ├─ 背景音乐
               ┌─ Vlog ─┼─ 变速
               │        ├─ 删减无用内容
               │        └─ 空境添加技巧
               │
               │        ┌─ 音效
               │        ├─ 情绪渲染
   剪辑技巧 ───┼─ 搞笑 ─┼─ 动画
               │        ├─ 特效
               │        └─ 画中画
               │
               │        ┌─ 滤镜
               │        ├─ 转场
               └─ 美食 ─┼─ 加速
                        ├─ 慢镜头
                        └─ 定格
```

效果反馈法：让自己轻松成为剪辑达人

在传统视频时代，编导只负责涉及内容的部分即可，不用关心剪辑方面的问题，毕竟有后期专业剪辑人员操刀上手。但是，在如今的短视频时代，不仅内容创作者要懂得剪辑技巧，哪怕专业的团队进行分工之后，后期的剪辑人员也要懂得短视频时代的剪辑方式。

这是因为以往的视频剪辑都是围绕长视频进行，剪辑时有固定的剪辑方式、方法，还会根据节目的类别进行不同的效果包装。但是在剪辑短视频时，如果创作者懂得与剪辑相关的技巧，知道如何在内容上更好地剪辑会给作品添色。后期剪辑人员不再只是固定模式的剪辑，而是要围绕用户喜欢的表达方式，以及便于短视频传播的方法，还有各个平台不定期推出的道具、模板等，都会直接与短视频是否受欢迎、能否成为爆款有关系。所以，无论是单纯的内容创作者，还是具有剪辑基础的小伙伴，要想学会短视频的剪辑，让自己轻松成为一名剪辑达人，都要遵循效果反馈法。

效果反馈法是互联网运营中数据反馈的一种方法，即测试—反馈—正向、负向结果进行选择—继续正向测试、迭代—建立成功模式。效果反馈法的初衷，是通过测试中有效的反馈稳步向前推进，而不是单纯为了学习一项技术。

其实，如今短视频的创作门槛越来越低，各个平台也相继推出了自己的剪辑软件，快手有快影、抖音有剪映、B站有必剪等。创作者真正学习剪辑的目的并非成为一个技术达人，而是更好为地自己的内容服务。所以，效果反馈法不要求创作者在极短的时间内成为剪辑大神，而是通过有目的的测试带来的反馈做出正确的选择，采用循序渐进的方式真正掌握剪辑的精髓。

对剪辑短视频而言，效果反馈法可以从以下 4 个方面有针对性进行，才会事半功倍。

通过具体案例学习剪辑

当创作者进入短视频领域时，想要学习剪辑技巧，最好的方式就是通过具体案例学习剪辑，而不是单纯先熟悉某个剪辑技巧，带着案例中的方法边学边实操，可以快速掌握剪辑的核心方法。

按照传统的学习逻辑，我们学习剪辑时往往都会沉浸到具体的剪辑软件中，先熟悉剪辑软件上的各项功能，然后围绕具体功能进行细致学习，比如如何将视频变速，如何改变画质，如何搭配合适的背景音乐等。可以说，我们在学习中往往会陷入一个具体的功能，但是过不了多久或许又会遗忘具体的使用技巧，这是因为在片段式的学习中只会陷入具体的功能，对于真正掌握还相去甚远。

通过具体案例学习，可以从剪辑软件提供的各种现成案例教程或者各个平台上一段时间比较流行的短视频类型，寻找具体的教程，自己按照教程上的步骤循序渐进制作一次，这对于真正掌握短视频知识非常有帮助。

首先，剪辑软件上提供的现成案例往往并非只是一个功能的使用，而是串联了很多常用的剪辑方法或者隐藏技巧，可以方便我们快速熟悉每个剪辑功能的真正用途。其次，我们以剪辑App上的热门案例或者短视频平台上的受欢迎短视频作为案例，可以快速掌握当下热门短视频的创作，其中的剪辑方法更具实用性。

不孤立地学习一项剪辑技能，而是放入具体的案例创作，可以帮助我们系统掌握短视频的剪辑方法。

如今，各个短视频平台都研发、推出了自己的剪辑App，而自家剪辑软件也与平台互相打通。当官方推出新颖的短视频功能、特效、滤镜时，常常会吸引很多用户参与创作，官方平台也会围绕推广的剪辑功能给予更多的流量推广。

当我们采用具体案例学习剪辑时，可以由易到难、循序渐进一点点拓展自己的剪辑本领。当找到具体的合适案例之后，可以利用碎片化时间进行反复练习，这样的练习方式更能让你轻松掌握剪辑的诀窍。

通过数据反馈掌握剪辑

数据反馈是用具体可衡量的各项数据进行抉择的一种方法。对于创作者而言，在进行短视频内容创作时可以选用数据反馈，根据每一次作品的播放量、互动量、点赞量等分析用户的喜好，并在今后的创作中进行针对性改善。

其实，通过数据反馈也是效果反馈法的一种，它也可以帮助创作者轻松掌握短视频剪辑的技巧，让创作者通过每一次剪辑上的提升带来的数据反馈，一点点学习剪辑的技巧、方法。

具体的方法是，针对每一次创作的内容进行有针对性的剪辑升级，比如适当采用贴纸、画中画、特效的方式让内容更加生动、活泼、有趣，等到作品发布之后将获取的数据与之前的内容数据进行对比，然后在评论区采用提问或有奖回答的方式，询问用户对于剪辑方式的看法，统计分析，得出反馈。

其实，剪辑的好坏直接决定作品质量的优劣，而作品质量首先通过点赞量体现，其次是分享量，最后是评论量。所以，对于每一次内容剪辑的改善，可以多从这三个方面观察分析。

评论区中针对用户的询问，其实是为了收集对于剪辑内容更准确的判断。但是，请记住，别让用户做问答题，而要让其做选择题，相信没有多少用户愿意花更多时间思考分析创作者内容的优劣，更乐意在减少思考的前提下，直接给出选择。

其实，数据反馈的影响还表现在短视频平台与各个剪辑软件上。

当短视频平台上或者有一类视频内容非常受欢迎时，那么它的剪辑风格就会让很多创作者喜爱。比如当遇到叙事类视频内容时，曾经有创作者采用了很多搞笑表情、特效，播放量急剧飙升。如今，这种模式也成为很多创作者喜爱的剪辑模式。

在短视频平台上，我们可以寻找那些各方面数据表现都较好的同类短视频，分析一下其剪辑风格，将其中的剪辑特点进行记录、分析，然后复制到自己的创作内容中，查看内容的数据表现，然后进行有针对性的提升。

同样，在各个短视频平台推出的剪辑软件上，也有很多用户喜爱的教程、案例、模板、道具等，每一个下面都有具体的数据，如10万人使用、6万人使用……数据越大，代表越受用户欢迎，可以成为我们学习剪辑的重点，并运用到自己的内容创作中。

数据反馈学习剪辑，就是将有依据的用户喜爱的剪辑方式运用到自己的内容中，将自身创作与学习剪辑巧妙结合，让学习剪辑的效果最大化。

通过解决问题的方式学习剪辑

当我们进行短视频创作时，可以通过解决具体问题的方式学习剪辑。通过解决一个又一个问题，有效学习剪辑方法。

准确来说，解决问题是说当创作者进行创作时，在什么地方遇到剪辑问题，就去专门学习剪辑方法。这样的学习模式不仅可以解决创作难题，还可以让自己学习剪辑方法。

有一位园艺类的创作者最初只是在拍摄视频之后，就直接上传到短视频平台上。虽然有一些用户会观看，但是整体的数据表现不佳，因为同类创作者的视频质量明显比他的内容好，他们的镜头语言更有技术含量，滤镜的运用也让用户赏心悦目。

他明白自己在短视频剪辑上存在短板，也一直想要深入学习，但是却不知道该如何入手。这一次，他采用通过解决问题的方式切入，分析得出目前自己的短视频最明显的两个问题：第一，整体的视频镜头切换效果差，甚至有一些画面会晃动，非常影响用户的观看体验；第二，视频中的花卉本身非常漂亮，但是因为光线的问题，后期没有使用滤镜，没有及时弥补拍摄中的不足。

分析出具体问题后，他就开始具体解决：首先，通过观察、分析同领域优秀的创作者的镜头运用，在后期剪辑上学会了变速、焦点等多种表达方式；其次，通过改善画面美观度，将剪辑软件中的滤镜效果也操作得非常熟练。

如此改善，视频质量越来越好，内容的数据也一路飙升。

通过结合运营中遇到的实际问题学习剪辑方法，可以让我们不只是简单围绕一项技能学习，而是在解决问题的过程中掌握相关的方法，除了更容易记忆，还能掌握剪辑诀窍。

请注意，当创作者使用这个学习方法时，需要采用循序渐进的方式，不要将剪辑目标设置得过高，只有解决一个问题，然后给自己一个正向反馈，也就是及时奖励，才会更加有信心学习下去。

通过参与平台活动学习剪辑

如今各个短视频平台经常会推出各种新的滤镜、特效以及剪辑功能，官方平台希望更多的人参与创作活动，并且会为创作活动匹配专属的活动标签，也会给予流量支持。

对于学习短视频剪辑的创作者，可以以此作为切入点，围绕平台主推的热门功能、用户喜欢的剪辑模板、道具入手学习，可以得到及时的效果反馈，让自己尽快掌握剪辑软件的要领，也能确定自己的学习方式是否正确。

有一位三农领域的创作者，平时主要进行日常生活的记录与分享。创作模式就是用自己的手机记录从 A 地点到 B 地点，或者去镇上购买东西的过程发生的趣事等。其实，由于他生活的地区风景秀丽，而且叙事性不错，会有一些用户观看其作品，唯一的缺点是视频观看体验较差。

除了镜头语言的运用之外，还在于没有进行后期精细的视频剪辑。但是对他而言，之前从来没有接触过视频剪辑，专门、系统性学习短时间不太可能有效果。于是，他选择采用平台推出的有关剪辑的相关活动，如最新模板的应用、热门视频教程等，渐渐掌握了相关技巧，更重要的是得到了更多的流量。

短视频的有趣之处，就是会随着用户的喜好产生很多有意思的剪辑元素，所以要随时保持学习的态度，掌握短视频剪辑的方法。

其实，对一个短视频团队来说，掌握剪辑技能比较容易，主要还是围绕同一类短视频有趣的剪辑方法，学习这些方法可以从关注平台上同类视频、热门视频、官方主推的热门道具、功能、BGM 等入手，只有如此打造的短视频内容，才是用户喜欢的内容，也才能真正成为爆款。

与传统单纯学习剪辑方法不一样，效果反馈法强调剪辑的重要性，但不是为了从 0 到 1 将剪辑变成一种技术，而是围绕在创作中遇到的问题有针对性地学习，然后采用效果反馈检验学习成效，这样才能懂得这种学习方法是否适合自己。

最初视频的剪辑门槛很高，必须经过系统、专业的学习才能成为剪辑高手，这是一个非常缓慢的学习、操作过程。对短视频剪辑来说，操作的门槛越来越低，而最好的学习方法就是带着创作中遇到的问题进行有针对性的学习，找到适合自己的学习方法，才会提高创作效率。

当我们创作短视频时应尽量选择使用平台官方的剪辑软件，如在快手创作就用快影，在抖音创作就使用剪映，不要选择将快影剪辑发布的内容同步到抖音上，因为很有可能出现官方平台的 Logo 没有删除的情况，作品无法通过平台审核。如果要将同一个内容同步分发到不同平台上，可以使用市面上通用的一些剪辑软件。请记住，作品剪辑完成之后，一定要检查内容中是否有剪辑软件自带的一些品牌标识，如果有，一定要清理掉，不要因为这些细节影响作品正常发布。

注意事宜：PGC 短视频最容易犯的 5 个错误及改进方法

短视频的发展从来不是单一、固定的一种时长模式，既有平台用户自发生产的 UGC，也有 PGC，两者之间存在密切交集。

在一个平台内，PGC 内容的生产者既是平台的用户，也是专业视频内容的提供者，而 UGC 用户中不单单是通过平台的拍摄工具拍摄上传内容的原创用户，还有大量的 PGC 用户给观看用户提供优质、有价值的专业视频内容。

如今，短视频的发展趋势显示，越来越多的 UGC 用户都在转变为 PGC 内容提供者，希望以专业、深耕的态度获得越来越多用户的喜爱。

PGC 视频内容，我们可以理解为"较长视频"，也就是大于 1 分钟，小于 15 分钟（也有更长的），竖屏、横屏观看模式都有，往往以 16:9 的横屏多一些，主要创作内容与较短的短视频如出一辙，需要明确定位，更需要人设输出，通过内容的输出打造自身 IP 的价值。

其实，各个平台都有不同时长的视频，快手、抖音既可以拍摄 1 分以内的视频，也可以拍摄 5 分钟的视频，更可以拍摄 15 分钟的较长视频。年轻人喜欢的 B 站则完全没有限制拍摄时长，只要内容优质、精彩，几分钟、十几分钟，甚至更长都可以。在不同时长的视频内容混合中，满足了用户多元化的视频需求，这是趋势，更是主流。

但是这些平台都在向 PGC 内容转变。同时，对于创作者而言，打造好自身的 PGC 内容，则代表在短视频创作之路前进了一步。这其中，很多创作者对于 PGC 类短视频、视频在剪辑时容易走弯路，毕竟不同的时长剪辑手法也不一样，只有准确避开深坑，才能迅速成长。

错误：不准备台本，按照自己的感觉剪辑
改进：准备工作越充分，内容创作越轻松

当创作者想要进行 PGC 内容的创作时，很多时候以为较长视频的拍摄与时长特别短的短视频一样，往往带着这样的创作理念拍摄视频内容，提前不做准备，认为只要按照自己的感觉剪辑，照样可以做出受欢迎的内容。

PGC 与 UGC 最大的区别，就是这是一种专业化生产内容的方式，也就要求无论是在内容创作，还是在后期剪辑上都要更加优质。而且，作为时长比传统短视频要长一些的视频内容，在叙事风格上要保持一致，这一点是后期剪辑 PGC 内容的关键。

有的短视频创作者在创作一分钟以内的短视频方面尝到甜头后，转向 PGC 创作也是先拍摄内容，后期直接根据自己的所思所想对视频进行剪辑，发布之后内容播放量低，几乎无人问津。

请记住，视频是精雕细刻的一门艺术。越长的视频内容越需要提前准备充分，才能避免后期剪辑时出现叙事凌乱、没有节奏的流水账。在前期拍摄时一定要准备好拍摄台本以及剪辑台本，这样就能充分把控拍摄的进度以及后期剪辑的取舍。

在创作短视频时，只需要抓住核心的一件事去讲述就可以。在较长时间的讲述中，需要衡量拍摄的内容对于内容核心的重要性，还有剪辑中如何让这些内容围绕主体，体现自身的价值，这些都需要站在全局角度衡量。而且，事后单纯站在剪辑的角度考虑内容的完整性，事前充分准备拍摄的环节、细节与表达的核心，就不会出现在剪辑时想要一些内容但前期没有拍摄，或者后期剪辑时忘记了前期设定的主题，直接导致内容走偏，成了另外一种形式的内容，与最初的设想大相径庭。

前期准备得越充分，后期的失误则会越少。

错误：后期添加的特效越多，越受用户喜爱
改进：恰如其分表达内容的核心才是关键

对 PGC 而言，最重要的就是表达清晰的核心，让用户通过内容充分地感受到作品的价值与意义。因为对于越长的视频而言，后期剪辑并非是为了添加各种特效（即使炫技作品，也有重点），而是通过剪辑的手段让用户感受不到刻意的剪辑痕迹，让用户聚焦作品本身，这才是最大的价值。

对一些初次从事 PGC 的创作者而言，无论创作哪个领域的作品，都要清楚特效的作用并非是夺人眼球，而是更好地服务内容，起辅助作用，不能喧宾夺主。没有关联、层次地添加各种特效非但对作品本身没有多大益处，反而会影响作品的整体性，还会破坏作品的连贯性。

对于创作者，初次采用较长视频创作时，恰如其分地表达内容的核心才是用户喜爱的关键，也才能让用户从作品中找到价值与意义。所以，对于 PGC 的创作而言，在刚开始的创作中先考虑长内容如何讲好一个故事最为关键，通过后期剪辑保持故事的完整性、连贯性，之后通过学习掌握更多的剪辑技巧，再根据内容的需要进行适当剪辑。

错误：学习 PGC 剪辑最后的模式是按照教程照搬
改进：按照遇到的实际问题进行学习才是最好的方法

如今，在各个短视频平台、互联网上有很多视频教程，甚至有很多创作者致力于教授用户制作各种视频。每一个视频教程都围绕网络上流行的特效或者一些炫酷的玩法讲解，让很多学习者误以为学习之后也能让自己的作品成为爆款。

其实，这是一种错误的思维方式，直接照搬别人的成功作品是学习的一种方式，但并非最有效的方式。如果学习之后能够有效进行二次创新，那么诞生的或许是一个优秀的视频。

对于视频案例教程的学习，要带着解决问题的心态学习，而不能直接照搬。比如，我们在创作 PGC 时，发现一些创作者发布的作品很受用户欢迎，其中的转场效果与人物特效非常新颖，除了让人眼前一亮，也为整个作品增色不少。正好我们创作的内容中缺少这样的剪辑方式，在观看了一些案例教程之后，学会了简单的转场技巧，将其运用在自己的内容中顿时让作品质量有了明显提升。所以，创作内容时不要一味学习案例剪辑教程，一定要从自身遇到的创作剪辑问题入手进行有针对性的学习。这样不仅可以提升创作速度，也可以在学习中解决遇到的问题，便于加深记忆，更可以提升剪辑技能。

错误：创作长视频最难的是剪辑，所以要一步到位学会学精
改进：内容的创作需要循序渐进，剪辑技能的把握更需要慢慢来

有的视频创作者认为要想快速让自己创作的作品成功，就必须把创作中的每一个环节打造到极致，包括后期的剪辑，需要一步到位，这样才会构建自己创作的护城河，这是创作的首要条件。

构建内容壁垒固然重要，但是对于内容行业来说，从来就没有一步到位之说，也不可能一步到位，因为这不是传统的影视剧创作需要遵循一定的剪辑标准，对于具有互联网基因的 PGC 而言，在每一个阶段用户喜爱的特色、内容都不一样，并非一步到位就可以一劳永逸地打造出精品视频内容。

视频内容的创作需要循序渐进，这是创作者和创作团队不断摸索自我、平台、用户的结果。同时，属于内容中重要一部分组成的后期剪辑也是如此，只有不断结合用户的喜好，采用一些用户喜爱的剪辑方式，才能为作品增色加分。

错误：无视各种剪辑软件的Logo、水印、二维码等标识
改进：消除平台不允许出现的所有细节

很多创作者辛苦几个小时制作的视频内容屡屡上传到平台上无法审核通过，甚至上传之后没有播放量，有时候还会被下架。其主要原因是无视作品中携带的剪辑软件Logo、水印、二维码等标识，造成内容审核时出现问题，继而导致作品无法通过审核。这样的剪辑问题看似小儿科，但是却非常普遍，其主要原因有两点。

第一，各种剪辑软件很多并不是免费的，而需要付费使用。很多创作者认为只需要使用免费部分的功能就可以，但是没有想到软件对于免费的功能使用是有条件的：不能删除软件的Logo，要么在内容开头显示，要么在视频结束时自动生成添加到结尾。所以，当创作者使用一些有免费与付费分别的剪辑软件时，一定要注意是否会强制加上软件的Logo、水印和二维码。如果这些是强制的，可以更换一款剪辑软件或者付费购买会员版。

第二，很多创作者会寻找一些视频素材，但是没注意到视频中有标识，以为添加到内容中不会被发现。这种投机取巧的方式在平台审核阶段就会被判定为低质作品，除了不给予推荐，还会降低自身账号的权重，影响内容的分发。所以，不管采用哪一种剪辑软件，要么从后台设置一下不要出现平台标志，要么就是仔细查看从这个剪辑软件上输出的内容是否会被强制带上标志。如果发现带有平台标志的内容很多，就要小心使用这款剪辑软件。

在创作剪辑时，还可以先翻阅一下当下创作平台上的用户管理手册以及内容规定细则，里面除了平台对于优质、劣质内容的相关判定细则，也对内容中不能出现的一些细节进行了详细说明。如果把握不准，可以直接咨询平台客服，采用关键字、关键词进行咨询，相信一定能尽快找到答案。

08 5G 时代的短视频

5G 时代，短视频带来的三大趋势与机遇

5G 被认为是七大新基建的领头羊。在 5G 通信网络的支持下，人工智能、虚拟现实、万物互联都将呈现爆炸式增长。同时，智能交通、虚拟现实、远程医疗、云游戏等都会落地成为现实。

如今，5G 的商用也在进一步加速。工信部最新统计显示，截至 2020 年 6 月底，我国 5G 基站累计超 40 万个；截至 7 月底，5G 终端连接数已达 8 800 万。有媒体报道称，2020 年 8 月 17 日，深圳宣布提前超额完成建设 4.5 万个 5G 基站的目标，实现 5G 独立组网全覆盖。在深圳经济特区成立 40 周年之际，深圳成为全球第一个跨入 5G 时代的城市。

5G 的加速落地也让 5G 手机快速成为大众首选的移动智能设备。据悉，2020 年 7 月手机出货量大概是 1 400 万台，其中 60% 都是 5G 手机。5G 到来的速度要比预想的更快一些，同时由于其自身的特性也将给短视频领域以及视频领域带来新的颠覆与创新。

简单来说，5G 是最新一代的蜂窝移动通信技术，也是继 4G、3G 和 2G 之后的延伸。5G 的性能目标是高数据速率、减少延迟、节省能源、降低成本、提高系统容量和大规模设备连接。5G 的到来，对短视频而言，绝对不只是减少延迟、提高观看体验那么简单，它的到来将再次让短视频呈现爆发式增长，也会给我们带来不一样的趋势与机遇。

趋势与机遇一：长短视频交织，诞生更多新玩法

2018 年 9 月，第三方数据公司 QuestMobile 发布的移动互联网数据报告显示，"对位居短视频月度日均活跃用户数前五名的移动应用发布，爱奇艺以 1.22 亿、腾讯视频以 1.09 亿位居前两名，紧随其后的是短视频平台，

第三名为抖音 1.07 亿，第四名是快手 1.03 亿，优酷以 7 742 万较大差距位居第五"。

短视频平台不但在用户数量上紧逼传统视频网站，在用户使用时长的增长速度上更是飞速。2018 年上半年，短视频用户平均使用时长为 7 267 分钟，相较于 2017 年同一时期增长了 471.1%。虽然在线视频使用时长仍高于短视频，约为 7 671 分钟，但相比 2017 年同期仅仅增长了 9.1%。短视频不仅分流了长视频用户的停留时间，还对未来用户使用时长的增长构成了不小的威胁。

2020 年，QuestMobile 发布的《2020 年中国移动互联网半年大报告》显示，短视频行业快速增长，其月活跃用户规模在 6 月已达到 8.52 亿，在线视频月活跃用户规模则持续下跌至 8.57 亿。短视频继续成为"时间黑洞"抢占用户时间，时长份额接近 20%，成为仅次于即时通信的第二大行业，已经远远超过在线视频（7.2%），将视频网站远远甩在身后。

于是，传统视频网站纷纷推出自家的短视频 App，希望借此留住用户、留住时长。与此同时，各个短视频平台也纷纷摩拳擦掌进军视频领域。

爱奇艺前前后后推出了吃鲸、纳逗、爱奇艺锦视、姜饼、晃呗短视频 App，腾讯视频的"东家"则推出过 yoo 视频、速看视频、哈皮、猫饼、微视等短视频产品，优酷则直接将跟自己绑在一起的土豆视频网站变成短视频 App，然后发布了短剧短综招募令……

据媒体报道，2020 年 8 月，快手注册的关联公司已经申请"快手影业"商标。对抖音而言，除了已经成为众多电影宣发的阵地，同为旗下的西瓜视频 App 一边做着短视频，一边也可以直接在上面观看影视剧，尤其是疫情期间免费播放电影《囧妈》开启短视频与长视频混合交织的局面。

作为年轻人喜爱的兴趣平台 B 站，早已变成综合短视频平台，为了照顾短视频用户入局，官方平台还刻意推出了自身的剪辑 App——必剪。

5G 到来后，长短视频的交织将更加密切，将不会有严格意义区分的长视频平台与短视频平台，而都是视频平台，每一家平台需要围绕自身的用户垂直深耕，利用 5G 带来的技术优势，打造属于自身的内容壁垒。

站在平台角度，5G 的到来将打破如今视频网站的三足鼎立（爱奇艺、腾讯视频、优酷）局面，短视频平台的介入将重新定义生态化视频，专业的影视制作机构也不会首先分发这些视频网站，更加看重短视频平台的影响力。

其中会诞生更多新的玩法，不仅是创作短视频的方式，更会拉低专业视频创作的难度，让每个创作者利用视频的影响力塑造自身有价值的 IP。只要创作者潜心认真做好内容，就可以不受传统影视创作中的条条框框限制，走出一条属于自己的多样化创作之路。

趋势与机遇二：沉浸互动式视频体验成为主流

每一代通信技术的到来，都会催生颠覆式的创新。5G 的到来，将彻底弥补 VR（虚拟现实）、AR（增强现实）、MR（混合现实）的应用短板，提升虚拟世界与真实世界的交互效率，保证人们可以在易携带、高性能的移动终端设备上享受视频体验以及带来的互动内容，进一步升级沉浸式视频互动体验。

短视频的本质就是吸引用户的注意力，留住用户更多的时长，而 5G 带来的互动式体验将成为各个平台继续延展短视频、视频魅力的法宝。用户观看视频除了可以通过点赞、评论等行为进行内容交互外，在 5G 时代也可以成为一个内容的参与者。也就是说，用户不只是看创作者准备好的内容，而是会左右内容的方向，甚至会自主选择剧情。

在观看模式上，借助 VR、AR、MR，用户可以真正和创作者一起寻觅一段未知的旅程，或者进入特定的环境体验未曾拥有的经历。同时，短视频和视频行业的广告模式也会发生变化，拥有 5G 与 VR 等技术的高清视频广告更加普遍。最重要的是，在 5G 时代，将真正体现"广告即内容，内容即广告"的精髓，用户可以利用"沉浸式体验"真正做到与广告内容全身心拥抱，完全体验广告中的视觉体验。

个性化广告会成为主流，除了能够做到精准投放，广告带来的商业模式也将发生多重变化。之前创作者的广告创作或许来自创作平台，但是在5G时代广告的多元化会产生多平台联动的广告形式，除了内容平台之外，还会和终端厂商、电信运营商开拓之前没有的商业模式。

趋势与机遇三："短视频+"将成为"水电"

短视频在2011年、2012年就已经诞生，但是当时受制于互联网环境的不成熟，一直等到移动互联网的出现以及智能手机的普及，短视频才风靡起来。

如今，短视频已经成为大众喜爱的一种媒介形式，只要拿起手机就可以记录、分享自己的精彩生活瞬间。无论是一线城市，还是四五线的小地方，大家都已经习惯短视频的存在。

可以说，短视频是具有强渗透力的大众化表达。随着5G的到来，短视频将更加凸显"底层化"特点，成为水电一样的普遍和常态，成为大众离不开的一种资源。就如我们搜索会直接通过百度，认识新朋友会扫一扫对方的二维码，拍短视频将成为大众的生活习惯。这背后凸显出的视觉文化将成为记录、分享与传递的主要方式。

美国作家尼古拉斯·米尔佐夫认为，视觉文化不仅是日常生活的一部分，而且就是你的日常生活。短视频作为底层机制的一部分，将通过"短视频+"继续渗透、连接到更多领域和场景，从消费端向产业端、从个人应用向行业应用拓展，彻底改变从前单一的内容性消费，继续向功能性和价值性服务发展。

同时，"短视频+"与5G、IoT（物联网）的结合，意味着短视频将会带来互动、即时、高清的用户体验，并进一步推动媒体融合向纵深发展。

不同时长的视频内容都会出现，不会固定为一种时长，而 PUGC（专业用户生产内容）将成为受欢迎的主流，个人、小团队的品牌在 5G 加持下也会创造更多的商业机会。

另外，在 5G 到来的短视频时代出现的最大改变，就是"短视频+"带来的视频社交的全面爆发与普及。之前因为网络传输与技术存在的诸多问题，通过短视频切入视频社交领域存在很多困难，而 5G 资费低、流量快、低延时等特点，将成为视频社交的底层支撑。社交作为视频时代最具基础性的价值，Vlog 有望凭借其巨大的社交潜能，构建起以用户为中心的社区网络，推动深度的社交和互动，实现短视频社交的爆发。我们有理由相信，在 5G 时代肯定会诞生一个像微信一样的超级社交视频工具，每个人都会有自身的视频名片，人与人的互动将更加立体化、全面化与真实化。

5G 到来后的短视频领域将发生巨大的变化，其实是整个市场的规模发生了改变。

第一代互联网本质上讲是计算机和计算机的联网。每一个使用互联网的人，只有登录计算机，才算连到网上。当我们离开计算机，就算离开了互联网。如果再坐回计算机旁边，又再次与互联网相连。

第二代互联网即移动互联网，背后是人与人的连接。移动互联网是先从移动设备开始，主要是从手机，通过空中的无线电信号相连，产生人和人的相连。比如我们购物扫二维码，或者通过微信添加好友，其实不是为了让你的手机能够连接上对方那台手机或者服务器，而是随时随地找到手机背后的那个人。这也被称为在线。

第三代互联网是 5G 带来的"万物互联"。这一次连接的设备数量要比之前的互联网时代有极大的提高。有资料显示，第一代互联网进入到第二代互联网，上网的数量增加了三倍左右，也就是从 10 亿增加到今天的 30 亿，到了 5G 互联网时代，将会增加到 500 亿。可以说，5G 时代的市场规模要比前两代互联网时代之和还要多。

2018年，全世界互联网企业的收入是4 000多亿美元，这里既有移动互联网收入，也有PC端收入。到了第三代互联网时代，形成的经济规模是极为可观的，最保守估计，从目前的4万亿美元左右达到7万亿~8万亿美元，甚至还会更多。

作为连接多个领域、维度、空间、场景的"短视频+"背后商业空间将是无比巨大的。但是，我们在5G时代如何判断眼前的机遇就是大势所趋，如何紧紧抓牢？其实，想判断一个新生事物是不是符合趋势，只要看它是否在线。

"在线定律"是被称为"阿里巴巴技术教父"、阿里云创始人王坚提出来的理论，他说一个事物是否符合未来发展趋势，就是要看它是否在线，主要有三点。

第一，每一个比特都在互联网上。比特，可以理解成所说的对象。其实定义无所谓，就是事物最终状态一定要在线，只要在线就能够跟万物产生联系，而互联网就是在线的基础。

第二，每一个比特都可以在互联网上流动。比如我们使用的杯子通过二维码进入在线系统后，就可以跟踪它的信息。这个杯子每天被使用了多少次，谁使用了，是用它喝水，还是喝咖啡。这就是数据，而且数据是流动的，可以被需要它们的人收集。

第三，比特所代表的每个对象都可以在互联网上被计算。数据的价值是流通，大数据的本质是在线，而且是双向在线。对数据的计算只有在线才是最划算的，计算是在线的核心。

比如，云计算是一种新的公共服务，而且会成为国家和企业的核心竞争力。云计算促进信息经济的发展，就像电促进传统经济发展一样。同理，短视频成为水电一样的底层基础后，背后产生的流通数据就有巨大的价值。

只要符合这三方面的趋势，就代表着孕育着无限机遇。我们清晰看到，未来各个短视频平台依旧围绕的重点是内容消费变化引起的新一轮用户时长的争夺，只不过终端的变化也带来了不一样的挑战。当下短视频的兴起并非已经到了下半场，而是刚刚开始，在 5G 到来后将再一次起航，也将依靠技术手段重新组合已有的元素，形成新的机遇。

5G 已来，请拭目以待。

"短视频+"带来的行业升级

5G 的到来会加速短视频与多行业的融合发展，让短视频真正成为生活中的"水电"，成为底层化的资源与渠道，成为连接多场景的开端。最显著的一点，是在 5G 时代，短视频将真正重新改写人们记录信息的方式，代替图片和文字，主导未来的传播生态系统。同时，基于各类互联网平台的产品、用户群体以及短视频内需求的差异性不同，就给予了"短视频+"不同的滋生土壤环境。各行业想要在短视频领域占有一席之地，就要不断尝试"短视频+"的玩法，并以此促进传播形态创新和多种业态融合，进而带来价值、利益的最大化。

"短视频+"在 5G 时代将成为常态，与多重主体协同发展，跨界融合则会越来越显著。同时，随着大数据、人工智能、区块链等技术的广泛应用，基于短视频的共享、共创、共赢将继续向跨界化、场景化、协同化等迭代推进。同时，"短视频+"独有的普惠价值观将激发范围更大、影响更深的群体创新。

在"短视频+"的影响下，整个行业也将发生巨大的迭代升级，而通过人工智能、社交、商业模式创新三方面可以窥斑见豹。

短视频+人工智能

其实，如今我们感受到各个短视频平台上的内容都会根据用户兴趣进行推荐，甚至有的内容平台的推荐机制是"千人千面"，围绕不同的人进行不同内容的分发，让用户看到自己喜欢的内容，让用户遇到有共同兴趣的人。

这背后，就是人工智能（AI）的功劳，它根据用户在平台上的行为进行深度学习，然后进行准确的内容分发。可以说，人工智能是短视频平台的核心能力，表面来看，短视频平台在进行内容分发，其实准确来说它们是人工智能公司。人工智能围绕视频生产、内容理解、用户理解、系统分发等环节提出整套的技术解决方案，最终完成内容生产与消费端口的无缝对接。

5G 时代的到来，会让人工智能大放异彩，通过深度学习、迭代、进化，继而转变成让机器与人感性化交互，之前强调数据为先，之后注重情感计算。"智能化的机器在满足人类需求的同时，还应让用户对其产生一种情感上的信任和依赖。"

人工智能在 5G 时代将更加成熟，尤其是在视频上更加智能化，围绕视频信息进行人脸、语言、文字、音乐、场景等多维度的分析，直接生成视频标签推送给喜欢的用户。可以直接解决很多视频内容冷启动无人观看、推荐率低的问题，进一步优化用户的观看体验。

在 5G 时代，长短视频会在各个平台并存，而人工智能的进化则可以直接降低创作的难度，比如用户创作了一段长视频内容，通过人工智能的剪辑可以自动、快速将其中最精彩的内容变成不一样的短视频进行分发。这将成为媒体创作者和影视宣发常用的一种创作、宣发手段，前者可以快速将热点新闻切割成不同的内容进行分发，后者则可以将影视中最精彩的部分作为预告片进行宣传。

基于 5G 技术的成熟，短视频+互动的方式也将发生翻天覆地的变化。之前是通过留言、评论的方式互动，通过直播进行沟通，在人工智能的协助下，用户与创作者的沟通模式不再仅仅限于是文字、图片，声音，还可以是视频动态，也可以是自己的虚拟形象带来的互动。人工智能时代将更加重视原创内容的分量，创作者在一个平台的分发将会立刻查询到内容的原创度，防止自己的作品被抄袭、剽窃，真正做到保护版权，尊重原创。

短视频 + 社交

移动互联网时代，短视频成为连接人与人之间信任的媒介工具，5G 时代即将拉开短视频 + 社交的大幕。在移动互联网时代，也有一些平台想主打短视频 + 社交，曾经高调亮相，但是随后渐渐失去锋芒，在互联网江湖杳无音讯。

一个互联网产品要想成为一个时代最伟大的发明，仅仅依靠创新的想法是不够的，还要依赖整个市场的成熟。短视频 + 社交并非只是简单彼此互相发个视频内容就是社交的新玩法，而是带给用户一种全新的体验，让用户可以发现不一样的自己和别人。目前来看，只有 5G 时代的到来，才会真正让视频社交成为沟通、交流的主要方式。

由于 5G 超宽带高速率、低延时的特性，用户不仅可以体验到时延更短、不卡顿、高清晰的视频，还可以享受 VR 技术为短视频提供的全新技术手段，采用 4K、8K 的高清晰视频、全息投影 AR、VR 虚拟现实带来浸入式的互动视频娱乐体验。在这种沟通交流模式下，我们可以通过全息投影拍摄视频，让对方可以身临其境感受其中的乐趣。如此才能进一步增强彼此的信任感、亲密感，真正的社交模式才会诞生。

准确来说，5G+VR 技术的应用，促使"短视频 +"成为用户的一种新社交方式。数据显示，越来越多的用户愿意以短视频取代文字进行交流，只是希望采用一种有趣的方式沟通。可以预见，短视频 + 社交注定会成为下一个风口，因为社交类短视频平台依托 4G 技术和移动终端的普及，用户规模增长迅速。5G 的到来将为短视频社交带来新的突破，依托新的玩法与沟通模式，以及短视频的底层化特点，成为大众新的沟通模式。

短视频 + 商业模式创新

"短视频 +"在 5G 时代会成为融合发展的常态，毕竟短视频作为更加符合移动互联网用户触达信息的方式，之后用户这样获取信息、内容的方式成为常态，所以"短视频+"会渗透到多场景下继续享受流量红利，而未来"短视频+"带来的流量增量将主要来自生活更多细分的场景，进一步拓展出"短视频+"最新的赢利模式。

那么，在5G时代"短视频+"带来的商业模式创新有哪些？

1. 多平台的融合共赢模式

之前平台的传统赢利模式是围绕自身的用户进行变现。在5G时代，会打破一家平台"闭环式"的赢利模式，而是通过终端设备厂商、电信运营商、短视频平台、用户开发出融合共赢的商业模式。比如可以打通短视频产业链的上下游，围绕内容、广告、服务等进行共享收益的生态合作模式。

在这种共赢模式中，你中有我，我中有你，彼此都是对方不可或缺的一环，只有通过彼此共同发力才能共赢。另外，合作的模式因为人工智能技术的成熟，将更加透明化与利益最大化，原本仅仅存在于自身平台的商业模式，会因为上下游的打通将收益无限放大，整个商业市场也会越做越大。

2. 定制化付费服务或流行

在5G时代，得益于人工智能、大数据技术的成熟，算法推荐将更加智能，不但会给用户提供更加精确化的内容，还会摆脱用户"信息茧房"的困扰，发现更多感兴趣的内容与用户。技术的成熟让定制化服务成为新的商业模式，每个用户可以选择自己感兴趣的内容进行套餐化选择，通过付费购买的方式寻找更有价值的内容。对平台来说，只有在5G时代才可以真正做到为用户提供差异化服务，利用精准的推荐机制帮助每个用户找到价值、获得价值。

3.VR服务带来的体验式广告

5G带来的技术成熟让VR真正落地，并成为用户足不出户上网购物、与人沟通的沟通模式，而 VR 服务则会带来体验式的广告模式，不只是让用户被动接收广告信息，而是可以带来身临其境的体验式广告。

VR 服务带来的体验式广告则是依据短视频，为用户呈现一段未知的旅程，或者一个具体的场景带入等，在有限的视频内容中让用户自行探索或者感受产品的性能，然后激发购买行为。

可以说，短视频内容将成为体验式广告落地的基础，而并非像如今只是围绕游戏进行的模拟练习。在短视频内容中，将"广告即内容，内容即广告"的特色淋漓尽致发挥到底，故事性剧情的内容或成为用户最喜爱的广告形式。

短视频已经成为注意力经济时代的佼佼者，相信在 5G 到来时将继续发挥自身的特性，而"短视频+"带来的行业升级将带来前所未有的变化，这个行业的从业者、创作者以及普通用户都将被裹挟其中，并见证互联网技术迭代创造的红利与机遇。